孜孜以求，不断

攀登科学高峰！

刘诗白

2020.9.21

西南财经大学本科生学术论文大赛集锦

光华论丛

探微与洞明

主 编：廖春华 冉茂瑜

副主编：曾思元 邓瑞洋

西南财经大学出版社

中国·成都

图书在版编目（CIP）数据

光华论丛:西南财经大学本科生学术论文大赛集锦/廖春华,冉茂瑜主编. —
成都:西南财经大学出版社,2020.12
ISBN 978-7-5504-4583-3

Ⅰ.①光⋯　Ⅱ.①廖⋯②冉⋯　Ⅲ.①社会科学—文集　Ⅳ.①C53

中国版本图书馆 CIP 数据核字（2020）第 190028 号

光华论丛——西南财经大学本科生学术论文大赛集锦

廖春华　冉茂瑜　主　编
曾思元　邓瑞洋　副主编

责任编辑:林伶
助理编辑:李琼
封面设计:摘星辰·DIOU
责任印制:朱曼丽

出版发行	西南财经大学出版社（四川省成都市光华村街 55 号）
网　　址	http://www.bookcj.com
电子邮件	bookcj@ foxmail.com
邮政编码	610074
电　　话	028-87353785
照　　排	四川胜翔数码印务设计有限公司
印　　刷	四川五洲彩印有限责任公司
成品尺寸	170mm×240mm
印　　张	15.25
字　　数	314 千字
版　　次	2020 年 12 月第 1 版
印　　次	2020 年 12 月第 1 次印刷
书　　号	ISBN 978-7-5504-4583-3
定　　价	88.00 元

序 言

　　科研育人是高等教育发展的时代呼唤，是新时代办好社会主义大学和培养担当民族复兴大任的时代新人的一个重要特征。面对有如浩瀚星空的知识海洋，面对智能科技的变革浪潮时，如何让科研与教学有机结合，培养有理论视野又有创新素养、有专业技能又有创造能力、有丰富学识又有批判思维的未来之才，这是高校必须回答的问题，也是永远追求探索的一个主题。

　　"纸上得来终觉浅，绝知此事要躬行"，看到各位同学带着学者的研究精神和研究方法，既翻越文献的书山，又走进实践的现场，还提炼海量的数据，形成了一篇篇"写在中国大地上"的研究论文，我为你们感到骄傲。《光华论丛——西南财经大学本科生学术论文大赛集锦》共涵盖 15 篇论文，是 27 位同学深入实践的思考探索成果。这些论文的形成，是书本知识的升华、是实践感知的深化、是思维体操的锻炼，在学校多位老师的辛勤指导和耐心指引下，更是学校科研育人体系不断完善的表现。

　　正如鲁迅先生曾经说过："天才可贵，培养天才的泥土更可贵。"如今，看到这样多蓬勃的种子发芽，这是大家甘当泥土呵护的结果，是大家齐心育人的成果。在新的实践和空间所构筑的人才培养坐标系中，在对人才无比渴望的新时代，相信会有更多的学子扎根中国大地、放眼宇宙世界、探索无涯学海、开拓全新历史，为富强民主文明和谐的社会主义现代化强国建设不断书写新篇章！

　　这是一个伟大的时代，属于每一个追梦人，希望同学们能高扬奋斗之帆，紧握奋斗之桨，永远铭记"经世济民、孜孜以求"的西财精神，永做新时代的追梦人。

2020 年 10 月

目　录

中国证券市场投资者对白酒股的非理性投资

——基于严格禁止公款消费高档白酒有关规定的实证分析

曾思元　凌　浩

【摘要】本文选取严格禁止公款消费高档白酒的有关规定实施后的 11 家白酒类上市公司为样本，运用固定效应模型实证检验相关规定实施前后 22 个季度公司股票市场回报率与绩效变化情况，进而探索白酒类上市公司在股票市场中的非理性投资行为。研究发现：①严格禁止公款消费高档白酒有关规定的实施对白酒类上市公司的营业状况和盈利能力均产生了较大的负冲击。②严格禁止公款消费高档白酒有关规定对该类上市公司的资本市场表现没有产生负影响。在相关规定实施之后，该类上市公司的 A 股市场表现并未走弱。以上研究表明：中国 A 股市场中白酒类上市公司的市场有效性较低，股票市场的价格表现并未充分反映其实际价值，市场中存在浓重的投机氛围，投资者具有非理性投资的现象。

【关键词】非理性投资；白酒类上市公司；证券市场表现

1　引言

白酒类上市公司的股价是我国证券市场投资者重点关注的对象之一。自 2012 年以来，党中央开启了一系列反腐行动来限制白酒市场的公款消费。目前学界对白酒类上市公司进行了一系列研究，现有文献主要关注严格禁止公款消费高档白酒的有关政策对公司经营业绩的影响，但是缺乏对白酒类上市公司股价收益与公司经营业绩关系的分析和该板块上市公司是否存在非理性投资行为的研究。本文采取事件研究法，选取贯彻党中央"八项规定"精神，严格禁止公款消费高档白酒为事件，来验证我国白酒类上市公司的非理性投资行为；在计量方法上，本文运用固定效应模型，分析了严格禁止公款消费高档白酒有关政策实施前后白酒类企业财务与销售绩效的变化情况，首次提出了政策与股价回报率的联系，并建立了对白酒类上市公司股价走强的全面认识。研究发现，A股中白酒板块的上市公司投机氛围浓重，其股票市场表现是由投资者的非理性投资行为造成的，而非政策直接影响公司业绩而产生。无疑，本文为研究中国A股市场中白酒板块的非理性投资行为提供了有力的证据。这一研究成果可以帮助投资界和学术界了解这一具有行业特点的资本市场，同时又可以为酒类企业的未来发展规划提供合理化的建议。

首先，本文完善了证券市场无效性的相关分析，得出了我国市场投资者在某些投资领域存在非理性投资行为的结论。其次，本文分析了政策因素对白酒类上市公司经营状况产生的显著影响，对有关研究具有借鉴意义。

2　文献综述与研究背景

前瞻产业研究院的《中国白酒行业市场需求与投资战略规划分析报告》显示，2012年，高档白酒公务消费比例高达40%。可见，公务消费是现代中国酒业的一个重要的收入来源。2012年12月4日，中共中央政治局会议审议通过了《十八届中央政治局关于改进工作作风、密切联系群众的八项规定》（以下简称：中央"八项规定"）。中共中央办公厅、国务院办公厅印发的《党政机关国内公务接待管理规定》中明令禁止公务接待中的高档酒水消费，将单价超过400元的白酒定义为高档白酒。根据人民网2013年的有关报道，商务部监测的11种白酒销售量下降了7.2%，然而A股市场的白酒股票在经历了短暂的下跌之后，均持续走强，尤其是贵州茅台的股价自最低点每股140元强势拉升至每股900元，增长率达543%。这一矛盾现象的出现究竟是由政策因素所致，还是由资本市场投资者不完全理性的投资行为导致的？

有学者对相关问题进行过一定研究。研究表明，在市场环境中，政策是对上市公司影响最大、最复杂且最难预测的因素，政策的实施可以直接影响企业的效益。近年来，有众多学者研究证明，政策对公司效益存在着显著的影响。郝臣的研究发现，在只考虑外部环境影响因素的条件下，政策环境因素与法律环境因素是影响企业绩效的显著外部环境因素。郑敏和柏露萍指出，经济、法律和政治环境对企业绩效的影响更直接、时间较短、力度更大，在短期内就可以改变企业的绩效。Piotroski和Zhang认为，政治家可以通过直接控制活动或间接影响行为，显性或隐性地影响经济实体。齐岳和廖科智指出，国内宏观经济政策、政府工作报告、政府经济预期等政策因素已成为影响中国股市波动的主要因素；国际金融危机也已成为影响中国股市波动的重大国际事件。相关文献也指出，国内因素对股市波动的影响更为显著。

贯彻中央"八项规定"精神，严格禁止公款消费高档白酒的系列政策和规定，是针对酒类企业外部消费市场环境的政策措施，可通过影响企业的消费市场环境间接地作用于企业。严格禁止公款消费高档白酒的相关政策对白酒类上市公司造成了负面影响，一些学者对此进行了研究。王炼利发现"禁酒令"的发布对白酒类上市公司产生了负影响。王霞、王竞达认为相关政策对白酒类企业的营业收入和综合业绩产生了负面冲击。李颖、韩悦认为中央"八项规定"精神的贯彻对白酒类企业的业绩造成了负影响。以上文献均指出，中央"八项规定"精神的贯彻对白酒类上市公司产生了负效应。政策可以对企业的业绩造成影响，相关政策的实施，对高档白酒类上市公司的销售业绩产生了冲击。就此，可以提出政策对公司基本面影响的假设：

假设一：严格禁止公款消费高档白酒有关规定对白酒类上市公司的经营状况与盈利能力产生了显著的负面影响。

关于证券市场的投资者行为，也有文献指出，资本市场投资者往往都是不完全理性的。马琳等证实了国内股票市场中投资者非理性行为的存在。陆蓉和徐龙炳指出，在我国股市中，市场的投机气氛相当浓厚。郭鹏飞、杨朝军研究发现，股票投资收益与公司业绩基本无关，说明我国股市投机性较强。方堃认为在中国市场上，个人投资者具有显著的特征。个人投资者的风险分散性较差，投资理念不成熟。与此同时，个人投资者的投资决策严重依赖于政策。由此可见，中国股市中存在大量非理性的个人投资者。根据以上文献，本文提出关于政策与高档白酒类上市公司的资本市场表现的假设：

假设二：严格禁止公款消费高档白酒规定与白酒类上市公司资本市场表现没有相关性，市场存在非理性投资行为。

3 模型与数据

3.1 样本选择

本文试图在一个较长的时间段内对白酒类企业的资本市场表现与业绩和白酒类企业在股市中的表现进行研究，并对严格禁止公款消费高档白酒规定实施前后的白酒类企业在股市中的表现进行对比，因此将时间窗口设定为2007年第三季度到2018年第二季度，即相关政策出台前后的22个季度，共44个季度。本文选取贵州茅台（600519）、五粮液（000858）、泸州老窖（000568）、山西汾酒（600809）、舍得酒业（600702）、水井坊（600799）、古井贡酒（000596）、酒鬼酒（000799）、伊力特（600197）、金种子酒（600199）和老白干酒（600559）11家在2007年之前上市的经营白酒业务的公司作为样本，共获得484个观测值，并剔除晚于2007年上市的白酒公司（洋河股份002304）数据。本文所用的所有数据均来源于国泰安CSMAR数据库，并在与东方财富网数据中心核实比较后使用。

3.2 模型设定

本文首先分析严格禁止公款消费高档白酒政策分布对公司基本面的影响。为了验证假设一，我们设计以下模型（1）（2）（3），被解释变量包含销售收入、净现金流和净资产收益率。采用模型如下：

$$Lnsale_{it} = \alpha Policy + \beta X_{it} + fixedeffect + \mu_{it} \tag{1}$$

$$CF_{it} = \alpha Policy + \beta X_{it} + fixedeffect + \mu_{it} \tag{2}$$

$$ROE_{it} = \alpha Policy + \beta X_{it} + fixedeffect + \mu_{it} \tag{3}$$

根据 Rajgopal 等、Chen 等的研究，为了控制可能遗漏的公司特征对公司基本面的影响，我们采用了固定效应模型，并控制了公司的固定效应。模型（1）中 $Lnsale$ 为当季销售收入的对数，销售收入用于衡量政策对白酒销售额的影响；模型（2）中 CF 表示公司净现金流；模型（3）中 ROE 为净资产收益率，该指标用于衡量白酒类上市公司的盈利能力。$Policy$ 为政策哑变量；X 为控制变量。根据张会丽和吴有红、Piotroski 和 Roulstone、Gul 等和 Boubaker 等等学者的研究，本文引入以下控制变量：$Size$ 表示公司规模，对公司当季季末的总资产取自然对数；$Leverage$ 表示公司杠杆率，即当季季末负债与权益的比值；M/B 为企业发展机遇，计算方法为市场价值与账面价值之比。

销售收入将影响公司净现金流，进而影响公司的基本面情况。根据现金流贴现模型，净现金流的下降将会造成公司股价下跌，进而导致公司的回报率降低，为了验证假设二，本文采用固定效应模型［模型（4）］来进一步估计政策对公司股价回报率的影响。

$$Return_{it} = \alpha Policy + \beta X_{it} + fixedeffect + \mu_{it} \tag{4}$$

模型（4）中：$Return$ 表示当季股票的季度回报率；$Policy$ 为政策哑变量；X 为控制变量；其他解释变量含义同上。同时，我们控制了公司的固定效应。为了避免极值对回归结果的影响，本文对因变量及自变量在 1% 及 99% 的水平上进行了缩尾（winsorize）处理。表 1 给出了总样本中主要变量的描述性统计。

表 1　变量描述性统计

变量名	N	最小值	均值	最大值	标准差
销售收入/亿元	484	0.64	18.37	189.93	27.04
季度净现金流/亿元	484	−33.81	4.78	97.83	17.32
净资产收益率	484	−0.51	0.045	0.70	0.25
季度回报率	484	−0.99	0.048	1.16	0.26
公司规模/亿元	484	9.5	118.15	1 346	219.12
资产负债比	484	0.09	0.57	2.59	0.44
发展机遇	484	1.02	6.17	22.35	3.97

从表 1 中可以得出，样本中公司季度销售收入的平均值达到 18.37 亿元，最高值与最低值之间差别巨大，表明各白酒企业的销售收入受企业规模与政

策的影响较大；季度净现金流的平均值为 4.78 亿元，其标准差的差异很大，表明不同企业状况差异很大；公司的净资产收益率均值达到了 0.045，表明白酒行业盈利效率较高；季度回报率均值为 0.048，表现出了相对于整个市场较高的增长率；公司规模的平均值达到 118.15 亿元，存在着较大的标准差，表明高档白酒的销量与品牌有一定的相关性；资产负债比均值为 0.57，产权比率低，财务结构风险低、报酬低，表明企业偿还长期债务的能力较强；发展机遇均值为 6.17。各变量观察值的分布大致符合正态分布。

4 实证分析

4.1 严格禁止公款消费高档白酒规定对白酒类上市公司的影响

首先，本文分析了严格禁止公款消费高档白酒规定对高档白酒类上市公司基本面的影响。对上述模型（1）（2）和（3）进行回归，回归结果如表 2 所示。表 2 中（1）（2）（3）列为加入固定效应，控制公司固定效应的回归结果。对变量回归结果中的关注变量进行分析，从表 2 的（1）（2）（3）列的回归结果来看，政策实施后，在固定效应下，估计系数为 -0.4，在 1% 置信水平上显著为负，这与假设相同，反映出了严格禁止公款消费高档白酒这一政策对白酒企业造成的负面影响。当严格禁止公款消费高档白酒规定实施后，政策会直接影响企业的销售收入，即政策发布之后，公务接待减少，白酒的销售额显著下降。从经济意义上来看，在控制公司固定效应的情况下，严格禁止公款消费高档白酒规定的实施造成企业的销售收入减少了 0.4%。对净现金流进行分析，其关注变量的估计系数为 -9.04，在 1% 置信水平上显著为负，与假设相同，反映出了严格禁止公款消费高档白酒这一政策对白酒企业净现金流造成的负面影响，即当政策实施之后，每季度净现金流下降了 9.04 亿元；该政策发布之后，销售收入下降，企业净现金流也随之下降，这符合我们的预期。公司的盈利能力 ROE 的估计系数为 -6.74，在 1% 置信水平上显著为负，随着政策的发布，净资产收益率下降了 6.74%，反映出严格禁止公款消费高档白酒政策规定对公司净资产收益率即公司的盈利能力产生了巨大的负面影响。综上所述，严格禁止公款消费高档白酒政策对公司经营基本面造成了负面影响，这与王霞等一些学者的研究结果相同，也符合我们的假设预期。

在控制变量中，公司规模对销售收入、净现金流与净资产收益率的估计结果为正，说明公司销售收入与公司规模正相关，公司规模越大行业影响力越大，消费者对其的购买意愿越强，白酒的品牌效应越强，公司的经营情况越好。资产负债比的回归结果说明公司的杠杆率越低，销售收入越高，但净现金流量越低，其净资产收益率也越低。市场价值与账面价值之比的回归结果显示，公司发展机遇越好，则销售收入越高，公司净资产收益率越高，盈利能力越好。以上控制变量的回归结果与相关文献和实际情况相符。

其次，本文对严格禁止公款消费高档白酒政策对高档白酒类上市公司在证券市场的表现的影响进行分析。表 2 中（4）列的结果同样采用固定效应模型，控制了公司的固定效应。在（4）列固定效应模型的估计结果中，政策哑变量的系数统计检验不显著，说明严格禁止公款消费高档白酒对白酒类上市公司的资本市场表现没有显著影响。这表明，在 A 股市场中，白酒类上市公司的市场表现情况与政策的实施无关：相关政策的实施导致了白酒类上市公司的经营状况变差，其销售收入、净现金流与盈利能力均降低，但是其 A 股市场回报率并没有受到影响。因此白酒类上市公司的资本市场表现是投资者投资行为存在非理性行为的结果，该板块内的投资者投机氛围浓重。这与马琳等、郭鹏飞、杨朝军等学者的研究结果相同，也符合我们之前的假设预期。

表 2 严格禁止公款消费高档白酒的规定
对白酒类企业的销售收入、净现金流和净资产利润率的影响（2007—2018 年）

变量	销售收入	净现金流	净资产收益率	回报率
	（1）	（2）	（3）	（4）
政策	−0.4***	−9.04***	−6.74***	0.04
（Policy）	（−6.24）	（−6.35）	（−6.36）	（1.21）
公司规模	1.04***	14.45***	4.53***	−0.01
（Size）	（17.21）	（6.72）	（3.89）	（−0.06）
资产负债比	−0.29***	3.00***	−1.99**	0.05
（Leverage）	（−2.82）	（2.59）	（−2.24）	（1.06）
发展机遇	0.03***	0.14	0.73***	0.01***
（M/B）	（4.81）	（−1.01）	（5.83）	（3.33）
Firm	Yes	Yes	Yes	Yes
N	484	484	455	484
Adj. R2	0.84	0.33	0.52	0.02

注：括号内为 t 值，本文采用稳健性标准差，***、**和*分别表示在 1%、5% 和 10% 水平上显著。

4.2 严格禁止公款消费高档白酒有关规定对高档白酒企业与低档白酒企业的影响差异

接下来，本文将分别对高档白酒企业与低档白酒企业进行分析。根据有关政策，单瓶售价超过 400 元的白酒被定义为高档白酒，高档白酒严禁被用于公务接待。为了探索政策对高档白酒企业与低档白酒企业的影响差异，在本节中，我们用上述模型（1）（2）（3）（4）对两类白酒分别进行回归，从而比较两者之间受到的冲击的差异。回归结果如表3所示，表3中（1）（3）（5）列为高档白酒上市企业（选取贵州茅台、五粮液、泸州老窖、山西汾酒、舍得酒业、水井坊）受相关规定影响的回归结果；（2）（4）（6）列是对其余低档白酒企业进行回归后的所得结果。我们首先分析回归结果中的关注变量，从表3中（1）（2）列的回归结果来看，在公司固定效应的情况下，其估计系数分别是-0.19与-0.62，均在1%的置信水平上显著为负，两组结果均与假设相同。从经济意义上来讲，政策的实施导致高档白酒企业的销售收入下降了0.19%，低档白酒企业的销售收入下降了0.62%。高档白酒企业受到的冲击低于低档白酒企业，这可能与高档白酒具有一定的非消费价值（比如投资与收藏价值）有关。接下来对净现金流进行分析，（3）（4）两列的回归结果分别是-11.53与-1.1，两个估计值有较大的差别，这与企业的规模有关，但是回归结果均显示严格禁止公款消费高档白酒的政策实施导致白酒类企业净现金流显著下降。净资产收益率的回归系数分别为-7.78与-5.18，在1%的置信水平上显著为负，即政策的实施导致企业盈利能力下降了7.78%与5.18%。回报率的系数统计检验不显著。从以上结果来看，严格禁止公款消费高档白酒规定对高档白酒企业与低档白酒企业的经营状况均造成了显著的负面影响，且对高档白酒企业的影响较大，这与限制高档白酒的消费有关。同时相关规定的发布也限制了餐饮消费，这也在一定程度上使低档白酒企业的经营状况和盈利能力受到负面影响。但是从二者在资本市场的表现来看，政策对两者在A股市场的表现均没有显著影响。这意味着A股市场投资者的投资决策不完全理性，带有一定的投机色彩，这也与之前的假设相同。

表3 严格禁止公款消费高档白酒有关规定分别对高档白酒企业与低档白酒企业的影响（2007—2018 年）

变量	销售收入		净现金流		净资产收益率		回报率	
	（1）	（2）	（3）	（4）	（5）	（6）	（7）	（8）
政策	-0.19 ***	-0.62 ***	-11.53 ***	-1.10 **	-7.78 ***	-5.18 ***	0.02	0.07
（Policy）	（-2.94）	（-5.30）	（-4.89）	（-2.03）	（-5.36）	（-3.57）	（0.46）	（1.20）
公司规模	1.07 ***	0.95 ***	20.86 ***	1.06 *	1.06	6.75 ***	0.03	-0.06
（Size）	（17.08）	（8.34）	（5.19）	（1.96）	（0.57）	（5.23）	（0.51）	（-0.94）
资产负债比	-0.19	-0.36 ***	21.60 **	-0.08	6.24	-2.21 **	0.12	0.05
（Leverage）	（-0.88）	（-3.11）	（2.47）	（-0.18）	（1.43）	（-2.51）	（0.97）	（0.92）
发展机遇	0.03 ***	0.04 ***	-0.04	0.07	0.70 **	0.51 ***	0.01	0.03 **
（M/B）	（3.92）	（3.04）	（-0.13）	（1.62）	（3.60）	（3.15）	（1.13）	（3.39）
Firm	Yes	Yes	Yes	Yes	Yes	Yes	Yes	Yes
N	264	220	264	220	235	220	264	220
Adj. R2	0.93	0.58	0.35	0.03	0.79	0.29	-0.01	0.07

注：括号内为t值，本文采用稳健性标准差，***、**和*分别表示在1%、5%和10%水平上显著。

5 稳健性检验

5.1 安慰剂检验

本文参考张璇等的研究，使用安慰剂检验进行稳健性检验，模型设定如下：

$$Y_{it} = \alpha Policy + \beta X_{it} + fixedeffect + \mu_{it} \qquad (5)$$

其中，$Policy$ 是一个时点变量，对于实验组来说，在政策实施之后该值取 1，之前取 0，对于对照组来说，取值与其匹配上的样本相同，其他变量的定义与模型（1）（2）（3）（4）相同。本文在行业层面进行随机抽取之后，随机选取了银行业作为对照组。为了与前文的回归步骤保持一致，检验最终使用了符合时间窗口的 12 家银行作为对照样本，分别是招商银行（600036）、南京银行（601009）、宁波银行（002142）、兴业银行（601166）、华夏银行（600015）、民生银行（600016）、工商银行（601398）、浦发银行（600000）、交通银行（601328）、中信银行（601998）、平安银行（000001）和中国银行（601988）。其中，所有数据均来自国泰安 CSMAR 数据库且与东方财富网数据中心进行对比。表 4 给出了对照组样本中主要变量的描述性统计。

表 4 安慰剂检验中对照组公司变量的描述性统计

变量名	N	最小值	均值	最大值	标准差
销售收入/亿元	528	6.53	835.46	7 157.94	1 126.22
净现金流/亿元	528	−3 680.13	766.72	11 317.64	1 941.58
净资产收益率	528	2.67	11.67	31.16	5.72
季度回报率	528	−0.53	0.0037	0.79	0.20
发展机遇	528	0.34	1.45	9.98	1.25
资产负债比	528	6.65	16.20	44.37	4.84
公司规模/亿元	528	734.11	47 847.17	273 030.8	55 867.17

在检验中，除观察的企业不同外，对对照组进行时间窗口相同、政策实施时间相同的回归分析。使用模型（5），采用固定效应模型进行回归，回归结果如表 5 所示。可以看出，在同样的政策实施时间内，对于随机抽取的对照组（银行业）而言，政策哑变量对公司销售收入、净现金流、净资产收益率和回报率的影响均不显著，即政策的实施无法对银行业公司的经营基本面与资本市场表现产生影响。这证明了严格禁止公款消费高档白酒政策对白酒行业以外的其他行业不存在显著影响，也可以说明白酒行业的非理性投资行为确实是由该政策导致的，上述研究结论并非巧合。

表 5　稳健性检验：安慰剂检验

变量	销售收入	净现金流	净资产收益率	回报率
	（1）	（2）	（3）	（4）
政策	−0.05	242.16	−1.33	−0.01
（Policy）	（−0.64）	（1.04）	（−1.36）	（−0.49）
公司规模	0.95 ***	87.77	−1.65	0.11***
（Size）	（11.51）	（0.42）	（−1.60）	（3.44）
资产负债比	−0.01 ***	26.79 **	0.10	−0.00
（Leverage）	（−3.08）	（2.60）	（1.08）	（−0.04）
发展机遇	0.02 ***	−59.10	0.08	0.06***
（M/B）	（0.68）	（−1.06）	（0.17）	（4.41）
Firm	Yes	Yes	Yes	Yes
N	528	528	528	528
Adj. R2	0.86	0.28	0.10	0.04

注：括号内为 t 值，本文采用稳健性标准差，***、** 和 * 分别表示在 1%、5% 和 10% 水平上显著。

5.2　定义不同政策实施时间对公司的影响

2012 年 12 月 4 日，中共中央政治局召开会议，审议通过了《十八届中央政治局关于改进工作作风、密切联系群众的八项规定》。因此，贯彻中央"八项规定"精神，严格禁止公款消费高档白酒可认为是从 2012 年第 4 季度开始实施的。因此，本文将政策哑变量的实施时间提前一个季度，即从 2012 年第 4 季度开始记为 1，之前记为 0，再次对上述样本进行回归分析。公司经营基本面的回归结果如表 6 所示。可以看出，当实施时间提前后，严格禁止公款消费高档白酒政策依旧对销售收入、净现金流与净资产收益率产生了显著的负面影响，但是系数较之前的估计系数小，说明在政策实施的前一个季度虽然有显著影响，但是比政策实施之后的影响小。对于股票回报率的影响如表 6 中（4）列所示，政策对高档白酒资本市场表现的影响仍不显著，证明了严格禁止公款消费高档白酒政策虽然确实对高档白酒上市公司的基本面有显著的负面影响，但是对其 A 股市场的表现依然没有表现出显著的相关性。

表 6　定义不同政策实施时间对销售收入、
净现金流和净资产收益率的影响（2007—2018 年）

变量	销售收入	净现金流	净资产收益率	回报率
	（1）	（2）	（3）	（4）
政策	−0.32 ***	−8.05 ***	−3.47 ***	0.02
（Policy）	（−4.91）	（−5.67）	（−3.24）	（0.64）
公司规模	0.98 ***	13.95 ***	2.34 **	0.01

表6(续)

变量	销售收入	净现金流	净资产收益率	回报率
	（1）	（2）	（3）	（4）
（Size）	（16.07）	（6.32）	（2.04）	（0.26）
资产负债比	−0.26 **	3.29 ***	−0.95	0.04
（Leverage）	（−2.58）	（2.76）	（−1.04）	（0.93）
发展机遇	0.03 ***	0.17	0.82	0.01 **
（M/B）	（5.03）	（1.17）	（6.44）	（3.24）
Firm	Yes	Yes	Yes	Yes
N	484	484	455	484
Adj. R2	0.84	0.33	0.52	0.01

注：括号内为 t 值，本文采用稳健性标准差，***、** 和 * 分别表示在 1%、5% 和 10% 水平上显著。

6 结论

本文以白酒类企业的资本市场表现与业绩情况作为切入点，以贯彻中央"八项规定"精神，严格禁止公款消费高档白酒这一政策的实施对于白酒企业的影响为事件，对白酒类上市公司在我国资本市场的非理性投资行为进行了深入的研究。通过实证分析发现：严格禁止公款消费高档白酒政策的实施对白酒类企业的经营基本面产生了显著的负面效应。具体而言，严格禁止公款消费高档白酒政策的推行使得白酒类企业的季度销售收入下降0.4%，季度净现金流减少9.04亿元，季度净资产收益率减少6.74%。但与此同时，严格禁止公款消费高档白酒有关规定的实施并未对公司股票的回报率产生显著的影响。结合以上分析，可以得出我国白酒类上市公司在资本市场确实存在着非理性的投资行为的结论。这从另一角度揭示了我国白酒企业在 A 股市场中的非理性投资行为。

本文的启示主要有两点：

第一，严格禁止公款消费高档白酒的有关规定对于白酒类上市公司的基本面具有显著的影响，这证实了在中国资本市场中，政策的实行可以直接影响相关行业的企业价值和盈利能力等。白酒类上市公司的经营模式与销售方式应根据消费市场的需求变化和相关政策的规定变动进行深度调整，这本身对整个行业的正向发展是具有促进作用的。

第二，政策导致的销售收入下降等对公司经营基本面造成的负面影响在很大程度上会导致高档白酒类上市公司的盈利能力下降。然而，在相关投资者非理性的投资意愿等因素的影响下，白酒类上市公司的股价回报率并未受到政策因素的影响，这不符合现金流贴现模型。这为我们关于在具有投机动机与非理性投资行为的中国资本市场中，一些企业的股票价格并未充分反映其实际价值，可能出现股票价格与经营状况"背道而驰"现象的假设提供了证据。在市场经济改革的大环境下，这提醒我们要关注类似的"失真"现象；同时，相关机构应劝导投资者加强投资意识，以理性态度看待资本市场的表现。

本文对相关机构在未来如何有效引导股票市场的发展提供了理论支持，对未来相关领域的研究具有参考意义；同时为我国类似研究，特别是为政策实施与企业资本市场非理性表现的相关研究提供了一个实例。

参考文献

郝臣，2009. 中小企业成长：外部环境、内部治理与企业绩效——基于23 个省市 300 家中小企业的经验数据 [J]. 南方经济 (9)：5-14.

郑敏，柏露萍，2009. 企业环境与企业绩效分析 [J]. 商业时代，(31) 47-49.

齐岳，廖科智，2018. 政策因素、金融危机对中国股市波动性影响——基于 ICSS-GARCH 模型的分析 [J]. 系统工程，36 (4)：12-20.

王炼利，2013. "禁酒令"对白酒行业影响评价 [J]. 中国经济报告，(11)：61-65.

王霞，王竞达，2015. 中央"八项规定"对酒类上市公司财务绩效的影响研究 [J]. 经济与管理研究，36 (1)：139-144.

李颖，韩悦，2017. "八项规定"对中高档白酒企业财务绩效的影响分析 [J]. 会计之友，(10)：90-93.

马琳，何平，殷切，2015. 中国 A 股市场短期与长期定价效率研究 [J]. 中国软科学，(3)：182-192.

陆蓉，徐龙炳，2004. 中国股票市场对政策信息的不平衡性反应研究 [J]. 经济学（季刊），3 (2)：319-330.

郭鹏飞，杨朝军，2003. 公司业绩与股价收益：基于行业特征的实证分析 [J]. 证券市场导报，(7)：74-76.

方蛆，2017. 证券市场个人投资者非理性行为研究 [J]. 财政与金融，(12)：110-120.

张会丽，吴有红，2014. 内部控制、现金持有及经济后果 [J]. 会计研究，(2)：71-78.

张璇，周鹏，李春涛，2016. 卖空与盈余质量——来自财务重述的证据 [J]. 金融研究 (8)：175-190.

PIOTROSKI J D，ZHANG T Y，2004. Politicians and the IPO decision：the impact of impending political promotions on IPO activity in China [J]. Journal of Financial Economics，111 (1)：111-136.

RAJGOPAL S, VENKATACHALAM M, 2011. Financial reporting quality and idiosyncratic return volatility [J]. Journal of Accounting and Economics, 51 (1-2): 1-20.

CHEN S, SUN M Z, TANG S, et al., 2011. Government intervention and investment efficiency: evidence from China [J]. Journal of Corporate Finance, 17 (2): 259-271.

PIOTROSKI J D, ROULSTONE D, 2004. The influence of analysts, institutional investors, and insiders on the incorporation of market, industry and firm-specific information into stock prices [J]. Accounting Review, 79 (4): 1 119-1 151.

GUL F A, JEONG B K, QIU A A, 2010. Ownership concentration, foreign shareholding, audit quality, and stock price synchronicity: evidence from China [J]. Journal of financial Economics, 95 (3): 425-442.

BOUBAKER S, MANSALI H, RJIBA H, 2014. Large controlling shareholders and stock price synchronicity [J]. Journal of Banking& Finance, 40 (3): 80-96.

中欧班列对中国与沿线国家双边贸易效率及潜力的影响

冯乾彬　张沁雪　廖宇新

【摘要】中欧班列的常态化运行打通了新丝绸之路的贸易通道，对中国与中亚、欧洲等地区的货物贸易运输产生了巨大影响，已成为推进国家"一带一路"倡议的重要抓手。文章依据中欧铁路桥沿线国家 2001—2015 年的贸易数据，建立了随机前沿引力模型来分析双边贸易的贸易效率，并结合反事实模拟，利用预期贸易增长空间和极限贸易增长空间两个测度指标，分析了中欧班列对中国与沿线国家的双边贸易产生的经济效应。研究结果表明：运输距离对贸易的抑制性明显，随机前沿引力模型很好地解释了中国与沿线国家的贸易流量状况，沿线国家的平均贸易效率程度为 50.68%，非效率显著；中欧班列的开通会显著提升沿线国家的贸易效率程度，其中仅俄罗斯的贸易效率降低 0.68%，其他国家的贸易效率程度提升了 3.36%～38.82%。中欧班列运输距离和运输时间的缩短使双边贸易的预期增长空间提升了 15.1%～46.7%，极限贸易增长空间提升了 141.32% 以上。本文采用异质性随机前沿引力模型来进行稳健性分析，发现中欧班列的开通会使效率的均值上升、波动下降。文末基于上述结论提出了相应的政策建议。

【关键词】中欧班列；异质性随机前沿引力模型；贸易效率和潜力；运输距离

1 引言

中欧班列是由中国铁路总公司组织，按照固定车次、线路、班期和全程运行时刻开行，运行于中国与欧洲以及"一带一路"沿线国家间的集装箱铁路国际联运列车（蒋晓丹和范厚明，2017）。目前，依托西伯利亚大陆桥和新亚欧大陆桥，西、中、东三条中欧班列运输通道已初步形成。根据商务部数据，截至 2018 年 4 月 4 日，中欧班列累计开行数量突破 7 600 列，国内开行线路达 61 条，国内开行中欧班列的城市增加到 43 个，可到达欧洲 13 个国家 41 个城市。

十九大报告明确指出推动形成全面开放新格局，要以"一带一路"建设为重点，形成陆海内外联动、东西双向互济的开放格局。而"一带一路"建设的重点就是互联互通。中欧班列的运行有利于加强中国与"一带一路"沿线国家的联系，是中国践行"一带一路"倡议的重要抓手和载体。在运输方式方面，国际海运是国际贸易中最主要的运输方式，占国际贸易总运量的三分之二以上（齐军领和范爱军，2015）。根据2016 年《中国交通运输发展》白皮书，在我国，海上运输承担了 90% 以上的外贸货物运输量。中欧班列的常态化运行丰富了我国对外运输方式，拓展了新的贸易通道。在运输时效性方面，从中国沿海港口到欧洲，通过海洋运输大致需要 30~45 天，而中欧班列仅需 15 天左右，时效性明显（陆梦秋 等，2018）。在地区协调发展方面，中西部地区由于地理位置的劣势，远离海运港口，在货物贸易转运过程中，增加了贸易成本和运输时间，不利于中西部地区的进出口贸易的发展，这在一定程度上拉大了中西部地区与东部地区的发展差距。中欧班列的快速发展，已成为国际货物联运的重要组成部分，为中西部地区的货物贸易提供了一条新的运输通道，促进了地区协调发展。

虽然中欧班列对于促进我国对外贸易的作用明显，但是目前对中欧班列的研究主要集中在现状及存在的问题上，尚无相关文献分析中欧班列对贸易效率的影响。因此，在此背景下，本文首次从贸易效率和贸易潜力视角，研究中欧班列对 2001—2015 年中国与 12 个"一带一路"沿线国家双边贸易的影响程度。本文首先构建了随机前沿引力模型来估计中国与沿线国家的海运和陆运的贸易效率，再根据反事实模拟估算出中欧班列开通后的预期贸易增长空间和极限贸易增长空间；然后采用异质性随机前沿引力模型进行稳健性分析；最后提出了相应建议。

2 文献综述与研究假设

2.1 文献综述

关于贸易效率和贸易潜力的研究在国内外都受到了广泛的关注。Nilsson（2000）基于贸易引力模型，研究了欧盟成员国和候选国的实际贸易水平和潜在贸易水平的差异，进而得出其贸易潜力。盛斌和廖明中（2004）采用贸易引力模型从总量和部门两个层次估算了中国与 40 个贸易伙伴的贸易潜力。Papazoglou 等（2006）、赵雨霖和林光华（2008）、周念利（2010）也借鉴了这一范式，分析了不同国家不同行业的贸易潜力。然而贸易引力模型对贸易潜力的估算无法解决贸易阻力问题（如贸易壁垒、政策制度等）（Armstrong，2007）。为降低引力模型的测算误差，一些学者引入随机前沿模型来测算贸易效率和贸易潜力（Kang & Fratianni，2006；施炳展和李坤望，2009；Ravis-hankar & Stack，2014），分析不同区域的贸易效率和贸易潜力，如中东欧、非洲等（Viorica，2015；Geda 和 Seid，2015；Tamini et al.，2016）。也有学者从GDP、运输成本等变量入手，构建贸易前沿模型（鲁晓东和赵奇伟，2010；陈琳，2018），再运用一步法或两步法确定影响贸易效率和贸易潜力的要素，如双边贸易协定、基础设施等，进而测算出贸易潜力（Wang & Schmigt，2002；谭秀杰和周茂荣，2015；陈创练等，2016）。

而对贸易效率和贸易潜力的影响因素多种多样，如文化相似性（张剑光和张鹏，2017；范兆斌和黄淑娟，2017）、外部事件冲击、金融危机（司增绰等，2019）等。但是主要可以分为以下几类。第一类是自然因素，比如地理距离、内陆边界、资源禀赋等。邓富华等（2019）采用真实效应异质性随机前沿引力模型分析了中国石油进口贸易的效率及潜力，发现了进口国的石油储量会对中国石油进口贸易效率产生正向影响。第二类是制度环境，这也是目前研究中涉及最多的方向。对现有文献进行梳理时发现对中国贸易的效率和潜力具有显著影响的因素主要包括：进口国的关税水平、进口清关时间、政体指数、物流绩效指数等贸易便利化指标（孙金彦和刘海云，2016；王丽丽，2017），公民话语权、政府效率、法律规则等政府治理指标等（崔娜和柳春，2017；张会清，2017）以及经济自由度（张艳艳和印梅，2018；李晓钟和吕培培，2019）。第三类是经贸协定，双方签订经贸协定、成立自由贸易区、同为 WTO 等组织的成员方等举措有利于消除贸易阻碍，降低贸易成本，最终提升贸易效率，释放贸易潜力（鲁晓东和赵奇伟，2010；张剑光和张鹏，2017；李萍，2018）。第四类是基础设施，一个地区的基础设施水平会反映到市场需求、贸易运输、仓储等多个环节，均会显著影响贸易效率（王丽丽，2017），而不同类型的基础设施也会对贸易效率产生不同的影响（张艳艳和印梅，2018）。发达的海运网络和良好的交通基础设施有助于降低贸易成本、促进贸易繁荣（谭秀杰和周茂荣，2015）。

现有关于中欧班列的研究可分成三类：第一类是以政策为导向研究中欧班列的现状和未来的发展（王杨堃，2015；李耀华，2015；王艳波，2017），无论是分析中欧班列整体还是某条干线，这一类文章基本都是从战略角度上进行探索，没有数据解读；第二类主要研究中欧班列出现的问题并试图提出解决方案（池永明，2016；王姣娥等，2017），此种类型侧重案例分析，通过案例对比结合经济环境分析，从管理层面提出政策建议；第三类是探索中欧班列带来的经济效益（付新平 等，2016），此类以实证研究为主，但文献偏少，其中赵永波和郭淼（2017）以传统的贸易引力模型得出中欧班列对亚欧国家贸易潜力产生了有效提升的结果。总体而言，研究中欧班列对贸易效率提升作用的实证研究较少，并且未实现将较前沿的方法应用到中欧班列的贸易问题的研究当中，然而在"一带一路"倡议不断推进和中欧班列逐步增多的现实状况下，利用现有较为先进的模型和方法分析中欧班列对中国与沿线国家双边贸易效率及潜力的影响更有价值。

综上所述，现有论文对于贸易效率的影响因素的研究在方法上具有可借鉴性，均采用随机前沿方法对贸易效率和贸易潜力进行估算。此外关于中欧班列对贸易效率的提升的实证分析较少，现有研究主要还是采用传统的贸易引力模型，在估算时存在偏差。本文规避了传统随机前沿模型过于严格的假设，采用异质性随机前沿模型进行稳健性分析。本文在一定程度上丰富了国内对中欧班列的研究成果，为国家政策实施提供理论和数据的支撑。

（二）研究假设

针对中欧班列等交通运输基础设施建设对贸易效率的影响，贺书峰等（2013）通过模拟发现北极航道开通将使中国对航道受益国家的出口潜力和进出口潜力平均提升10.5%和28.1%。胡晓丹（2019）研究发现沿线国家通过参与"一带一路"交通基建项目能够降低双边贸易成本及促进地区间交流，进而提升自身的出口效率和地区间的进出口效率，而使用 DID 模型（双重差分模型）发现铁路基础设施建设会对总体和出口贸易效率产生显著的正向影响。关于国内铁路，龚静和尹忠明（2016）通过构建基于运输时间和运输距离视角的异质性随机前沿模型，分析了铁路建设对各省市贸易非效率部分的影响，发现铁路运输时间节省及运输距离减少均能够有效提高出口贸易效率，且铁路里程的缩短还具有稳定出口贸易效率波动的作用。而对于国际铁路干线，赵捷和刘宁（2017）基于国家间的产业层面数据，运用反事实模拟估计出中巴经济走廊贯通后会显著提高中巴的贸易增长空间。

基于上述研究，本文提出假设如下：

假设1：中欧班列开通引起的运输时间和距离的缩短会对贸易效率产生正向影响。

假设2：中欧班列的开通会显著提升中国与沿线国家的贸易潜力。

3 模型引入及变量说明

3.1 贸易引力模型

Rauch（1999）认为引力方程模型已经成为解释国际贸易模式标准的，也许是唯一有效的模型。把整个世界贸易看成整体，贸易引力模型最早是由 Tinbergen（1962）和 Poyhonen（1963）在20世纪60年代同时提出。该模型指出，两国或地区间的双边贸易额与这两国或地区的经济总量成正比，与两者间的空间距离成反比。贸易引力模型虽然缺乏必要的理论基础，但是在古典和新古典贸易理论始终无法对双边贸易进行实证研究的情况下，无疑具有重要的应用价值（谷克鉴，2001）。贸易引力模型是国际经贸领域重要的基础性模型，基于各种引力模型的贸易潜力的估算被应用得十分广泛（Fuchs 和 Wohlrabe，2005；许统生和黄静孟，2010）。原始表达式如公式（1）所示：

$$T_{ijt} = A \times Y_{it} \times Y_{jt} / D_{ij} \tag{1}$$

其中，T_{ijt} 表示 i 国和 j 国间的双边贸易额；Y_i、Y_j 分别表示 i 国和 j 国的国内生产总值；D_{ij} 表示 i 国和 j 国间的距离。

为了便于实证检验，将原始模型转化为线性的对数形式并添加随机误差项可得到公式（2）如下所示：

$$\ln T_{ijt} = \beta_0 + \beta_1 \ln(Y_{it} \times Y_{jt}) + \beta_2 \ln D_{ij} + \mu \tag{2}$$

对于贸易引力模型的拓展，经济学家主要是通过引入新的解释变量来对原始模型进行修正。这些新的变量分为两类：一类是影响贸易额的内生变量，如人口、人均 GDP 等；另一类是诸如自贸区、优惠贸易协定等虚拟变量。

本项目所使用的引力模型是在 Linnemann（1966）建立的模型上进行了优化，扩展了语言因素、贸易强度指数、经济自由度指数等解释变量。

3.2 随机前沿时变衰减模型和随机前沿引力模型

根据贸易引力模型，国家间的贸易量进出口贸易额 T_{ijt} 可表达如公式（3）所示：

$$T_{ijt} = f(x_{ijt}^* \beta) \cdot e^{-\mu_{ijt}}, \text{ 其中 } \mu_{ijt} \geqslant 0 \tag{3}$$

其中，T_{ijt} 代表的是贸易额；x_{ijt}^k 是引力模型基本变量及其他变量；μ_{ijt} 是非效率部分，定义其非负是为了使实际贸易值小于或等于最优贸易值，本文假定 $\mu_{ijt} \sim N^+(mu, \sigma_\mu^2)$；$e^{-\mu_{ijt}}$ 可用于衡量出口贸易效率，其取值范围介于 0~1。

用该模型测算贸易效率的表达式如公式（4）所示：

$$TE_{ijt} = \frac{\exp(x_{ijt}^k \beta - \mu_{ijt})}{exp(x_{ijt}^k \beta)} = e^{-\mu_{ijt}} \tag{4}$$

TE_{ijt} 介于 0~1，TE_{ijt} 越接近于 1，出口效率越高。

又由于随机冲击或测量误差的存在，现实生活中观察到的实际贸易水平应为公式（5），即

$$T_{ijt} = f(x_{ijt}^k \beta) \cdot e^{v_{ijt} - \mu_{ijt}}, \text{ 其中 } v_{ijt} \sim N(0, \sigma^2), \mu_{ijt} \geqslant 0 \tag{5}$$

其中，v_{ijt} 代表外界对生产过程的随机冲击，v_{ijt} 服从独立同分布的正态分布，即 $v_{ijt} \sim iidN(0, \sigma_v^2)$。通常认为它与非效率部分是相互独立的，即 $Cov(v_{ijt}, u_{ijt}) = 0$。

取上式的对数即可得随机前沿模型的基本形式，其中非效率项在截面间并无差异。

$$\ln T_{ijt} = \ln f(x_{ijt}^k \beta) + (v_{ijt} - \mu_{ijt}), \text{其中} v_{ijt} \sim ind. N(0, \sigma_v^2), \mu_{ijt} \sim N^+(mu, \sigma_\mu^2) \tag{6}$$

若非效率项 μ_{ijt} 不随时间改变，则模型为时不变模型，通常假定 $\mu_{ijt} \sim iid.$ $N^+(\mu, \sigma_\mu^2)$。本文的研究数据涵盖了 2001 年至 2015 年，这种假定将不再适

用，需要设定时变模型（TVD），即

$$\mu_{ijt} = \{\exp[-\eta(t-T)]\}\mu_{ij} \qquad (7)$$

其中，t 表示观察年份，T 表示观察期数，μ_{ij} 服从截尾正态分布。η 为待估参数，$\eta>0$ 表示贸易非效率程度随时间递减；$\eta<0$ 表示贸易非效率程度随时间递增；$\eta=0$ 表示贸易效率程度不随时间变化，为时不变模型。根据该模型，可以估算出贸易非效率程度，即

$$TNE_{ijt} = E[\exp(-\mu_{ijt}) \mid v_{ijt}] \qquad (8)$$

这里的贸易非效率程度类似于随机前沿生产函数估计中的生产非效率程度，反映的是贸易阻力即贸易提升空间的大小。而贸易非效率程度 TNE_{ijt} 为贸易非效率与贸易潜力（最优贸易规模）的比值，也是贸易非效率项的指数函数，可以用来评价现有贸易政策的效果和贸易发展潜力。

综上，结合时变衰减模型的随机前沿引力模型可以表示为公式（9），即

$$\ln T_{ijt} = \alpha k X_{ijt} + v_{ijt} - u_{ijt}, \quad v_{ijt} \sim N(0, \sigma^2), \quad \mu_{ijt} \sim N^+(\mu, \sigma^2_\mu) \qquad (9)$$

时变贸易效率的估计等同于技术效率的估计，国际间的贸易前沿水平（贸易潜力）可由 $\exp(\alpha k X_{ijt} + v_{ijt})$ 得到。

在构建随机前沿引力模型时，在 Armstrong（2011）模型的基础上，加入了经济自由度指数，并同时对出口和双边贸易总额分别进行了估计。估计方程如下所示：

$$\ln T_{ijt} = \alpha_0 + \alpha_1 \ln GDP_{it} + \alpha_2 \ln GDP_{jt} + \alpha_3 \ln SEA_{ijt} + \alpha_4 LANG_{it} + \alpha_5 FREE_{it}$$
$$+ \alpha_6 WTO_{it} + \alpha_7 TII_{ijt} + v_{ijt} + u_{ijt} \qquad (10)$$

$$\ln T_{ijt} = \alpha_0 + \alpha_1 \ln GDP_{it} + \alpha_2 \ln GDP_{jt} + \alpha_3 \ln RAILWAY_{ijt} + \alpha_4 LANG_{it} + \alpha_5 FREE_{it}$$
$$+ \alpha_6 WTO_{it} + \alpha_7 TII_{ijt} + v_{ijt} + u_{ijt} \qquad (11)$$

在上述公式中，T_{ij} 表示两国之间的贸易额，包括进口额、出口额和进出口总额；GDP_{it} 和 GDP_{jt} 分别表示国家 i 和国家 j 在时间 t 的国内生产总值，能够反映经济发展程度和市场规模；$FREE_{it}$ 是经济自由度指数，$LANG_{ij}$ 是两国语言共同指数，用来衡量贸易的便捷性；SEA_{ijt} 和 $RAILWAY_{ijt}$ 是两国间的海运距离和铁路距离，用来反映进行贸易的运输成本；WTO 表示是否为世界贸易组织的成员国，是为 1，否为 0；TII_{ijt} 表示两国间的贸易互补性指数。

3.3 反事实模拟

分析中国与贸易国之间的贸易影响时，可以围绕两个方面来展开：①预计贸易增长空间，衡量中欧班列开通后由于运输距离外生冲击所引起的运输成本改变；②极限贸易增长空间衡量的是中欧班列开通后，运输距离变化引起运输成本变化后所导致的理论上的前沿贸易流量相对于当前实际贸易流量的变化率。预计贸易增长空间是对运输距离 D 出现外生冲击后中国与 j 国在 k 产业的实际贸易流量较之运输距离外生变化之前实际贸易流量所出现的增长率 EG，其函数表达式为公式（12），即

$$EG_{jkt} = \hat{\gamma} \cdot (D_j^A - D_j^B)/D_j^B \qquad (12)$$

其中，上角标 B 和 A 分别代表中欧班列开通前后的情形，而 $\hat{\gamma}$ 代表地理距离的系数估计值。极限贸易增长空间是运输距离 D 的外生冲击所导致的中国与 j 国在 k 产业的前沿贸易流量较之距离变动前实际贸易流量的变化率 MEG，其函数式为公式（13），即

$$MEG = (EG_{jkt} + 1)/TE_{jkt} \qquad (13)$$

极限贸易增长空间较之预计贸易增长空间的模拟结果更加激进，该指标反映了中欧班列开通后，地理距离冲击所导致的贸易流量进一步增长的极限（即边界）相对于当前实际的贸易流量的比值将位于何种水平。

3.4 数据来源及变量说明

为了结论的稳健性和可靠性，本文尽量选择更多的国家和更长的时间跨度。由于中国与个别国家的贸易数据在某些年份缺失，为了保证数据的平衡型，筛选出比利时、白俄罗斯、捷克、德国等 12 个国家 2001—2015 年的数据作为样本。各国及世界进出口数据来自世界银行数据库，各国出口商品分类标准采用 SITC Rev. 3，数据来自 UN Comtrade Database（见表 1）。

表 1　变量说明和数据来源

变量名	变量说明	数据来源
T_{ijt}	双边贸易额（美元）	UN Comtrade 数据库
GDP_{jt}	中国 GDP	WDI 数据库
GDP_{it}	沿线国家 GDP	WDI 数据库
$LANG_{it}$	国家间语言共同指数	CEPII 数据库
TII_{ijt}	贸易强度指数	世界银行数据库
WTO_{it}	是否是 WTO 成员方，当年是变量取 1，反之取 0	WTO 官方网站
SEA_{it}	国家间海运距离	通过计算工具 NetpasDistance 计算
$RAILWAY_{it}$	国家间铁路运输距离	中华铁道网数据
$FREE_{it}$	经济自由度指数，得分越高，经济自由度越高，越有利于贸易的开展	由《华尔街日报》和美国传统基金会发布

其中，贸易强度指数的计算公式为

$$TII = (E_{ab}/E_a)/[X_b/(X_w - X_a)] \qquad (14)$$

其中，E_{ab} 表示 a 国向 b 国的出口额，E_a 表示 a 国出口总额，X_b 表示 b 国的进口总额，X_a 为 a 国进口总额，X_w 为世界总进口额。TII 小于 1，表明两国贸易联系松散，TII 大于 1 则相反，等于 1 为平均水平。

而国家间海运距离，以上海与目标国的最主要港口之间的海运距离作为两国海运距离的近似。内陆国家没有港口，他们与中国的海运距离由上海与落地港海运距离和落地港至该国首都直线距离两部分加总构成，落地港一般选择相邻国家的最主要港口。主要数据的描述性统计分析如表 2 所示。

表 2　变量描述性统计

变量名	样本量	均值	标准差	最小值	最大值
T	180	13.66	1.596	8.671	16.69
WTO	180	0.689	0.464	0	1
TII	180	1.283	1.454	0.080 8	7.112
FREE	180	60.77	9.231	38	73.8
GDP	180	16.86	1.972	11.75	19.78
GDP_C	180	19.83	0.729	18.71	20.82
SEA	180	9.591	0.791	7.058	9.986
RAILWAY	180	8.88	0.71	6.802	9.473
LANG	180	2.931	0.446	1.845	3.459

注：部分数据经过对数化处理。

4　实证结果及分析

4.1　计量模型结果

按照模型（12）的设定，本文应用随机前沿估计方法对样本数据进行分析。为了保证估计结果的稳健性，并比较随机前沿分析方法与传统方法对引力模型估计的差异，表 3 分别列出了最小二乘（OLS）、时不变随机前沿模型（TI）、时变随机前沿模型（TVD）估计得出结果的对比。对比不同估计方法得出的结果可以看出，所有解释变量的系数符号基本一致，表明估计结果具有较强的稳健性。其中，通过对 TI 模型和 TVD 模型进行似然比检验，其卡方值在 1% 的水平上显著，且时变随机前沿估计（TVD）得出非效率项的时间系数 η 显著异于 0，并且大部分时间虚拟变量在 1% 的水平上显著，说明时变模型比时不变模型更加适用。

表 3　随机前沿引力模型估计结果

变量	海运			陆运		
	OLS	TI	TVD	OLS	TI	TVD
$\ln GDP_{it}$	0.832 *** (39.40)	0.727 *** (8.63)	0.568 *** (18.13)	0.868 *** (42.02)	0.785 *** (12.34)	0.568 *** (17.46)

表3（续）

变量	海运			陆运		
	OLS	TI	TVD	OLS	TI	TVD
$\ln GDP_{jt}$	0.642 *** (15.78)	0.704 *** (15.79)	−0.148 (−1.17)	0.625 *** (16.03)	0.678 *** (15.06)	−0.182 (−1.39)
$\ln SEA_{ijt}$	−0.522 *** (−8.60)	−0.363 *** (−2.86)	−0.448 *** (−5.89)			
$\ln RAILWAY_{ijt}$	—	—	—	−0.581 *** (−9.87)	−0.566 *** (−2.69)	−0.426 *** (−4.98)
$\ln LANG_{it}$	0.395 *** (4.04)	0.463 (1.34)	0.764 *** (6.24)	0.330 *** (3.81)	0.335 (1.23)	0.628 *** (5.39)
$FREE_{it}$	0.047 0 *** (8.06)	0.034 0 *** (3.64)	0.022 9 *** (5.10)	0.041 4 *** (7.60)	0.031 6 *** (4.21)	0.022 1 *** (4.73)
WTO_{it}	−0.935 *** (−8.06)	−0.561 *** (−3.60)	−0.290 *** (−2.96)	−0.589 *** (−5.93)	−0.568 *** (−4.31)	−0.142 (−1.55)
TII_{ijt}	0.502 *** (16.83)	0.358 *** (8.10)	0.239 *** (4.80)	0.538 *** (19.77)	0.378 *** (7.86)	0.219 *** (3.93)
常数项	−12.10 *** (−13.30)	−12.15 *** (−10.18)	9.268 *** (2.98)	−11.99 *** (−13.95)	−10.46 *** (−6.60)	9.852 *** (3.05)
σ^2	—	−0.770	−2.475 ***	—	−1.806 ***	−2.405 ***
γ	—	1.552	0.402	—	0.002 64	0.442
μ	—	−0.220	0.771 ***	—	0.511 **	0.808 ***
η	—	—	0.098 5 ***	—	—	0.097 4 ***
对数似然值	—	−46.264	20.633	—	−45.947	16.432
似然比检验	—	—	133.8 ***	—	—	124.7 ***

注：（1）* $p < 0.1$，** $p < 0.05$，*** $p < 0.01$；

（2）系数估计值下方的括号中包含对应的聚类稳健标准误；

（3）表中似然比检验项表示：TVD 模型与 TI 模型对比后进行似然比检验所得的卡方值，其原假设为 TI 模型更有效。

由表3可以看出，中国 GDP、他国 GDP 规模变量、两国海运距离均通过了不同水平的显著性检验，且其系数符号估计值在各个估计方法所得结果中均保持一致。各项系数对于贸易是否具有促进作用与现有文献的研究结果一致。

各国的 GDP 反映了各国的产品生产能力和消费能力，代表一国的市场规模，而贸易伙伴国的市场规模是决定双方贸易规模的重要因素之一，在 TVD 模型的估计结果中，中国 GDP 系数与他国 GDP 系数都为显著；两国铁路距离显示了两国之间贸易的运输成本，估计结果均显著为负，说明之前的海运距离越远，其对双边出口额产生的抑制作用越强；语言共同指数反映双边文化的亲近度，经济自由指数显示了一国的开放程度，贸易紧密度显示双边贸易联系程度，其都会对中国的出口产生正向的促进作用，模型回归结果也显著为正。

4.2 中国与沿线国家贸易效率分析

贸易效率衡量的是贸易的实际额占前沿额度的比重，值越大表示贸易活动越有效率，表4反映了中欧铁路桥沿线国家的贸易效率。以中国和沿线国家当年的双边贸易额为权重可得每年的加权平均贸易效率 TE_t。

$$TE_t = \sum_t \left(\frac{T_{ijt}}{\sum_t T_{ijt}} * TE_{ijt} \right) \tag{15}$$

表4 中国对中欧铁路桥沿线国家的海陆贸易效率及其增长率

国家	海运进出口效率/%	陆运进出口效率/%	增长率/%
俄罗斯	95.14	94.49	-0.68
德国	92.58	95.70	3.36
比利时	65.42	74.45	13.80
白俄罗斯	64.91	90.10	38.82
西班牙	59.90	73.09	22.02
哈萨克斯坦	58.58	75.35	28.62
法国	56.32	65.13	15.64
蒙古	37.63	44.56	18.43
捷克	24.27	29.16	20.15
波兰	23.08	28.70	24.38
乌兹别克斯坦	19.67	26.80	36.29
斯洛伐克	10.65	13.42	26.01

通过随机前沿引力模型将海运距离与铁路距离分别带入回归对比可知，铁路对于除俄罗斯外的所有沿线国家对中国的进出口贸易效率提升显著，大部分在20%以上，对白俄罗斯、哈萨克斯坦、乌斯别克斯坦、斯洛伐克等中亚东欧国家的贸易效率提升非常显著，均在25%以上。俄罗斯由于之前与中国的贸易多通过铁路运输进行，效率已经较高，提升空间不大，加之近些年俄罗斯经济不景气，因此俄罗斯在开通中欧铁路桥之后效率变化不大。

4.3 中欧铁路桥对贸易潜力影响评估

本文将中欧铁路桥的经济效应刻画为铁路开通之后，运输距离的外生变化造成了贸易增长空间的变化。利用前文回归结果中的运输距离系数估计值，可以计算出中国与中欧铁路桥周边国家的预计贸易增长空间（见表5）。

表5　中国与沿线国家的预计贸易增长空间

沿线国家	贯通前距离/千米	贯通后距离/千米	运输距离缩短/%	预期贸易增长空间/%		极限贸易增长空间/%	
				进出口	出口	进出口	出口
比利时	19 665	9 838	49.97	24.19	21.64	294.10	127.57
白俄罗斯	21 715	10 050	53.72	26.00	23.26	148.76	168.99
捷克	21 005	10 100	51.92	25.13	22.48	884.93	278.51
德国	20 109	8 961	55.44	26.83	24.00	269.18	129.08
西班牙	18 124	13 000	28.27	13.68	12.24	141.32	122.85
法国	16 394	11 300	31.07	15.04	13.45	318.60	181.35
哈萨克斯坦	17 670	5 100	71.14	34.43	30.80	250.44	217.75
蒙古	1 162	900	22.55	10.92	9.77	154.19	236.91
波兰	21 228	11 200	47.24	22.86	20.45	914.13	296.57
俄罗斯	10 190	4 570	55.15	26.69	23.88	160.69	147.77
斯洛伐克	21 267	11 000	48.28	23.37	20.90	2 753.6	822.52
乌兹别克斯坦	19 136	5 600	70.74	34.24	30.63	569.67	513.71

本文的贸易增长空间是基于只改变运输距离的情况下进行反事实模拟的贸易增长结果。结果显示当除距离之外的其他因素不变时，中欧铁路桥使中国对沿线国家的贸易进出口增长大部分保持在25%左右，对于捷克、斯洛伐克这样贸易效率总体较低且国家经济体量较小的国家预期出口增长率较高。与中国贸易紧密的哈萨克斯坦、乌兹别克斯坦、白俄罗斯等国家也受铁路影响较大，贸易预期增长空间较大。而贸易化的推进等因素会进一步改善贸易环境，从而促进贸易发展，因此预计贸易增长仅仅是保守的估计，而要进一步挖掘贸易潜力，需要利用极限贸易增长空间进行估算。由表5可知极限贸易增长空间在中国进出口上远超预期贸易增长空间，贸易效率较低、经济体量较小的伙伴国如捷克、斯洛伐克、乌兹别克斯坦等的极限贸易增长空间远超其他国家，得到了更高的贸易规模提升。总之，中欧铁路桥的贯通对中国与贸易国产生了巨大的贸易推动作用。

5　稳健性分析

本文在进行稳健性分析时，第一是将样本总数扩大，将时间延长到2016年，并且在原有国家的基础上，加入荷兰；第二是采用不同的估计方法。上文所述的TVD模型假设条件过于严格，无法体现无效率项中边际效应的非单调性，也没有考虑异质性的影响，贸易效率的评估存在不足，因而，异质性随机前沿模型设定更加灵活和严谨（Wang 和 Schmidt，2002；Greene，2005；苏治和连玉君，2011；张会清，2017）。鲁晓东和连玉君（2011）用异质性随机前沿出口模型估计要素投入对于中国出口的影响程度，以及各种制度因素对于出口约束和出口稳定性的作用，进而估计出了出口效率，此文中异质性的引入被后来多数学者借鉴，本文也以此篇文章的异质性随机前沿模型的构建方法为基础。

5.1　异质性随机前沿模型构建

本文选取的样本个体之间有较大的差异，因此借鉴鲁晓东和连玉君（2011）更为灵活的构建方法，应用异质性随机前沿模型进一步优化，μ_{ijt} 的异质性设定如公式（16）所示：

$$mu_{ijt} = exp(b_0 + z^k_{ijt}\delta) \text{ 和 } \sigma^2_{ijt} = exp(b_1 + z^k_{ijt}\gamma) \tag{16}$$

在上述公式中，mu_{ijt} 用于衡量非效率部分所导致的实际贸易值与最优贸易值的偏离幅度，即效率损失的大小；而 σ^2_{ijt} 则衡量了偏离程度的波动性；z^k_{ijt} 是衡量非效率部分的变量；b_0 和 b_1 均为常数。

根据以上设定，下面构建本文的异质性随机前沿模型。在 Armstrong（2007）模型的基础上，本文加入或者替换了三个变量，对双边贸易总额进行了估计。第一，引入人均 GDP 代替 GDP，因为该变量更能反映一国经济发展水平、代表性需求水平等重要信息（王亮和吴浜源，2016），对贸易潜力的影响更深；第二，加入了经济自由度指数，此变量衡量国家的贸易政策环境，而贸易环境的自由度高低影响了贸易成本的多少和贸易规模的大小，因而对贸易潜力存在影响（朱婧等，2016）；第三，结合实际情况加入上海合作组织，其作为以中国城市命名并且中国有很大话语权的区域性组织，中国同组织内的国家的政治经济等多方合作将会更加紧密和顺畅，因此会在一定程度上影响贸易效率和潜力。

并且根据异质性随机前沿引力模型的特征，引入铁路运输时间（RAILWAY_ T_{ijt}）和国家铁路总公里数（RAILWAY_ Q_{ijt}）作为影响非效率部分的变量。中欧班列作为推动"一带一路"建设的重要基建，在中华铁道网上可查找相关数据，相较于距离，时间对双边贸易的影响更加直接，中欧班列的开通大大缩减了中国和其他国家货物运输的时间，预期和非效率呈正相关，对于开通前是海运的国家效率的提高预计将更多，在龚静、尹忠明（2016）和赵捷、刘宁（2017）的研究中均得到了证实。贸易伙伴国本国的铁路建设进一步影响着运输时间，一般而言，国际铁路运输路线只会到达贸易伙伴国首都或其他重要城市，国内的铁路运输直接影响着货物在整个国家的流通，预期其与非效率项呈反比（毕守峰，2012）。

估计方程如下：

$$\ln T_{ijt} = \alpha_i + \beta_1 \ln PGDP_{it} + \beta_2 \ln PGDP_{jt} + \beta_3 \ln DIS_{ijt} +$$
$$\beta_4 LANG_{ijt} + \beta_5 SCO_{it} + \beta_6 FREE_{it} + \varepsilon_{ijt} \tag{17}$$

$$\varepsilon_{ijt} = v_{ijt} - u_{ijt}, \ v_{ijt} \sim iidN(0, \ \sigma^2_v), \ u_{ijt} \sim iidN^+(mu, \ \sigma^2_\mu) \tag{18}$$

$$\ln mu_{ijt} = b_0 + z_{ijt}^k \delta \tag{19}$$

$$\ln \sigma_{ijt}^2 = b_1 + z_{ijt}^k \gamma \tag{20}$$

$$z_{ijt}^k = \alpha_0 + \alpha_1 RAILWAY\_O_{ijt} + \alpha_2 RAILWAY\_T_{ijt} \tag{21}$$

5.2 实证结果

根据异质性随机前沿的设定及对于选择最优模型的考虑，本文对于参数进行了不同约束。模型 1 为无异质性随机前沿引力模型；模型 2 假定中欧铁路桥沿线国家到中国的运输时间与其国内铁路长度对于非效率项的方差没有影响；模型 3 假定贸易阻碍项对于非效率项均值没有影响；模型 4 假定阻碍项对于非效率项均值以及方差均会产生影响，相当于无约束性。异质性随机前沿引力模型的贸易效应估计结果见表 6。

表 6　异质性随机前沿引力模型的贸易效应估计结果

变量名	模型 1：无异质性	模型 2：$\gamma = 0$	模型 3：$\delta = 0$	模型 4：无约束性
	进出口前沿部分			
$\ln PGDP_{it}$	1.289 *** (10.59)	1.227 *** (12.49)	1.335 *** (14.30)	1.345 *** (14.87)
$\ln PGDP\_C_t$	0.320 *** (4.90)	0.337 *** (5.39)	0.368 *** (4.95)	0.213 *** (2.99)
$\ln DIS_{ijt}$	−1.276 *** (−5.95)	−1.221 *** (−6.50)	−1.425 *** (−7.10)	−1.206 *** (−6.91)
$LANG_{ijt}$	0.786 *** (9.14)	0.822 *** (8.68)	0.865 *** (6.59)	0.400 *** (2.66)
SCO_{ijt}	2.225 *** (8.92)	1.722 *** (7.71)	1.713 *** (8.87)	1.698 *** (8.60)
$FREE_{it}$	0.044 6 *** (3.31)	0.036 6 ** (2.52)	0.031 3 *** (3.10)	0.023 1 ** (2.54)
_ cons	5.462 *** (3.30)	5.805 *** (3.74)	6.534 *** (4.39)	7.249 *** (6.63)
	进出口约束			
RAILWAY_ T	—	−0.002 19 (−0.14)	—	0.116 *** (2.75)
$\ln$RAILWAY_ O	—	−0.988 *** (−5.96)	—	−1.526 *** (−4.43)
_ cons	0.282 (1.53)	8.875 *** (5.52)	−0.082 0 (−0.38)	9.589 *** (4.34)
	进出口不稳定性			
RAILWAY_ T	—	—	0.184 *** (3.15)	−0.064 4 ** (−2.21)
$\ln$RAILWAY_ O	—	—	−0.117 (−0.44)	0.866 ** (2.46)

25

表6(续)

变量名	模型1:无异质性	模型2:γ=0	模型3:δ=0	模型4:无约束性
_ cons	−3.727 *** (−3.11)	−2.725 *** (−4.80)	−5.862 * (−1.83)	−8.680 *** (−2.63)
对数似然值	−202.520 3 ***	−181.716 86 ***	−194.482 72 ***	−176.729 76 ***
LR1	—	41.61 ***	16.08 ***	51.58 ***
LR2	51.58 ***	9.97 **	35.51 ***	—

注:(1)括号内为 t 值;

(2) * $p < 0.1$, ** $p < 0.05$, *** $p < 0.01$;

(3) LR1、LR2 为似然比检验,其原假设分别为"不存在非效率部分""不存在完全异质性的非效率部分"。

LR1 为相应模型与模型 1 对比后进行似然比检验所得的卡方值,其原假设为模型 1 更有效,即不存在异质性;LR2 为相应模型与模型 4 对比后进行似然比检验所得的卡方值,其备择假设为模型 4 更有效,即存在完全异质性的非效率部分。在模型设定的选取上,根据似然比检验 LR1 的结果可知,应该拒绝原假设,认为异质性模型更为有效;由 LR2 的结果可知,同样应拒绝原假设,认为在非效率部分既有自身的异质性影响又存在波动的异质性影响。因此,结合两类检验结果说明完全异质性的随机前沿模型对于出口贸易的估计最优,下文的分析将以模型 4 的估计结果为例进行阐述。

从表 6 中可知,无论是否存在约束,本文选定的随机前沿模型各变量均在至少 5% 的水平上显著。其中距离会对双边贸易总额有显著的负面影响。由于距离越远,贸易便利度下降,运输成本提高,效率减少,对于双边贸易有抑制作用,与上文采用 TVD 模型的估计结果一致。铁路运输时间对非效率项大小的影响的回归系数在 5% 的水平上显著为正,而对非效率部分波动性有显著的负面影响。这说明缩短铁路运输时间能有效降低沿线国家对中国进出口的贸易非效率,中欧班列的开通、运输时间的缩短能有效整合资源,提高货物贸易周转速度和效率,缩小实际贸易量与最后贸易量的差距。同时,缩短铁路运输时间也能减少非效率项波动,能更好地享受节省运输时间带来的贸易运输稳定的红利。对表 4 的分析也说明了运输距离的变化会对中国与沿线国家的贸易效率产生促进作用。

对于铁路基础设施,沿线国家国内的铁路长度对非效率均值存在显著的负面影响。说明沿线国家国内铁路里程所带来的运输距离缩短在缓解双边贸易的非效率部分及其波动性上具有明显的积极作用。沿线国家完善的铁路网系统能有效减少进出口的非效率项。我国"一带一路"倡议中基础设施建设是重点,随着中欧大陆桥沿线国家国内铁路基础设施建设的加强,网络辐射范围的增大,将极大促进中国与沿线国家双边贸易的发展。

6 结论和建议

本文基于 2001—2015 年中国与中欧铁路桥沿线 12 个国家的贸易数据实证考察了中欧班列的开通将对现有的贸易水平产生何种影响。对于影响的量化，一方面构建了随机前沿引力模型，估算贸易潜力、贸易非效率的数值，另一方面根据随机前沿分析的时变衰减模型的结果，进行了国家层面数据的反事实模拟，估计在传统海运转变为中欧之间铁路运输的条件下，中国与中欧铁路桥沿线国家的预期贸易增长空间和极限贸易增长空间。实证结果表明：

（1）时变随机前沿引力模型（TVD）的结果表明，两国运输距离显示了两国之间贸易的运输成本，估计结果均显著为负，说明运输距离越远，其对双边出口额产生的抑制作用越强。结合分别基于海运距离和铁路距离的随机前沿引力模型，本研究发现中欧班列的开通对无效率的减少有显著的促进作用，提升了贸易水平。

（2）基于国家层面数据的反事实模拟的结果表明，中欧班列使运输距离缩短，这一效应使大部分的国家的预期贸易增长空间达到了 25% 左右，沿线国家无效率程度越大、经济体量越小，中欧铁路桥对于其贸易的促进作用越强。

根据上述分析结论，中欧班列沿线国家的贸易效率大多较低，特别是中亚和东欧国家，贸易增长空间较大。结合中欧班列沿线国家的贸易潜力等因素，本文主要的政策建议如下：一是增加中欧货运班列的线路和数量，拓展铁路运输的深度和广度，发挥铁路运输全天候、运价低等特点；二是加快高铁技术在中欧班列中的运用，提升货物运输速度和人员周转速度，进一步提升中国对沿线国家的贸易便利性和紧密度；三是提供更加优惠、开放、包容的政治环境，加深与伙伴国家的文化交流、经济合作，加强中欧班列在中国和沿线国家间的纽带作用。

中欧班列作为中国与中亚、东欧、西欧等地区交流的纽带，对于双边和多边贸易的增长具有显著影响，这不仅是中国经济实力的提升，也有利于最终实现习近平总书记提出的互利共赢的"一带一路"发展目标。

参考文献

陈创练，谢学臻，林玉婷，2016. 全球贸易效率和贸易潜力及其影响因素分析 [J]. 国际贸易问题，(7)：27-39.

陈琳，谢学臻，刘琳，2018. 中国出口的贸易效率与贸易潜力：1980—2015 [J]. 国际经贸探索，34（1）：33-50.

池永明，2016. 中欧班列发展的困境与出路 [J]. 国际经济合作，(12)：60-65.

崔娜，柳春，2017. "一带一路"沿线国家制度环境对中国出口效率的影响［J］. 世界经济研究，(8)：38-50，135-136.

邓富华，冯乾彬，田霖，2019. "一带一路"倡议下中国石油进口贸易效率及潜力研究［J］. 重庆大学学报（社会科学版），25 (5)：18-30.

范兆斌，黄淑娟，2017. 文化距离对"一带一路"国家文化产品贸易效率影响的随机前沿分析［J］. 南开经济研究，(4)：125-140.

付新平，张雪，邹敏，等，2016. 基于价值量模型的中欧班列经济性比较分析［J］. 铁道运输与经济，38 (11)：1-5，11.

龚静，尹忠明，2016. 铁路建设对我国"一带一路"战略的贸易效应研究——基于运输时间和运输距离视角的异质性随机前沿模型分析［J］. 国际贸易问题，(2)：14-25.

贺书锋，平瑛，张伟华，2013. 北极航道对中国贸易潜力的影响——基于随机前沿引力模型的实证研究［J］. 国际贸易问题，(8)：3-12.

胡晓丹，2019. "一带一路"交通基建项目对提升沿线地区贸易效率的作用［J］. 湖南科技大学学报（社会科学版），22 (2)：60-67.

蒋晓丹，范厚明，2017. "一带一路"战略下中欧班列开行中的问题与对策探讨［J］. 对外经贸实务，(1)：28-30.

李萍，2018. 中国与"一带一路"沿线国家贸易潜力和贸易效率及其决定因素——基于随机前沿引力模型的实证研究［J］. 国际商务研究，39 (5)：5-16.

李晓钟，吕培培，2019. 我国装备制造产品出口贸易潜力及贸易效率研究——基于"一带一路"国家的实证研究［J］. 国际贸易问题，433 (1)：84-96.

李耀华，2015. 中欧班列的运行现状与发展对策［J］. 对外经贸实务，(2)：91-93.

鲁晓东，连玉君，2011. 要素禀赋、制度约束与中国省区出口潜力——基于异质性随机前沿出口模型的估计［J］. 南方经济，(10)：3-11，26.

鲁晓东，赵奇伟，2010. 中国的出口潜力及其影响因素——基于随机前沿引力模型的估计［J］. 数量经济技术经济研究，27 (10)：21-35.

陆梦秋，陈娱，陆玉麒，2018. "一带一路"倡议下中国陆海运输的空间竞合格局［J］. 地理研究，37 (2)：404-418.

齐军领，范爱军，2015. 国际贸易运输方式选择的影响因素分析［J］. 统计与决策，(9)：152-155.

盛斌，廖明中，2004. 中国的贸易流量与出口潜力：引力模型的研究［J］. 世界经济，(2)：3-12.

施炳展，李坤望，2009. 中国出口贸易增长的可持续性研究——基于贸易随机前沿模型的分析 [J]. 数量经济技术经济研究, 26 (6)：64-74.

司增绰, 周坤, 邵军, 2019. 中国对外贸易升级：效率提高与潜力实现 [J]. 上海经济研究, (1)：113-128.

苏治, 连玉君, 2011. 中国上市公司代理成本的估算——基于异质性随机前沿模型的经验分析 [J]. 管理世界, (6)：174-175, 188.

孙金彦, 刘海云, 2016. "一带一路" 战略背景下中国贸易潜力的实证研究 [J]. 当代财经, (06)：99-106.

谭秀杰, 周茂荣, 2015. 21 世纪 "海上丝绸之路" 贸易潜力及其影响因素——基于随机前沿引力模型的实证研究 [J]. 国际贸易问题, (2)：3-12.

王姣娥, 焦敬娟, 景悦, 等, 2017. "中欧班列" 陆路运输腹地范围测算与枢纽识别 [J]. 地理科学进展, 36 (11)：1 332-1 339.

王姣娥, 景悦, 王成金, 2017. "中欧班列" 运输组织策略研究 [J]. 中国科学院院刊, 32 (4)：370-376.

王丽丽, 2017. 中国对 "一带一路" 沿线国家的出口潜力及影响因素分析 [J]. 商业经济与管理, (2)：51-59.

王亮, 吴浜源, 2016. 丝绸之路经济带的贸易潜力——基于 "自然贸易伙伴" 假说和随机前沿引力模型的分析 [J]. 经济学家, 208 (4)：33-41.

王艳波, 2017. 中欧班列建设发展规划研究 [J]. 铁道运输与经济, 39 (01)：41-45.

王杨堃, 2015. 中欧班列发展现状、问题及建议 [J]. 综合运输, 37 (S1)：70-75, 89.

张会清, 2017. 中国与 "一带一路" 沿线地区的贸易潜力研究 [J]. 国际贸易问题, (7)：85-95.

张剑光, 张鹏, 2017. 中国与 "一带一路" 国家的贸易效率与影响因素研究 [J]. 国际经贸探索, 33 (8)：4-23.

张艳艳, 印梅, 2018. 中国对 "一带一路" 国家出口贸易效率及影响因素 [J]. 首都经济贸易大学学报, 20 (5)：39-48.

赵捷, 刘宁, 2017. 中巴经济走廊贯通对中国进出口贸易的影响——基于沿线国家产业层面数据的反事实模拟 [J]. 世界经济研究, (3)：123-133, 136.

赵永波, 郭森, 2017. 中欧班列对亚欧国家贸易潜力影响研究 [J]. 人文杂志, (3)：29-36.

赵雨霖, 林光华, 2008. 中国与东盟 10 国双边农产品贸易流量与贸易潜力的分析——基于贸易引力模型的研究 [J]. 国际贸易问题 (12)：69-77.

周念利, 2010. 基于引力模型的中国双边服务贸易流量与出口潜力研究 [J]. 数量经济技术经济研究, 27 (12)：67-79.

29

ARMSTRONG S P, 2007. Measuring trade and trade potential: A survey [J]. Asia pacific Economic Papers.

BATTESE G E, COELLI T J, 1992. Frontier production functions, technical efficiency and panel data: with application to paddy farmers in India [J]. Journal of Productivity Analysis, 3 (112): 153-169.

FUCHS M, WOHLRABE K, 2005. The European Union's trade potential after the enlargement in 2004 [J]. Ifo Working Paper.

GEDA A, SEID E H, 2015. The potential for internal trade and regional integration in Africa [J]. Journal of African Trade, 2 (1): 19-50.

GREENE W, 2005. Reconsidering heterogeneity in panel data estimators of the stochastic frontier model [J]. Journal of Econometrics, 126 (2): 269-303.

KANG H, FRATIANNI M U, 2006. International trade efficiency, the gravity equation, and the stochastic frontier [R]. Social Science Research Network.

KANG H, FRATIANNI M, 2006. International trade efficiency, the gravity equation, and the stochastic frontier [J]. SSRN Electronic Journal.

NILSSON L, 2000. Trade integration and the EU economic membership criteria [J]. European Journal of Political Economy, 16 (4): 807-827.

PAPAZOGLOU C, PENTECOST E J, MARQUES H, 2006. A gravity model forecast of the potential trade effects of EU enlargement: lessons from 2004 and Path-dependency in integration [J]. The World Economy, 29 (8): 1 077-1 089.

RAVISHANKAR G, STACK M M, 2014. The gravity model and trade efficiency: a stochastic frontier analysis of eastern European countries' potential trade [J]. The World Economy, 37 (5): 690-704.

TAMINI L D, CHEBBI H E, ABBASSI A, 2016. Trade performance and potential of north African countries: an application of a stochastic frontier gravity model [R]. Social Science Research Network.

VIORICA E D, 2015. Econometric analysis of foreign trade efficiency of E.U. members using gravity equations [J]. Procedia Economics and Finance (20): 670-678.

WANG H J, SCHMIDT P, 2002. One-step and two-step estimation of the effects of exogenous variables on technical efficiency levels [J]. Journal of Productivity Analysis, 18 (2): 129-144.

工作竞赛制度下企业内部员工相互破坏行为研究

丛凯宁

【摘要】本文基于 Lazear 和 Rosen 工作竞赛模型对工作竞赛制度下企业内部员工相互破坏对方劳动成果的行为及其对企业收益的影响进行了分析。基于分析结论，本文给出了企业管理者应对策略。本文认为，降低员工相互破坏行为效率、改善员工工作环境等方法可以减少破坏行为造成的损失；采用计件工资制度或制定以牙还牙策略可以防止相互破坏行为的发生。

【关键词】不完全信息动态博弈；薪酬激励；工作竞赛；计件工资；以牙还牙

1 引言

1.1 研究背景与研究意义

近年来，伴随着我国市场经济体制的逐步完善，私营经济和个体经济发展迅速，越来越多的民营企业开始活跃在我国社会主义市场经济的舞台之上。但是，随着企业数量的增加，市场竞争也逐渐加剧。一方面，房地产、互联网、电子信息等行业因利润率较高而受到资本追捧，导致这些热门行业竞争激烈；另一方面，我国自加入 WTO 以来，经济开放程度逐步提高，本国企业不得不与来自全球的同行业企业同台竞争，进一步加剧了市场竞争的激烈程度。在激烈的竞争压力下，如何激励员工以提高产能，对于企业管理者至关重要。

在这样的背景下，如榜样激励、薪酬激励、目标激励等众多激励手段应运而生。而在这其中，薪酬激励的应用最为广泛，效果也最为明显。在薪酬激励方面，计件工资制度和工作竞赛制度是两种主流的激励机制，在计件工资制度下，员工薪酬基于其产出总量，产出总量越大，相应地，薪酬也就会越高；而在工作竞赛制度下，薪酬基于员工产出的排序而非产出，产出相对其他员工较高的员工获得高薪酬，相反，产出相对其他员工较低的员工获得低薪酬。由于产出的排序相较于产出的准确度量更加简单，采用工作竞赛制度而非计件工资制度可以有效降低企业的监控成本。基于以上原因，工作竞赛制度已经成为诸多企业薪酬激励机制的重要组成部分。

不同于计件工资制度，在工作竞赛制度下，员工努力工作的动机来源于与其他员工的竞争关系而非工作本身。对于这样一种激励方法的效果，Lazear 和 Rosen（1981）从理论角度证明了其在劳动力使用上的经济有效性。但是，在实际运用中，工作竞赛制度却导致了诸多问题。而这其中最为突出的问题便是，企业内部绩效竞争所导致的企业内部关系恶化问题。由于在产出上存在竞争关系，不同员工、不同部门不再相互合作，甚至出现了相互破坏劳动成果的情况。员工之间相互防备，存有戒心；部门之间相互拆台，争功推过；这些情况在给每一位员工带来负面影响的同时，也给企业造成了巨大损失。近年来，这一问题在我国众多企业内部逐渐凸显，在传统文化影响下，中国很多企业内部员工表面上表现得一团和气，但是暗地里却钩心斗角，消耗了管理层大量的时间和精力。工作竞赛制度在完善公司内部激励机制的同时也给企业内部关系带来了巨大风险。对此，本文将从不完全信息动态博弈的角度出发，基于 Lazear 和 Rosen 工作竞赛模型分析工作竞赛制度所导致的相互破坏行为及其影响，并给出具体的解决办法。

1.2 研究思路及创新

本文主要包含数学模型、对应策略和算例分析三个主要部分，其中，数学模型为基于 Lazear 和 Rosen 工作竞赛模型发展而来的不完全信息动态博弈模型；对应策略为根据数学模型结果总结的管理者面临企业内部员工相互破坏行为时可以采取的应对策略，包括破坏行为损失的规避和破坏行为的规避两个方面；算例分析是利用计算机程序对本文数学模型的模拟，以检验本文所提出的管理者应对策略的有效性。

文章结构遵循从理论到实际的原则，首先总结有关薪酬激励和工作竞赛模型的历史成果，其次根据已有模型提出改进模型并利用改进模型进行理论分析，最后采用算例分析的方法对理论分析结果进行模拟。论文主体框架如图 1 所示。

数学模型建立 ➡ 基于数学模型的理论分析 ➡ 基于数学模型的算例分析

图 1　论文框架图

2　文献综述

作为劳动经济学的重要课题之一，对薪酬激励方面的研究由来已久，行为科学家 Vroom（1964）提出激励效果取决于奖酬和潜在绩效之间的关系，绩效奖励的水平越高，激励效果也就越好。除此之外，Herzberg（1959）提出了双因素理论，认为员工能否表现出组织期望的行为取决于保健因素和激励因素两方面的因素。其中，员工基本工资和福利属于保健因素，稳定的基本工资可以满足员工的生存需要，保证其工作积极性；而员工绩效工资则属于激励因素，一定比例的绩效工资可以满足员工的关联需要和成长需要，进而激发员工的工作动力，提高工作绩效。此后，James Mirrlees（1974）提出了被广泛认可并使用的委托—代理模型。在常见的委托—代理模型中，员工被给予固定的基本工资和根据企业绩效水平波动的绩效工资（计件工资制度）。员工的工作产出与绩效工资正相关，即员工工作的产出越多，其绩效工资也就越高。

在关注员工绩效排名的工作竞赛制度（锦标赛制度）方面，Lazear 和 Rosen（1981）提出了 Lazear 和 Rosen 工作竞赛模型，从理论层面论证了工作竞赛制度在效率上与计件工资制度等价的性质，并且从不完全信息动态博弈的角度给出了企业管理者和员工在工作竞赛制度下为满足自身利益最大化而采取的最佳策略。Lazear 和 Rosen（1981）认为，从理论角度，工作竞赛制度与计件工资制度都满足了劳动力使用的有效性，即在稳定策略下，员工劳动的边际负效用与其劳动产出的边际价值相同。在 Lazear 和 Rosen 工作竞赛模型提出之后，与工作竞赛制度相关的理论不断发展完善，Robert J. Akerlof 和 Richard T. Holen（2012）提出对于工作竞赛优胜者的奖励优于对工作竞赛失败者的惩罚；James A Mirrlees（2014）从 Lazear 和 Rosen 工作竞赛模型出发，引入了半决赛概念，来分析两阶段锦标赛制度。在国内，Lazear 和 Rosen 工作竞赛模型应用非常广泛，张婷（2010）在锦标赛制度下分析了基金经理人的风险调整行为；汪行和刘卫国（2012）应用工作竞赛模型创建了高新区政府激励企业技术创新扩散的激励机制模型；陈怡和刘洁应用工作竞赛模型研究了上市公司高管层内部以及高管层与员工之间薪酬差距对上市公司研发效率的影响。

工作竞赛模型应用非常广泛，但是对于工作竞赛制度在企业内造成的内部竞争环境以及可能的恶性竞争风险，相关的研究与论文还非常少。因此，本文借鉴 Lazear 和 Rosen（1981）提出的工作竞赛模型，从相互破坏对方劳动成果的角度出发，分析了企业内部员工相互破坏行为及其影响。

3 模型假设

参考 Lazear 和 Rosen（1981）创建的工作竞赛模型，本文将企业员工之间可能存在的相互破坏行为考虑进来，构建了一个包含企业管理者和两名员工的不完全信息动态博弈模型。在模型中，企业管理者首先制定工资标准，给予不同绩效水平的员工差异化的工资；在观察到企业管理者行动后，两名员工同时决定自身工作的努力水平和可能的破坏行为。在本文模型中，我们假设劳动产出品的单位价值为 V；工资竞赛的优胜者（产出水平较高的员工）获得的工资为 w_H，失败者（产出水平较低的员工）获得的工资为 w_L；两位员工提供的努力水平（工作时间）为 e_i，$i = 1$，2；两位员工为破坏他人劳动成果所付出的努力水平（用于破坏行为的时间）为 s_i，$i = 1$，2。同时，由于员工产出水平并不单纯由其努力水平决定，还可能受到诸如天气条件、机器故障等外生随机因素的影响，我们假设员工产出水平 $y_i = e_i - ks_i + \varepsilon_i$，$i = 1$，$2$，其中随机扰动项 ε_i 服从均值为 0、方差为 σ^2 的正态分布，k 为员工之间相互破坏行为的破坏效率系数，即为破坏所付出的每单位努力所带来的效果。

在实际的生产活动中，破坏他人劳动成果的效率会随实际情况的变化而有所不同。如果一家企业员工的工作地点相对分散或者劳动产出品不易被破坏，那么破坏效率系数将会很低；相反，如果员工工作地点相对集中或者劳动产出品容易被破坏，那么破坏效率系数将会很高。举例而言，上海市加油站的员工很难对克拉玛依市加油站员工的劳动成果产生影响，但同一个手机零件制造车间的员工却很容易在工作上互相干扰。由于破坏行为的效率会因为受到多种外在因素影响而低于生产效率，我们假设一般化模型的破坏效率系数是 $[0, 1]$ 之间的某一常数。

Lazear 和 Rosen（1981）认为员工工作会给其自身带来负效用，基于此，本文假设负效用与工作时间之间满足负效用函数 $g(e_i)$。在工作竞赛模型中，员工工作的负效用受多方面因素影响，这其中包括员工工作所占用闲暇时间的价值、生理因素和心理因素等。由于生理因素和心理因素难以度量且个体差异性较大，本文假设工作所占用的闲暇时间价值是员工工作负效用的唯一影响因素，即负效用函数表现的是闲暇时间价值的损失。根据经济学的基本原理，闲暇时间也具有边际效用递减的性质，因此，我们假设单位闲暇时间价值与闲暇时间总量之间存在线性关系，即单位闲暇时间价值随闲暇时间总量的增加而减少。设员工每天的闲暇时间为 t 小时，每小时闲暇时间的价值为 $Spare(t)$，则

$$Spare(t) = -pt + q, \; p > 0 \qquad (1)$$

其中，p 为单位闲暇时间价值随闲暇时间总量变化的速度，q 为闲暇时间总量为 0 时的单位闲暇时间价值。将员工一天的工作时间划分为工作与闲暇两个部分，我们可以得到单位时间工作负效用（闲暇时间价值损失）随总工作时间变化的函数，$Work(e) = -p(24 - e) + q$。由此，我们可以得到员工工作的负效用函数如公式（2）所示：

$$g(e) = \int_0^e -p(24 - t) + q \, dt = \frac{p}{2} e^2 + (q - 24p) e \qquad (2)$$

假设当员工一天 24 小时全部为闲暇时间时，闲暇时间对于员工来说将不

再具有价值，即 $q - 24p = 0$，我们得到员工工作负效用函数为 $g(e) = \dfrac{p}{2}e^2$。

同理，员工的破坏行为负效用函数为 $g(s) = \dfrac{p}{2}s^2$。

4 模型建立

根据假设，企业的收益为员工产出品与员工劳动报酬的差额，而员工的收益则为劳动报酬与工作和可能的破坏行为所带来的负效用的差额，假设企业收益为 v，员工收益为 u_i，$i = 1$，2，$m = \dfrac{p}{2}$，我们可以将企业和员工的收益表示为如公式（3）所示：

$$\begin{cases} v = V(e_1 - ks_2 + \varepsilon_1) + V(e_2 - ks_1 + \varepsilon_2) - w_H - w_L \\ u_i = w_H P\{y_i(e_i) > y_j(e_j{}^*)\} + w_L P\{y_i(e_i) \le y_j(e_j{}^*)\} - me_i{}^2 - ms_i{}^2, \ i = 1, 2 \end{cases}$$

$$(3)$$

根据理性人假设，企业管理者和员工各自采取策略以最大化自身收益。企业管理者首先预测企业员工根据工资制度所采取的行动来制定最优工资水平，员工根据企业管理者制定的工资水平决定自身的工作努力水平和可能的破坏行为。规划如公式所示（4）：

$$\begin{cases} \max\limits_{w_H, w_L} E(v) = \max\limits_{w_H, w_L} V(e_1{}^* - ks_2{}^*) + V(e_2{}^* - ks_1{}^*) - w_H - w_L \\ (e_i{}^*, s_i{}^*) \in \arg\max\limits_{e_i, s_i} P(y_i > y_j)w_H + P(y_i \le y_j)w_L - me_i{}^2 - ms_i{}^2, \ i = \\ \qquad\qquad\qquad E(u_i)^* \ge u_0, \ i = 1, 2 \end{cases}$$

1，2 $\hspace{10cm}$ (4)

其中，u_0 为员工继续在企业工作的最低期望收益。我们认为，员工为企业提供劳动的行为存在机会成本，这一机会成本由整个劳动力市场环境决定。设员工产出中随机扰动项为 ε_i，$i = 1$，2 的分布密度函数为 $f(\varepsilon_i)$，$i = 1$，2，分析员工最大化自身收益的一阶条件如公式（5）所示：

$$\begin{cases} (w_H - w_L) \dfrac{\partial P\{y_i(e_i, s_i) > y_j(e_j{}^*, s_j{}^*)\}}{\partial e_i} = 2me_i \\ (w_H - w_L) \dfrac{\partial P\{y_i(e_i, s_i) > y_j(e_j{}^*, s_j{}^*)\}}{\partial s_i} = 2ms_i \end{cases}, \quad i = 1, 2 \quad (5)$$

将上述一阶条件转换为随机扰动项分布密度函数积分的形式如公式（6）所示：

$$\begin{cases} (w_H - w_L) \int_{-\infty}^{+\infty} f(\varepsilon_j + e_j^* + k s_j^* - e_i - k s_i) f(\varepsilon_j) d\varepsilon_j = 2m e_i \\ k(w_H - w_L) \int_{-\infty}^{+\infty} f(\varepsilon_j + e_j^* + k s_j^* - e_i - k s_i) f(\varepsilon_j) d\varepsilon_j = 2m s_i \end{cases}, \quad i = 1, 2 \tag{6}$$

根据模型假设,员工 1 与员工 2 面临相同的境况,同样的工资水平,相同的破坏效率系数和相同的负效用函数系数。由博弈的对称性质,$e_i^* = e_j^* = e^*$,$s_i^* = s_j^* = s^*$。根据这一对称性质求解员工的最佳工作时间和破坏行为时间如公式(7)所示:

$$e_i^* = \frac{w_H - w_L}{4m\sigma \sqrt{\pi}}, \quad s_i^* = \frac{k(w_H - w_L)}{4m\sigma \sqrt{\pi}}, \quad i = 1, 2 \tag{7}$$

在已知员工的对应策略后,模型简化为企业管理者最大化企业收益的规划,将员工策略带入本文模型中求解得到企业工资水平、员工工作时间、员工破坏行为时间以及企业收益如公式(8)所示:

$$\begin{cases} w_H^* = u_0 + \frac{V^2(1-k^2)^2}{4m(k^2+1)} + \frac{V(1-k^2)\sigma\sqrt{\pi}}{k^2+1} \\ w_L^* = u_0 + \frac{V^2(1-k^2)^2}{4m(k^2+1)} - \frac{V(1-k^2)\sigma\sqrt{\pi}}{k^2+1} \\ e_i^* = \frac{V(1-k^2)}{2m(k^2+1)}, \quad i = 1, 2 \\ s_i^* = \frac{kV(1-k^2)}{2m(k^2+1)}, \quad i = 1, 2 \\ E(v) = \frac{V^2(1-k^2)^2}{2m(k^2+1)} - 2u_0 \end{cases} \tag{8}$$

5 管理者的应对策略

5.1 破坏行为的影响

Lazear 和 Rosen(1981)在理想条件下证明了工作竞赛制度与传统的计件工资制度具有相同的有效性。但这一证明并没有考虑相互破坏行为的存在。将 Lazear 和 Rosen(1981)提出的证明方法应用于本文模型,得到公式(9),即

$$g'(e_i^*) = 2m e_i^* = \frac{V(1-k^2)}{2(k^2+1)} < V \tag{9}$$

员工边际产出价值大于员工工作边际负效用,说明由于员工的相互破坏行为,工作竞赛制度下员工的工作时间小于计件工资制度下员工的工作时间。企业产量不足以最大限度地激发员工的工作潜能,工作竞赛制度表现出了经

济意义上的无效率性，效率低于无破坏情况和计件工资制度下的效率。

5.2 破坏行为损失的规避

根据模型结果，企业期望收益受到破坏效率系数（k）、员工负效用函数系数（m）和劳动力市场劳动报酬水平（u_0）三方面的影响。在以上三个影响因素中，劳动力市场劳动报酬水平由整个劳动力市场决定，企业管理者很难通过采取某种策略对其产生影响。因此从破坏效率系数和员工负效用函数系数两个方面出发，对企业期望收益函数求偏导得到公式（10）、公式（11），即

$$\frac{\partial E(v)}{\partial k} = -\frac{(1-k^2)(3+k^2)}{2m(k^2+1)^2} < 0 \tag{10}$$

$$\frac{\partial E(v)}{\partial m} = -\frac{(1-k^2)^2}{2m^2(k^2+1)} < 0 \tag{11}$$

命题 1 在存在员工间相互破坏行为的工作竞赛制度下，企业总收益与员工相互破坏行为的破坏效率系数之间呈负相关关系，即破坏效率系数越大，企业总收益越小；破坏效率系数越小，企业总收益越大。

推论 1 企业管理者可以通过降低破坏行为的破坏效率来提高公司收益。

命题 2 在存在员工间相互破坏行为的工作竞赛制度下，企业总收益与员工工作负效用函数系数之间呈负相关关系，即负效用函数系数越大，企业总收益越小；负效用函数系数越小，企业总收益越大。

推论 2 企业管理者可以通过降低员工工作的负效用函数系数来提高公司收益。

对于存在员工间相互破坏对方劳动成果行为的企业，根据推论 1，企业管理者既可以对员工进行培训，加强员工保护自身劳动成果的意识；也可以安装保护设备以保护劳动成果，如制造企业可以将不同车间相互隔离，研发部门可以购买保险箱保护重要资料。以上方法都可以极大地增加破坏他人劳动成果的难度，进而降低破坏效率，达到维护企业收益的目的。同时，根据推论 2，企业管理者可以改善车间或办公室环境以提高工作舒适度，或者加强公司人文环境建设来增强企业归属感。此类办法可以降低员工对闲暇的渴望程度，进而减弱员工闲暇时间稀缺程度与单位闲暇时间价值之间的关系，从而达到降低负效用函数系数，提高企业收益的目的。

5.3 破坏行为的规避

5.3.1 计件工资制度

当企业内部的竞争以及员工间矛盾不断激化，以至于产生难以控制的破坏行为时，企业可以考虑放弃采用工作竞赛制度，转而采用计件工资制度，即根据所有员工总产出为每位员工制定相同的绩效工资。由此，员工之间不再存在竞争关系，破坏行为的动机也就不再存在。参考 Lazear 和 Rosen

（1981）对计件工资制度有效性的证明，本文假设企业管理者采用基本工资与绩效工资相结合的工资制定规则（满足 Herzberg 双因素需求理论），员工总工资分为基本工资（用 α 表示）和绩效工资（用 βy 表示，其中 y 为总产出，β 为每单位产出的绩效工资），得到委托—代理模型如公式（12）所示：

$$\begin{cases} \max_{\alpha,\ \beta,\ e_1,\ e_2} V(e_1^{\ *} + e_2^{\ *}) - 2\alpha - 2\beta(e_1^{\ *} + e_2^{\ *}) \\ e_i^{\ *} \in arg \max_{e_i} \alpha + \beta(e_1 + e_2) - m\,e_i^2 \\ \alpha + \beta(e_1^{\ *} + e_2^{\ *}) - m\,e_i^2 = u_0 \end{cases} \tag{12}$$

求解该规划得到公式（13），即

$$\begin{cases} \alpha^* = u_0 - \dfrac{3\,V^2}{4m} \\ \beta^* = V \\ e_i^{\ *} = \dfrac{V}{2m},\ i = 1,\ 2 \\ E(v) = \dfrac{V^2}{2m} - 2\,u_0 \end{cases} \tag{13}$$

根据模型求解可以得到

$$V - g'(e^*) = 0 \tag{14}$$

员工工作的边际负效用与员工工作的边际产出相等，适用于本文模型假设的计件工资制度具有经济意义上的有效性。由于改善了经济意义上的有效性，委托—代理模型的企业期望收益高于本文模型中企业的期望收益。

命题 3 企业管理者可以采取计件工资制度代替工作竞赛制度，以避免员工间相互破坏行为的发生。

5.3.2 以牙还牙策略

根据 5.1 中对破坏行为影响的分析，由于企业内部员工相互破坏行为的存在，博弈结果不具有帕累托有效，即如果每一位员工都采取不破坏的策略，双方的收益情况都将得到改善。但是，在工作竞赛制度下，每一名员工都存在破坏他人劳动成果以为自己争取较高劳动报酬的动机。应用本文模型，为计算方便，我们假设随机扰动项 ε 服从 $[-0.25, 0.25]$ 之间的均匀分布，员工单位产出价值为 $V = 1$，破坏效率系数 $k = 0.5$，员工工作负效用函数系数 $m = 1$，劳动力市场劳动报酬水平为 0（$u_i = 0$）。在重复博弈背景下，在第一次博弈中，任何一名员工做出的破坏其他员工劳动成果的决定是私人信息，其他员工或企业管理者在做出决定的时候依然按照不存在相互破坏行为的情况选择最佳的努力水平和工资水平，由此得到三种情况下的规划。

情况 1 员工 1 与员工 2 均采取不破坏策略

$$\begin{cases} \max\limits_{w_H,\ w_L} e_1^* + e_2^* - w_H - w_L \\ (e_i^* \in arg \max\limits_{e_i,\ s_i} P(y_i > y_j)\, w_H + P(y_i \leq y_j)\, w_L - e_i^2,\ i = 1,\ 2 \quad (15) \\ E(u_i)^* \geqslant 0,\ i = 1,\ 2 \end{cases}$$

情况 2　员工 1 与员工 2 均采取破坏策略

$$\begin{cases} \max\limits_{w_H,\ w_L} e_1^* + e_2^* - w_H - w_L \\ (e_i^*,\ s_i^*) \in arg \max\limits_{e_i,\ s_i} P(y_i > y_j)\, w_H + P(y_i \leq y_j)\, w_L - e_i^2 - s_i^2,\ i = 1,\ 2 \\ E(u_i)^* \geqslant 0,\ i = 1,\ 2 \end{cases}$$

$$(16)$$

情况 3　员工 1 采取破坏策略，而员工 2 采取不破坏策略

$$\begin{cases} \max\limits_{w_H,\ w_L} e_1^* + e_2^* - w_H - w_L \\ (e_1^*,\ s_1^*) \in arg \max\limits_{e_1,\ s_1} P(y_1 > y_2)\, w_H + P(y_1 \leq y_2)\, w_L - e_1^2 - s_1^2 \\ e_2^* \in arg \max\limits_{e_2} P(y_2 > y_1)\, w_H + P(y_2 \leq y_1)\, w_L - e_2^2 \\ E(u_i)^* \geqslant 0,\ i = 1,\ 2 \end{cases} \quad (17)$$

　　分别求解以上三种情况下的规划，结合博弈的对称性质，得到员工 1 和员工 2 的博弈矩阵如表 1 所示。

39

表 1　员工 1 与员工 2 的博弈矩阵

	不破坏	破坏
不破坏	0, 0	$-\dfrac{1}{4}$, $\dfrac{41}{162}$
破坏	$\dfrac{41}{162}$, $-\dfrac{1}{4}$	0, 0

　　根据博弈矩阵，在第一次博弈中，当两位员工都处在不破坏对方劳动成果的位置上时，任何员工都存在着破坏对方劳动成果的动机。因此，该博弈中唯一稳定策略即是双方都选择破坏他人的劳动成果以为自己谋取更高的期望收益。根据重复博弈理论，在有限次或无限次重复博弈中采用以牙还牙的策略可以使得博弈的结果 Pareto 有效。但是，在表 1 的博弈矩阵中，显然不存在相对于稳定策略组合 Pareto 有效的策略组合（任何策略组合都不能同时保证员工 1 和员工 2 的收益均高于稳定策略组合下的收益）。因此，为采取以牙还牙策略阻止破坏行为的发生，企业管理者应该采取手段创造 Pareto 有效的策略组合为以牙还牙策略创造条件。

我们根据规划求解的结果给出了不同策略下企业的期望收益矩阵，如表 2 所示。

表2　模型中企业的产出矩阵

	不破坏	破坏
不破坏	1/2	2/9
破坏	2/9	9/40

由于破坏行为给企业的期望收益带来了一定的损失，那么企业管理者可以考虑牺牲一部分收益来创造 Pareto 有效的策略组合以通过以牙还牙策略防止破坏行为的产生。但如果为创造 Pareto 有效的策略组合而造成的损失小于破坏行为所造成的损失，那么以牙还牙策略即有效（可以帮助改善企业的收益情况）。我们假设在员工均不破坏对方劳动成果的情况下，企业管理者给予员工高于劳动力市场劳动报酬水平的期望收益 $x + u_0$，则我们得到员工博弈矩阵如表 3 所示。

表3　构造 Pareto 有效策略组合后模型中员工 1 与员工 2 的博弈矩阵

	不破坏	破坏
不破坏	x , x	$-\dfrac{1}{4} , \dfrac{41}{162}$
破坏	$\dfrac{41}{162} , -\dfrac{1}{4}$	$0 , 0$

将高于劳动力市场劳动报酬水平的员工期望收益 $x + u_0$ 代入 5.3.2 中的模型，我们得到 x 需满足的条件如公式（18）所示：

$$\begin{cases} \dfrac{1}{2} - 2x > \dfrac{9}{40} \\ x > 0 \end{cases} \tag{18}$$

此时，企业为构造 Pareto 有效的策略组合而损失的收益小于破坏行为造成的损失。在创造了 Pareto 有效的策略组合后，企业管理者和员工制定以牙还牙策略如下：

企业管理者：一直保证员工期望收益为 x，一旦任何一位员工采取破坏策略导致企业利益受损，则在从下一次博弈开始的每次博弈中，改变工资水平使得员工期望收益为 0；

员工 1：一直采取不破坏策略，一旦员工 2 采取破坏策略，则在从下一次博弈开始的每次博弈中，采取破坏策略；

员工 2：一直采取不破坏策略，一旦员工 1 采取破坏策略，则在从下一次博弈开始的每次博弈中，采取破坏策略。

通过采用以牙还牙策略，任何员工采取的破坏竞争对手劳动成果的行动都将在增加本次博弈收益的同时给自身未来的收益造成损失。因此，员工将在充分考虑到未来收益损失的情况下放弃采取破坏策略。

命题 4　企业管理者可以适当提高员工期望收益，并和员工一同采取以牙还牙策略，以避免员工间相互破坏行为的发生。

6　算例分析

6.1　企业 A 管理者的规划

假设企业 A 生产产品的单位价值为 2 元，即 $V = 2$；绩效水平较高的员工每天获得的报酬为 w_H，绩效水平较低的员工每天获得的报酬为 w_L；劳动力市场劳动报酬水平为 0，即 $u_0 = 0$。同时，企业员工每小时可以生产 10 件商品；企业员工每小时的破坏行为可以使其他员工少生产 $10k$ 件商品；工作的负效用函数为 $g(e) = me^2$；破坏行为的负效用函数为 $g(s) = ms^2$；员工每小时产量的随机扰动项服从均值为 0、方差为 1 的正态分布。

在企业 A 内部不存在破坏行为的情况下，我们得到规划如公式（19）所示：

$$\begin{cases} \max\limits_{w_H, w_L} 20\, Ve^*(w_H, w_L) - w_H - w_L \\[2mm] \dfrac{1}{2}w_H + \dfrac{1}{2}w_L - me^{*2} = 0 \\[2mm] 2e^* = \dfrac{w_H - w_L}{2m\sqrt{\pi}} \end{cases} \quad (19)$$

在企业 A 内部存在破坏行为的情况下，我们得到规划如公式（20）所示：

$$\begin{cases} \max\limits_{w_H, w_L} 20\, Ve^*(w_H, w_L) - 20kVs^*(w_H, w_L) - w_H - w_L \\[2mm] \dfrac{1}{2}w_H + \dfrac{1}{2}w_L - me^{*2} - ms^{*2} = 0 \\[2mm] 2e^* = \dfrac{w_H - w_L}{2m\sqrt{\pi}} \\[2mm] 2s^* = \dfrac{k(w_H - w_L)}{2m\sqrt{\pi}} \end{cases} \quad (20)$$

6.2　破坏行为对企业 A 经济效率影响的模拟

具体地模拟一种情形，$g(e) = e^2$，$k = 0.5$，我们的边际负效用函数和边际产出函数随员工工作时间变化的函数图像如图 2 所示。当企业内部员工间不存在相互破坏行为时，员工每天最佳工作时间为 10 小时；当企业内部员工间存在相互破坏行为时，员工每天最佳工作时间为 6 小时，最佳破坏时间为 3 小时。

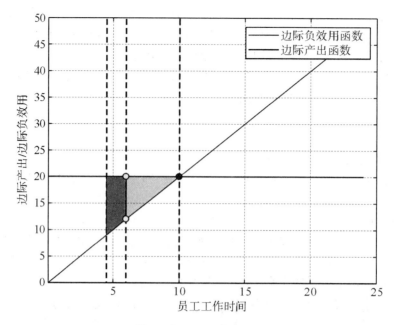

图 2　企业 A 的经济效率

在图 2 中，深灰区域为受破坏行为影响，员工工作时间不足所造成的经济效率上的损失；进一步地，浅灰区域为破坏行为直接造成的影响损失。破坏行为的存在给企业 A 的经济效率造成了巨大的影响，与 5.1 中的结论一致。

6.3　破坏效率系数对企业 A 产出影响的模拟

假设企业 A 内部员工工作的负效用函数系数为 1，即 $g(e) = e^2$，将不同破坏效率系数（k）代入规划，我们得到企业 A 每日总收益与破坏效率系数（k）的关系如表 4 所示。

表 4　企业 A 每日总收益与 k 值关系表

k 值	企业 A 总收益/元
0.1	194.1
0.2	177.2
0.3	151.9
0.4	121.7
0.5	90.0
0.6	60.2
0.7	34.9
0.8	15.8

表4(续)

k 值	企业 A 总收益/元
0.9	4.0
1	0.0

根据表4中的数据，我们绘制企业 A 每日总收益随破坏效率系数（k）变化图，如图3所示。

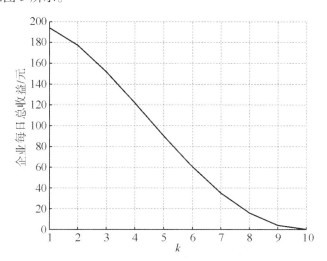

图3　负效用函数系数为1时的企业 A 每日总收益随破坏效率系数变化图

根据图3，我们可以很直观地看出，当企业 A 的员工间存在相互破坏行为时，企业 A 的总收益与破坏效率系数呈负相关关系，与命题1的结论相一致。

6.4　负效用函数系数对企业 A 产出影响的模拟

假设企业 A 内部员工相互破坏行为的破坏效率系数为0.5，即企业 A 员工每小时的破坏行为可以使其他员工少生产5件商品，将不同的负效用函数系数（m）代入规划，我们得到企业 A 每日总收益与负效用函数系数（m）的关系如表5所示。

表5　企业 A 每日总收益与 m 值关系表

m 值	企业 A 总收益/元
1	90.0
2	45.0
3	30.0
4	22.5
5	18.0

表5(续)

m 值	企业 A 总收益/元
6	15.0
7	12.9
8	11.3
9	10.0
10	9.0

根据表 5 中的数据，我们绘制企业 A 每日总收益随员工负效用函数系数（ m ）变化图，如图 4 所示。

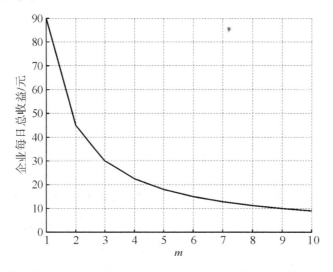

图 4　破坏效率系数为 0.5 时的企业 A 每日总收益随负效用函数系数变化图

根据图 4，我们可以很直观地看出，当企业 A 的员工间存在相互破坏行为时，企业 A 的总收益与负效用函数系数呈负相关关系，与命题 2 的结论相一致。

6.5　双因素模拟（破坏效率系数与负效用函数系数）

将不同的负效用函数系数（ m ）和破坏效率系数（ k ）代入规划，我们得到在不存在相互破坏行为的情况下企业 A 的每日总收益如表 6 所示，在存在相互破坏行为的情况下企业 A 的每日总收益如表 7 所示，其中表格数据横坐标表示破坏效率系数，纵坐标表示负效用函数系数。

表6　不存在相互破坏行为情况下企业A每日总收益表　　单位：元

	1	2	3	4	5	6	7	8	9	10
0.1	277.2	183.5	156.4	146.0	142.3	141.9	143.5	146.2	149.7	153.7
0.2	277.2	183.5	156.4	146.0	142.3	141.9	143.5	146.2	149.7	153.7
0.3	277.2	183.5	156.4	146.0	142.3	141.9	143.5	146.2	149.7	153.7
0.4	277.2	183.5	156.4	146.0	142.3	141.9	143.5	146.2	149.7	153.7
0.5	277.2	183.5	156.4	146.0	142.3	141.9	143.5	146.2	149.7	153.7
0.6	277.2	183.5	156.4	146.0	142.3	141.9	143.5	146.2	149.7	153.7
0.7	277.2	183.5	156.4	146.0	142.3	141.9	143.5	146.2	149.7	153.7
0.8	277.2	183.5	156.4	146.0	142.3	141.9	143.5	146.2	149.7	153.7
0.9	277.2	183.5	156.4	146.0	142.3	141.9	143.5	146.2	149.7	153.7
1	277.2	183.5	156.4	146.0	142.3	141.9	143.5	146.2	149.7	153.7

表7　存在相互破坏行为情况下企业A每日总收益表　　单位：元

	1	2	3	4	5	6	7	8	9	10
0.1	194.1	97.0	64.7	48.5	38.8	32.3	27.7	24.3	21.6	19.4
0.2	177.2	88.6	59.1	44.3	35.4	29.5	25.3	22.2	19.7	17.7
0.3	151.9	76.0	50.6	38.0	30.4	25.3	21.7	19.0	16.9	15.2
0.4	121.7	60.8	40.6	30.4	24.3	20.3	17.4	15.2	13.5	12.2
0.5	90.0	45.0	30.0	22.5	18.0	15.0	12.9	11.3	10.0	9.0
0.6	60.2	30.1	20.1	15.1	12.0	10.0	8.6	7.5	6.7	6.0
0.7	34.9	17.5	11.6	8.7	7.0	5.8	5.0	4.4	3.9	3.5
0.8	15.8	7.9	5.3	4.0	3.2	2.6	2.3	2.0	1.8	1.6
0.9	4.0	2.0	1.3	1.0	0.8	0.7	0.6	0.5	0.4	0.4
1	0.0	0.0	0.0	0.0	0.0	0.0	0.0	0.0	0.0	0.0

　　根据表6和表7中的数据，我们绘制企业A每日总收益随破坏效率系数和负效用函数系数变化的二维图，如图5所示。

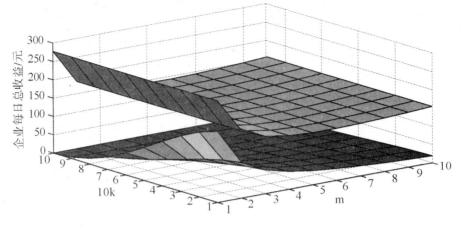

图 5 企业 A 每日总收益变化图

由表 6、表 7 和图 5 可知，当破坏效率系数在 0.1 和 1 之间变动，负效用函数系数在 1 和 10 之间变动时，在任何一种情形下，存在破坏行为的情况下企业 A 的每日总收益都低于不存在破坏行为的情况下企业 A 的每日总收益。同时，当企业 A 内部存在员工间相互破坏行为时，负效用函数系数（m）越小，企业 A 每日总收益越大；破坏效率系数（k）越小，企业 A 每日总收益越大。当负效用函数系数和破坏效率系数同时达到最小值时（$m = 1, k = 0.1$），企业 A 每日总收益达到最大值，为 194.1 元；当负效用函数系数和破坏效率系数同时达到最大值时（$m = 10, k = 1$），企业 A 每日总收益达到最小值，为 0 元。企业管理者可以通过同时降低员工工作负效用函数系数和员工间相互破坏行为的破坏效率系数来提高企业总收益。

7 结论

工作竞赛制度（锦标赛制度）是现代企业管理者激发员工工作积极性的重要制度之一。但是，正如本文所述，在帮助企业解决员工工作激励问题的同时也增加了企业内部员工之间或部门之间恶性竞争的风险，进而造成员工间相互破坏对方劳动成果行为的产生。根据 5.1 中的证明与 6.2 中的算例分析，员工破坏他人劳动成果的行为将会给企业造成经济效率上的负面影响，进而给企业总收益造成损失。针对员工间相互破坏行为的动机及影响，本文从破坏行为损失的规避和破坏行为的规避两个方面给出了企业管理者的应对策略，并提出了四个命题和两个推论。

在破坏行为损失的规避方面，本文认为，对于工作竞赛制度下存在员工间相互破坏行为的企业，其总收益与员工间相互破坏行为破坏效率及员工工作负效用函数系数呈负相关关系。企业管理者可以通过加强安保措施、普及员工自身劳动成果保护意识等方法降低破坏效率系数，同时通过改善工作环境、加强员工企业归属感来降低负效用函数系数，进而改善企业收益情况。

在破坏行为的规避方面，本文提出了两个从根本上消除破坏行为的策略。其一，基于5.3.1中对计件工资制度经济有效性的证明，我们认为，当企业工作竞赛制度造成了严重的员工间恶性竞争时，企业管理者可以考虑在薪酬激励制度上采取计件工资制度，通过消除员工间的竞争关系来阻止相互破坏行为的发生。其二，在5.3.2中，本文从重复博弈的角度出发提出：管理者可以通过对不破坏他人劳动成果的行为给予适当奖励来为重复博弈背景下的以牙还牙策略创造条件，进而通过与员工共同制定以牙还牙策略从根本上消除破坏行为，维护企业收益。

参考文献

吴可，阚跃辉，2012．"一股独大"条件下企业所得税纳税筹划的博弈分析 [J]．财会月刊，(27)：51-53．

常以正，2012．劳动合同解除制度的行为激励研究 [D]．成都：西南财经大学．

汪行，刘卫国，2012．考虑任务难度和能力差异的高新区企业技术创新扩散激励机制研究 [J]．华东理工大学学报（社会科学版），27(2)：46-51．

张婷，2010．锦标赛制度下基金经理人风险调整行为 [J]．经济导刊，(5)：30-31．

朱立龙，郭鹏菲，孙淑慧，2016．供应链混合分销渠道产品质量控制策略 Stackelberg 博弈分析 [J]．系统工程，34(12)：111-117．

罗云峰．博弈论教程 [M]．北京：北京交通大学出版社，2007：183-186．

LAZEAR E，ROSEN S，1981. Rank-order tournaments as optimum labor contracts [J]. Journal of Political Economy，89(5)：841-864．

JAMES A MIRRLEES，1976. The optimal structure of authority and incentives within an organization [J]. The Bell Journal of Economics，7(1)：105-131．

HOLDEN RICHARD T，AKERLOF，ROBERT，2012. The nature of tournaments [J]. Economic Theory，51(2)：289-313．

MATTHIAS KRÄKEL，2014. Optimal seedings in elimination tournaments revisited [J]. Economic Theory Bulletin，2(1)：77-91．

我国个人所得税再分配效应的现状分析

——基于新旧个税对比

李雅洁　王莹

【摘要】 个人所得税对调节收入分配、组织财政收入以及稳定经济具有重要的积极作用。本文基于瓦格纳等的理论研究对个人所得税的调节机制进行理论分析，并且借助 K 指数、基尼系数，对新旧个税累进性进行比较。建立了税后基尼系数与个人所得税平均税率、可支配收入模型，通过单位根检验、协整检验及向量误差修正的计量分析，探讨了旧个人所得税制度对收入分配的影响。本文发现：旧个人所得税制度对基尼系数的影响非常微弱，MT 指数有回落迹象，而且计量模型中没有显示中等、高等收入组的平均税率，旧个人所得税制度没有发挥出有效的调节作用；新个人所得税的改革方向符合本文的研究建议，税率结构等得到优化。

【关键词】 个人所得税制度改革；收入再分配；现状分析

1　绪论

在社会主义经济体制背景下，改革开放带动我国经济繁荣发展，居民生活水平逐步提高，但收入分配不均的问题愈演愈烈，成为民众关心的重点问题。据国家统计局数据分析，虽然基尼系数有所下降，2016 年基尼系数稍有上浮为 0.465，但是从绝对数值来看，基尼系数还比较大。2016 年城镇居民人均可支配收入为 33 616 元，农村居民人均可支配收入为 12 363 元，城乡比为 2.719，而早在 1983 年这一比例仅为 1.823[①]，城乡间的收入差距明显扩大。

从经济学视角来分析，个人所得税制度主要负责调节收入分配、增加财政收入，是缩小收入差距的有力调节手段，是我国政府力图缩小贫富差距的重要武器。研究个人所得税制度对收入分配的调节力度具有重要的理论和实际意义。

---

① 数据来源于国家统计局。

为了更好地实现社会公平，我国个人所得税制度经历了数次变革。我国第一部个人所得税法的颁布时间为 1980 年，此后个人所得税成为我国税收的重要组成部分。经过 1994 年的税制改革，全国个人所得税收入由 73 亿元增加到 2016 年的 10 088.98 亿元，占税收收入的比重由 1994 年的 1.43%增长到 2016 年的 7.74%。但由于税制设计、税收征管方面的限制，个人所得税的收入再分配效应仍受到质疑。

2018 年 8 月 31 日，第十三届全国人大常委会第五次会议表决通过关于修改个人所得税法的决定，并自 2018 年 10 月 1 日起先行实施"起征点"提高至每月 5 000 元等部分政策，同时合并四大所得税目，首次设立专项扣除，优化税率结构等。新个人所得税制度的出台引起了公众以及学术界的强烈关注，其中新个人所得税制度是否能有效改善收入分配成为关注的重点。

社会公平是社会各界关注的热点，个人所得税制度是实现社会公平的重要手段。在新个人所得税制度出台的背景下，研究旧个人所得税制度对收入分配的作用的文献较多，未出现探讨新个人所得税制度对收入分配调节机制、新个人所得税收入分配效应的文献，本文试图弥补这一文献空白。不仅如此，我们的结论认为新个人所得税制度的改革方向符合本文对旧个人所得税制度研究的政策建议，是必要合理的，这为国家新个人所得税制度的发布提供了理论以及实证支撑。

我们将从理论和实证两个角度，分析旧个人所得税制度收入分配功能的发挥情况，评判新个人所得税制度的累进性，论证新个人所得税制度改革的合理性与必要性。以瓦格纳等人的理论作为基础，本文对个人所得税制度的调节机制进行了理论分析，并且借助 K 指数、基尼系数，展开新旧个人所得税制度的对比。而后建立了税后基尼系数与个人所得税平均税率、可支配收入模型，通过单位根检验、协整检验及向量误差修正的计量分析，探讨了个人所得税制度对收入分配的影响。

2 文献综述

在研究方法上，我国学者的研究方法呈多样化，对收入分配效应研究的侧重点也各有不同，将指标分析与计量模型相结合进行分析的文献较少，但文章质量则参差不齐。代表性的观点有：孙玉栋等（2017）依靠固定效应模型对城乡基尼系数进行推测，重点在于探讨我国（旧）个人所得税的分类情况；史泽军（2017）以衡量收入分配差距的各项指标探讨了居民收入分配差距与个人所得税制度的作用机理；胡文骏（2017）依靠 PVAR 模型对 2011—2012 年的个人所得税制度的收入分配调节效应进行分析，并认为工薪收入这一税目对社会公平有负面效应；张楠等（2018）利用"中国家庭追踪调查（CFPS）2012"微观数据，从居民个人收入和家庭收入两个层面对个人所得税制度的累进性与再分配效应进行测算，并利用 K 指数和 MT 指数构建了比较横向纵向公平程度的指标，文章基于指标法进行研究。

目前在数据处理方面有两种主流方法。一是以裘伟（2004）、王亚芬（2007）等为代表，将统计年鉴中的平均每人全部年收入作为税前收入、平均每人可支配收入视为税收收入，分别计算基尼系数并对比分析。但此种方法将转移性收入对收入分配的影响视作个人所得税调节效应的一部分，错误估算了税前税后基尼系数，得到的个人所得税制度再分配效应不符合实际。二是以张世伟（2008）等为代表的学者，创建了微观模拟模型对个人所得税制度再分配效应进行分析，由收入修正、收入时化、税制实施、税制效果四个模块构成，将个人保险数据还原为个人收入，通过估算收入增长率修正个人收入，衡量了个人所得税制度的调节分配效果。但微观模拟模型由于数据的重复性、地域的限制性局限了此种方法在全国范围内的运用。

值得一提的是，田志伟等（2017）对我国税收制度进行模拟，并建立模型，侧重于研究免征额对收入分配的影响，这为完善我国税制结构提供了重要的理论参考。

在个人所得税调节收入分配效应的研究结果方面，学者们的意见并不一致，可以将意见分为逆调节、弱调节、较好调节三类。初期（2007 年之前）以及少数近年来的研究认为，我国个人所得税制度产生了逆调节作用，即扩大了收入差距。代表性的实证文章如下：李实、赵人伟（1999）以中国社科院课题组的抽样数据作为数据样本，发现个人所得税制度在城乡之间以及农村内部具有累退性；周肖肖等（2008）根据浙江省城镇居民的实际收入和可支配收入，计算税前、税后基尼系数，得到大多数年份的税后基尼系数大于税前基尼系数，认为个人所得税制度扩大了差距。李士梅、李安（2017）利用计量模型实证分析长期和短期波动中个人所得税制度的收入分配的调节效应，认为我国个人所得税制度对城镇居民收入分配调节效果甚微；李玉萍、李晗琳（2017）通过构建基尼系数模型，利用《国家统计年鉴》和《中国税务年鉴》相关数据，近似模拟我国近 15 年个人所得税制度调节居民收入分配的效应，得出了 MT 指数的阶段性特征。

总之，对个人所得税制度的收入分配效用有大量研究，但国内相关研究在实证方面的分析还不够深入，针对我国现状提出的改革建议缺乏说服力，很少有学者以收入分层进行计量分析。我们将指标分析和计量分析相结合，为新个人所得税制度的出台提供了理论与实证支撑。

3 个人所得税制度调节收入分配理论分析

3.1 支持个人所得税制度调节收入分配的理论

瓦格拉提出了支持量能负担原则，各收入等级税收负担均等分配，因此个人所得税应该实行累进制，对高收入者课以重税，对低收入者减税，对非常困难者免税，个人所得税具有收入再分配的作用。罗尔斯认为个人所得税的作用，是让生活条件好的人对生活条件较差的人提供经济帮扶，其所著的《正义论》中提出了"无知之幕"概念，每个人对未来都无法进行有效的预测，为了增强社会稳定性，政府应该更加关注境况较差的居民。

马歇尔创建了边际效用理论，支持个人所得税制度的累进性。其理论认为高收入者对收入的边际效用较低，低收入者对收入的边际效用较高，通过对高收入者征收个人所得税，既可以增加财政收入，又可以提高低收入者的福利，使社会整体福利提高。

值得提出的是凯恩斯主张通过国家宏观调控，实行财政政策，以实现资源有效配置，调节收入差距，避免两极分化。西方主流国家深受凯恩斯主义影响，进行税制改革。个人所得税成为国家主要税种，发挥着收入再分配效用。

3.2 怀疑个人所得税调节收入分配的理论

米尔利斯认为线性累进的所得税制度不利于高收入者的劳动积极性，将损失税收效率，无法实现税收公平。另外，高累进税率将增大高收入群体逃税偷税的可能性，为税收征管带来很大的挑战，也将削弱个人所得税对收入分配的调节作用。同时，阿尔文·拉布什卡主张减少税率等级，但保持累进性特征。东欧各国逐渐实施单一的税率，其他国家也开始进行税收改革，简并复杂累进税制，降低最高边际税率。为吸引人才，各国往往实行个人所得税的优惠政策，其他累退性质的税种削弱了个人所得税的调节效应。

3.3 个人所得税调节收入分配效用的机制

个人所得税在收入形成、积累、转让多个阶段对个人收入进行征税，对个人收入分配调节的一般机制如图1所示。

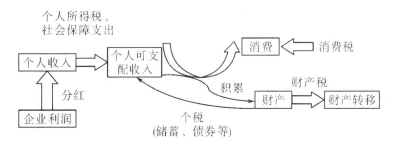

图1 个人所得税调节收入分配的一般机制

收入形成后受到缴纳社会保障支出与个人所得税支出的影响。社会保障金具有收入分配功能，因为低收入者更可能从社会救济中受益，相当于增加了部分收入。个人所得税通过免征额、累进税率调整收入分配。高收入群体比起低收入群体，缴纳更多的税收，降低收入，低收入群体不征或少征税，维持收入，以此调节二者的收入差距。

财富积累时，对增值财产征收个人所得税，高收入群体更容易从已有财富中获得大量增值，如对财产产生的利息收益征收20%的个人所得税，降低财富增长速度，抑制收入差距迅速扩大。

财产转让时，对转让收入征收个人所得税，高收入群体更容易发生财产财富转移，按20%的税率计算缴纳个人所得税，可改善出身带来的较大财富差异。

工资薪金所得、个体工商户经营所得等适用个人所得税超额累进税率，具有调节初次收入分配的功能；劳务报酬、稿酬等适用个人所得税有免征额的比例税率，可以看作累进性较弱的税收，可以调节收入分配；利息、偶然所得等适用个人所得税单纯的比例税率，非高收入群体更可能发生此类收入，基本上无法调节收入分配。

因此，个人所得税占税收收入的比重、税率的累进程度、免征额的确定、税收征管效率等都会对个人所得税发挥收入分配调节作用产生影响。

4 研究方法及数据说明

4.1 研究方法

4.1.1 指标分析

（1）基尼系数及 MT 指数

国际上对居民收入分配差距的测量方式主要有阿提金森指标、泰尔指数、洛伦兹曲线以及基尼系数，而基尼系数得到了中国学者的普遍采用，其值在 0 和 1 之间。

基尼系数原始测算方法为：基尼系数 $= \dfrac{A}{A+B}$，A 为洛伦兹曲线与平均分配曲线形成的面积，B 为洛伦兹曲线与绝对非平均分配线之间的面积，本文利用分组数据的微分累加法，$G = 1 - \sum P_i(Q_i + Q_i - 1)$，其中 P_i 为第 i 组的人口比重，Q_i 为第 i 组的累计收入比重。

Musgrave 和 Thin（1948）提出的 MT 指数可以用来衡量收入分配效应，MT 指数的计算公式为

MT 指数 $= G_1 - G_2$

修正的 MT 指数 $= (G_2 - G_1)/G_1 \times 100\%$

其中，G_1 为税前收入基尼系数，G_2 为税后收入基尼系数。当 G_1 大于 G_2 时，MT 指数大于 0，意味着税收减轻了居民收入分配不平等程度。MT 指数越大，其改善收入分配的效力也就越大；反之，MT 指数小于 0 则证明税收提高了居民的收入分配不平等水平；MT 指数等于 0，则意味着个人所得税没有发挥调节作用。

（2）个人所得税累进性衡量

①级距累进衡量

从当前法定税率表分析个人所得税设定的累进性，借鉴李安（2017）衡量累进性 V 的公式

$$累进性\ V = \frac{T_1 - T_0}{T_0} \div \frac{I_1 - I_0}{I_0}$$

其中，I_0 为初始收入超出免征额的部分，I_1 为增加后收入超出免征额的部分，T_0、T_1 为对应应缴税额。

②K 指数分析

K 指数是由 Kakwani（1977）提出的衡量所得税累进性的指标，计算公式为

$$K = CT - G_1$$

CT 为纳税集中系数，G_1 为税前基尼系数。纳税集中系数是衡量税收负担在不同收入群体间分布的指标。K 指数反映了税收负担偏离比例税率的程度。K 指数大于 0，则说明高收入群体负担的税收在税收总额中的比重高于其收入在收入总额中的比重，即税收是累进的；若 K 指数小于 0，则说明税收是累退的；若 K 指数等于 0，则说明税收表现为比例税，税收对收入公平分配无影响（刘成龙，2014）。

4.1.2　计量分析

为了研究收入分配不平等与各个收入阶层可支配收入以及各个阶层个人所得税之间的关系，建立税后基尼系数与个人所得税平均税率、可支配收入模型，经过单位根检验、协整检验及向量误差修正的计量分析，探讨旧个人所得税对收入分配的影响。

4.2　数据说明

国家统计局定义的可支配收入为总收入减去个人缴纳的社会保障支出再减去个人所得税，其中个人缴纳的社会保障金免征个人所得税。为了使个人所得税收入再分配效应测算中不混杂社会保障的效果，应剔除社会保障支出，避免其影响。因此，本文借鉴杨帆（2011）的理论方法，定义税前收入=总收入-个人缴纳的社会保障支出；同时，税后收入=税前收入-个人所得税=可支配收入，因此需要还原税前收入。

我国个人所得税分类征收，但无法获得分项数据，为了计算的可行性，本文假设：将可支配收入视作工薪收入，利用其临界点及税率进行调整，且不考虑税收优惠税率。

税后收入 = 税前收入 - 个人所得税

个人所得税 = 税前收入 - [（税前收入 - 免征额）× 对应税率 - 速算扣除数]

月可支配收入 = 年可支配收入 /12

由以上三式，可推导得

$$月税前收入 = \frac{月税后收入 - 免征额 \times 对应税率 - 速算扣除数}{1 - 对应税率}$$

2002—2005 年免征额为 800 元/月，2006—2007 年免征额为 1 600 元/月，2008—2011 年免征额为 2 000 元/月，2012—2016 年免征额为 3 500 元/月，年税前收入＝12×月税前收入。

本文数据来源于 2003—2017 年国家统计局公布的《中国统计年鉴》。

5 实证分析

5.1 个人所得税收入分配调节效果指标分析

目前我国个人所得税征收额来自农村居民的比例微乎其微，2011 年，来自第一产业的个人所得税占全部个人所得税的比例不足 0.19%，因此本文采用城镇居民收入数据来分析个人所得税的收入分配调节作用。从 2002 年开始，国家统计局城镇调查对象由非农业人口转变成城市市区和县城关镇住户，收入类指标的统计口径同样出现变化，因此本文以 2002 年及以后年度为样本。

对全国城镇居民可支配收入 2012 年以前七分组、2013 年以后五分组还原为税前收入，还原方法见下文，并进行加权处理，低收入组、中等收入组、高收入组分别占比 20%、60%、20%，2002—2016 年，各收入等级城镇居民可支配收入如图 2 所示。

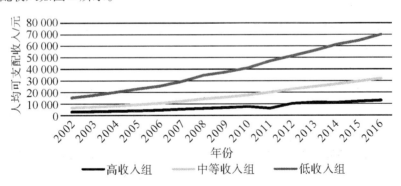

图 2 全国城镇居民人均可支配收入

数据来源：《中国统计年鉴》（2003—2017 年）.

由此可见，2002—2016 年，全国各收入等级的城镇居民可支配收入均呈现增长趋势，但收入等级之间的收入差额也在不断增长，收入差距扩大。从高收入组与低收入组的可支配收入的比值来看，2006 年、2009 年、2012 年出现下降，可能是三次个人所得税改革提高起征点发挥的作用。

5.1.1 基尼系数及 MT 指数

2002—2016 年税后基尼系数均小于税前基尼系数，说明个人所得税发挥了正向的收入分配调节作用，MT 指数的变动与个人所得税收入规模存在相关性。2002—2005 年，MT 指数逐渐增长，2006 年将免征额提高至 1 600/月，个税收入下降，MT 指数也回落，同样，2008 年、2012 年税收收入规模下降，MT 指数都表现出降低迹象。但其调节作用有限，2011 年最高为 3.90%，始终小于 4%，这与佘红志（2010）所述的美国个人所得税对基尼系数调节达到 6.9% 以及英国个人所得税对基尼系数调节达到 10% 以上相比，还有一定的差距。具体结果见表 1。

表 1　2002—2016 年城镇居民基尼系数及 MT 指数

年份	G_1（税前）	G_2（税后）	MT 指数	修正的 MT 指数/%
2002	0.260 0	0.254 3	0.005 7	2.20
2003	0.270 5	0.263 1	0.007 4	2.73
2004	0.278 1	0.269 5	0.008 6	3.10
2005	0.283 5	0.273 5	0.009 9	3.50
2006	0.275 3	0.270 7	0.004 6	1.67
2007	0.274 1	0.267 6	0.006 5	2.37
2008	0.279 7	0.273 6	0.006 1	2.16
2009	0.275 7	0.268 8	0.006 9	2.52
2010	0.272 9	0.263 8	0.009 1	3.34
2011	0.300 4	0.288 7	0.011 7	3.90
2012	0.254 6	0.252 5	0.002 1	0.84
2013	0.252 8	0.251 1	0.001 7	0.67
2014	0.263 2	0.260 5	0.002 7	1.03
2015	0.257 8	0.254 0	0.003 8	1.47
2016	0.260 5	0.255 2	0.005 3	2.02

5.1.2 累进水平分析

（1）级距累进性分析

在旧个人所得税体制下，前两级的累进性较强，后三级的累进性相对较弱，这是由于前两级级距相对较窄，随收入增加税率增加速度较快，而后三级级距较宽，进入下一级次税率的速度较慢，因此虽然累进性均大于 1，但税率结构并不完全合理。在新个人所得税体制下，第二级的累进性明显降低，可能原因在于级距的加宽；后两级税率及级距与原政策相同，但累进性有所提高，可见新个人所得税下的税率结构在一定程度上得到了改善。具体结果见表2和表3。

表2　旧税制下个人所得税率累进性

应纳税所得额/元	税率/%	速算扣除数/元	累进性
≤1 500	3	0	—
>1 500~4 500	10	105	3.333
>4 500~9 000	20	555	2.609
>9 000~35 000	25	1 005	1.807
>35 000~55 000	30	2 755	1.356
>55 000~80 000	35	5 505	1.401
>80 000	45	13 505	—

表3　新税制下个人所得税率累进性

应纳税所得额/元	税率/%	速算扣除数/元	累进性
≤3 000	3	0	—
>3 000~12 000	10	210	3.333
>12 000~25 000	20	1 410	0.875
>25 000~35 000	25	2 660	1.741
>35 000~55 000	30	4 410	1.724
>55 000~80 000	35	7 160	1.592
>80 000	45	15 160	—

（2）K指数分析

K指数均为正值，说明高收入者缴纳税额在税收总额中的占比高于其获得收入占收入总额的比例，高收入群体的税负更重，进而可以论证个人所得税具有累进性，个人所得税发挥了调节作用，结果见表4。我国2002—2016年的K指数平均值为0.517，根据Wagstaff（1999）对12个发达国家的同种测算，其值仅为0.196，可以认为我国个人所得税的累进性较强。

表4　2002—2016年K指数

年份	K指数	年份	K指标	年份	K指数
2002	0.540 0	2003	0.518 3	2004	0.456 0
2005	0.420 2	2006	0.524 7	2007	0.525 9
2008	0.520 3	2009	0.524 3	2010	0.527 1

表4(续)

年份	K 指数	年份	K 指标	年份	K 指数
2011	0.499 6	2012	0.545 4	2013	0.547 2
2014	0.536 8	2015	0.542 2	2016	0.539 5

5.2 个人所得税收入分配效应的计量分析

为了考察收入分配不平等、各个收入阶层可支配收入以及各个阶层个人所得税三者之间的关系，本文借鉴王亚芬（2017）的做法，将不同收入等级的居民分为低收入组、中等收入组和高收入组三组，建立了税后基尼系数与个人所得税平均税率、可支配收入的如下模型，以期为个人所得税发挥更大的收入分配作用提供建议。

$$Gt = \alpha + \beta_1 X_1 t + \beta_2 X_2 t + \beta_3 X_3 t + \beta_4 Y_1 t + \beta_5 Y_2 t + \beta_6 Y_3 t + \zeta t$$

Gt 为税后基尼系数，$X_1 t$、$X_2 t$、$X_3 t$ 为低、中、高组可支配收入的对数值，$Y_1 t$、$Y_2 t$、$Y_3 t$ 为对应各等级组平均税率。

5.2.1 单位根检验

为了结果的稳健性，本文采用 ADF 检验方法对变量进行单位根检验，结果如表5所示。

表 5 ADF 检验结果

变量	原序列		一阶差分序列		二阶差分序列	
	检验值	结论	检验值	结论	检验值	结论
G	5.483 50[*]	平稳	10.044 3[***]	平稳	14.415 6[***]	平稳
X_1	0.380 80	不平稳	13.802 5[***]	平稳	10.742 3[***]	平稳
X_2	1.780 60	不平稳	2.390 15	不平稳	9.557 21[***]	平稳
X_3	7.604 11[**]	平稳	0.185 82	不平稳	16.812 7[***]	平稳
Y_1	7.003 71[**]	平稳	13.033 7[***]	平稳	10.355 3[***]	平稳
Y_2	0.956 15	不平稳	1.490 05	不平稳	12.779 6[***]	平稳
Y_3	2.433 24	不平稳	9.107 56[**]	平稳	9.190 79[**]	平稳

注：[*]、[**]、[***] 分别表示在10%、5%、1%的水平上显著.

模型各变量在进行二阶差分后都平稳，具有同阶单整性，可以采用协整检验来判断变量之间是否存在长期稳定的均衡关系。

5.2.2 协整检验

先进行简单的 OLS 回归，得到模型方程为

$$Gt = 0.007 - 0.083 X_1 t - 0.133 X_2 t + 0.217 X_3 t -$$

$$0.010 Y_1 t + 0.011 Y_2 t - 0.018 Y_3 t, \quad R^2 = 0.999$$

为了减少共线性带来的影响，利用 Eviews8.0 中的 STEPLS 做逐步回归，修正优化模型。得到的回归方程如下，各变量系数均在 5% 的显著性水平上显著。

$$Gt = 0.009 - 0.080X_1t - 0.139X_2t + 0.219X_3t - 0.008Y_1t, \quad R^2 = 0.999$$

$$(3.009)^{**} \quad (-40.480)^{***} \quad (-45.945)^{***} \quad (100.770)^{***} \quad (-5.655)^{***}$$

对残差序列进行平稳性检验，根据 EG 两步法临界值方法，得到检验结果见表6。

表6 残差序列检验结果

变量	检验值	临界值（1%）	临界值（5%）	临界值（10%）	结论
ζt	-4.3646	-4.2001	-3.1754	-2.7290	平稳

检验结果在 1% 的水平上显著，可判断各变量存在长期协整关系。

5.2.3 误差修正模型

为分析变量的短期动态影响，构建误差修正模型，结果为

$$\Delta Gt = 0.000 - 0.076\Delta X_1t - 0.143\Delta X_2t + 0.218\Delta X_3t$$

$$(0.624)(-37.665)^{***}(-29.909)^{***}(82.908)^{***}$$

$$- 0.004\Delta Y_1t - 1.433ECMt - 1$$

$$(-3.024)^{**} \quad (-5.755)^{***}$$

误差修正系数估计值为 -1.433，说明短期波动偏离长期均衡时，修正项以 -1.433 的力度调整非均衡状态为均衡状态。方程中仅包含低收入群体的平均税率，虽然统计上显著，但是其系数在数值上很小，近乎为0，说明税率对基尼系数的影响非常微弱，而且模型中没有显示中等收入组、高收入组的平均税率，说明个人所得税没有发挥出有效的调节作用，或者说调节作用有限，还需要进一步加强。

低收入组、中等收入组可支配收入与基尼系数反向相关，高收入群体可支配收入与基尼系数正向相关，且高收入者可支配收入的短期波动对基尼系数的短期波动影响最大，因此可以通过提高中等及以下收入等级群体的收入或者降低高收入群体的可支配收入的方式，缩小收入差距，且降低高收入群体可支配收入效果更佳。

新个人所得税将起征点 3 500 元/月提高至 5 000 元/月，达不到起征点的低中收入群体无须纳税，相当于提高了可支配收入，有利于缩小收入差距；但专项附加扣除项目的政策使得只有超过起征点的中高收入群体才可以享受到政策的减税福利，也相当于提高了其可支配收入，不利于缩小收入差距。因此新个人所得税调节收入分配的实际效果，还需要利用政策实施后的数据进行更深入的实证分析。

6 结论及未来研究方向

6.1 基本结论

在减税降费以及新个人所得税出台的政策背景下，本文基于瓦格纳等人的理论研究对个人所得税的调节机制进行理论分析，并且借助 K 指数、基尼系数，展开了新旧个人所得税的对比。而后建立了税后基尼系数与个人所得税平均税率、可支配收入模型，通过单位根检验、协整检验及向量误差修正的计量分析，以探讨旧个人所得税对收入分配的影响，弥补了探讨新个人所得税对收入分配调节机制、新个人所得税收入分配效应的文献空白。

我国旧个人所得税可以缩小收入差距，但 2002—2016 年个人所得税占税收收入的比例在 5.78%~7.74% 浮动，占税收收入比重较低，税收规模有待提高。税率的设计对收入分配调节影响较大，改革之前工资薪金实行 7 级累进税率，运行成本较高，而且我国前两级级次的税率适用范围较小。因此笔者建议优化个人所得税征管、调整个人所得税税率结构，并且完善个人所得税扣除标准，以进一步强化个人所得税的收入分配职能。新个人所得税改革提高了起征点，增加了子女教育、住房租金等专项费用扣除，体现了税收公平以及量能负担原则，与上文的建议相符，因此可认为改革方向是必要且合理的。

6.2 未来研究方向

本文认为个人所得税对基尼系数的影响非常微弱，MT 指数回落，且模型没有显示中收入组、高收入组的平均税率，即没有发挥出有效的调节作用，新个人所得税的改革方向符合本文的政策建议。但本文的实证检验基于较强的假设，且使用宏观数据，因此，未来的研究方向将着眼于以下两个方面：

第一，本文利用宏观数据计算 K 指数、基尼系数等，难以计算其在新个人所得税制度下的结果，未来将利用微观数据对提高起征点、增加专项扣除后的基尼系数以及 K 指数进行计量分析。

第二，在计量模型中增加其他个人所得税税目。本文为了计算的可行性，将可支配收入视作工资薪金收入，并在此基础上进行分析。工资薪金收入占个人所得税税收总额的比例较大，但引入其他税目可以提高结果的可信度。并且期待更多学者在数据可获得的基础上对新个人所得税起征点是否过高、起征点与专项附加费用的扣除是否存在双重福利，以及新个人所得税方案调节收入分配的实际作用效果进行进一步研究。

参考文献

裴伟，2004. 个人所得税对调节收入分配问题研究 [D]. 杭州：浙江大学.

59

王亚芬，肖晓飞，高铁梅，2007. 我国城镇居民收入分配差距的实证研究 [J]. 财经问题研究，(6)：65-71.

张世伟，万相昱，2008. 个人所得税制度的收入分配效应——基于微观模拟的研究途径 [J]. 财经科学，(2)：81-87.

孙玉栋，庞伟，2017. 分类个人所得税对收入分配的影响效应 [J]. 税务研究，(7)：49-55.

史泽军，2017. 论个人所得税调节收入分配差距的原理和机制 [J]. 当代经济，(8)：34-35.

胡文骏，2017. 中国个人所得税逆向调节收入分配的 PVAR 分析 [J]. 山西财经大学学报，(1)：15-27.

张楠，邹甘娜，2018. 个人所得税的累进性与再分配效应测算——基于微观数据的分析 [J]. 税务研究，(1)：53-58.

田志伟，胡怡建，宫映华，2017. 免征额与个人所得税的收入再分配效应 [J]. 经济研究，(10)：115-129.

周肖肖，杨春玲，2008. 个人所得税对浙江省城镇居民收入分配的影响 [J]. 经济论坛 (17)：19-22.

李安，2017. 个人所得税收入分配调节效应分析 [D]. 长春：吉林大学.

佘红志，2010. 个人所得税调节城镇居民收入分配的机制和效果研究 [D]. 天津：天津大学.

李士梅，李安，2017. 我国个人所得税收入分配调节效应分析 [J]. 税务与经济，(5)：92-99.

李玉萍，李晗琳，2017. 个人所得税调节居民收入分配效应研究 [J]. 财讯，(25)：42-43.

孙一璐，2017. 我国个人所得税收入再分配效应分析 [D]. 北京：中国社会科学院研究生院.

何立新，袁从帅，王姜林，等，2013. 个人所得税的收入再分配效应分析 [J]. 税务研究，(12)：21-24.

蔡秀云，周晓君，2014. 我国个人所得税调节收入分配效应研析 [J]. 税务研究，(7)：30-34.

蔡秀云，周晓君. 荷兰个人所得税制特点分析及对我国的启示 [J]. 国际税收，2014 (5)：54-57.

李珍，2016. 我国个人所得税调节收入分配的效应分析 [D]. 天津：天津财经大学.

李文，2017. 我国个人所得税的再分配效应与税率设置取向 [J]. 税务研究，(2)：45-51.

李文，2015. 我国的税制结构与收入再分配 [J]. 税务研究，(7)：38-42.

陈文凯, 2017. 个人所得税分配征收模式对收入公平的效应分析 [D]. 上海: 上海海关学院.

刘元生, 杨澄宇, 李建军, 2017. 基于异质性世代交替模型数值模拟的个人所得税改革分析 [J]. 财政研究, (5): 75-88.

刘元生, 杨澄宇, 袁强, 2013. 个人所得税的收入分配效应 [J]. 经济研究, 48 (1): 99-109.

陈建东, 罗涛, 赵艾凤, 2013. 试析个人所得税对区域间城镇居民收入差距的调节效果 [J]. 税务研究 (9): 43-46.

刘欢, 2016. 税收的收入再分配效应研究 [D]. 济南: 山东财经大学.

吴云飞, 2000. 我国个人收入分配税收调控研究 [J]. 财政研究, (11): 45-48.

杨永梅, 2013. 我国个人所得税收入再分配效应的实证分析 [D]. 济南: 山东大学.

曹桂全, 2013. 我国个人所得税再分配效果的实证分析: 一个文献综述 [J]. 经济研究参考 (24): 50-61.

杨帆, 2011. 中美个人所得税制度及其调节收入分配效果的比较分析 [D]. 天津: 天津大学.

刘成龙, 2014. 我国现行税制收入分配效应的实证分析 [J]. 财经理论研究, (2): 41-50.

MUSGRAVE R A, THIN T, 1948. Income tax progression [J]. The Journal of Political Economy, 56 (6): 498-514.

KAKWANI N C, 1984. On the measurement of tax progressivity and redistribution effect of taxes with applications to horizontal and vertical equity [J]. Advances in Econometrics, (3): 149-168.

WAGSTAFF A, 1999. Redistributive effect, progressivity and differential tax treatment: personal income taxes in twelve OECD countries [J]. Journal of Public Economics, (72): 73-98.

61

社会融入视角下艾滋病人犯罪的内在机理分析

王雪晴　陈丽竹　唐伟佳

【摘要】本文从社会融入视角对艾滋病人犯罪的内在机理展开研究。本文设定了工作、家庭、社会三个层面下 28 项社会融入度测量指标，对 S 监狱 455 个艾滋病罪犯进行问卷调查，运用相关性分析对社会融入视角下艾滋病人犯罪的内在机理的三项假设进行检验。通过进一步研究社会融入度内部的交互影响，发现了工作融入—家庭社会融入—艾滋病人犯罪的传导路径。在社会资源有限的情况下，应依据社会融入—犯罪模式模型建立艾滋病患者社会融入各指标的优先改善层次。同时利用工作融入—家庭社会融入—艾滋病人犯罪的传导机制，从根源改善艾滋病患者的工作融入状况，以工作融入的改善带动家庭社会融入改善。在此基础上，运用 SPSS 21.0 逐步向后步进法创建了关于犯罪模式的二元 logistic 回归预测模型，为针对艾滋病患者的针对性帮扶与重点性防控提供了理论依据。

【关键词】社会融入度；艾滋病人犯罪；内在机理；预防控制

1　社会融入度是否影响艾滋病人犯罪

根据中国疾病预防控制中心的统计，截至 2017 年 9 月，我国报告现存活艾滋病病毒感染者和病人 72.8 万例，累计死亡 22.4 万例，同时以艾滋病患者为主体实施的一些违法犯罪活动由于其特殊的传染危险性日益受到社会的重视，且艾滋病犯人的收监、关押改造难度大、成本高，因而从犯罪根源预防和控制艾滋病人犯罪迫在眉睫。

犯罪的首要原因是社会因素，这是当前犯罪原因研究领域的普遍共识。对于社会弱势群体而言，不平等对待是他们产生相对剥夺感的源泉。根据联合国艾滋病规划署、中国卫计委发布的《中国艾滋病病毒感染者歧视情况调查报告》，许多艾滋病病毒感染者曾遭遇失业，被迫离校、搬家等各类歧视。

我国当前也越发重视艾滋病群体的犯罪与社会融入问题，国务院办公厅下发的《中国遏制与防治艾滋病"十三五"行动计划》，一方面强调要严厉打击利用感染者身份的违法犯罪活动，另一方面要强调强化对感染者和病人的心理支持、行为干预及检测，保障其就医、就业等合法权益，提高其生活质量。那么，社会融入究竟对艾滋病患者的犯罪模式选择具有怎样的影响？不同层面的社会融入是否存在互相影响？

针对上述问题，笔者基于社会融入度，从实证数据方面推进研究艾滋病人犯罪的内在机理，建立了犯罪预测模型，政策制定者可据此对其进行有针对性的帮扶与重点性防控，以降低艾滋病患者恶逆变的可能性。

2 理论基础与研究假设

国内针对艾滋病人犯罪的研究主要集中在刑事立法以及关押问题方面，也有学者试图归纳艾滋病人犯罪的成因，包括其对死亡的恐惧、贫困、家庭危机、社会歧视。但梳理多处于主观推断，缺乏实证研究与数据支持。国外关于艾滋病人犯罪的研究虽主要集中在社会科学方向，但主要集中于改善关押艾滋病患者的医疗状况，对艾滋病人犯罪的原因分析较少。

因此，为从犯罪根源研究艾滋病人犯罪的内在机理，我们从社会融入视角入手，致力于对艾滋病患者犯罪模式的测量与预防。所谓社会融入度是指经历着社会排斥的个人与群体，通过结构调整与主体的自我适应在平等参与的过程中逐步融入主流社会，在我国，社会融入度主要用于对农民工、迁移人口以及弱势群体的研究。笔者在叩问相关社会融入理论假设和该理论之于艾滋病人犯罪解释力的基础上，设定了社会融入度工作、家庭、社会的三个层面以及捕前职业等 28 项测量指标，提出了社会融入视角下艾滋病人犯罪的内在机理的 3 项假设。

2.1 工作融入对于犯罪模式选择的重要性

就业失败引发财产类犯罪是学界较为统一的观点，生理上的因素带来了绝对剥夺感，构成了绝对剥夺型的犯罪诱因；而就业差距大，人际比较产生间接匮乏，构成了相对剥夺型的犯罪诱因。艾滋病患者作为社会弱势群体，在致罪因素面前具有易感性，压力与诱惑对他们的影响更直接，为满足基本的生活需要，其往往会选择财产类犯罪。在对 1981—2012 年的全国总案件和分类型案件的调查中笔者也发现，收入差距的形成及扩大直接导致了盗窃犯罪率的攀升，且这一效应尤以盗窃犯罪最为明显。

同时就业层面的相对剥夺型诱因还会形成"仇富"心理，使其倾向于以暴力手段进行财产型犯罪，即收入差距的扩大将同时导致财产型及暴力型犯罪率的上升。而就艾滋病的特殊性而言，艾滋病的流行与共用注射器吸毒具有直接相关关系。数据显示，国内艾滋病感染者近半数都属于吸毒感染者，自身对于毒品的需求再加上工作经济状况不足以支撑吸毒费用，因此许多感染者走上了制毒、贩毒等毒品类犯罪的道路。

假设 1：艾滋病患者的工作层面融入度与其财产型、暴力性、毒品类犯罪率呈负相关。具体影响因素见表 1。

表 1　工作层面影响因素

指标	指标含义	指标水平
捕前职业	w_1	无业/务农/退休/个体经营/务工/经商/公务员
文化程度	w_2	文盲/半文盲/小学肄业/小学/初中肄业/初中/中专/高中肄业/高中/专科/本科
月收入水平	w_3	无稳定收入来源/1 000 元以下/1 000 元至 2 000 元/2 000 元至 5 000 元/5 000 元以上
换工作频率	w_4	没换过/换过 1 次/换过 2 次/换过 3 次及以上
工作满意度	w_5	非常不满意/不满意/一般/较满意/非常满意

2.2　家庭融入对于犯罪模式选择的重要性

家庭作为非正式社会控制因素在维持系统结构的交换关系中起基础作用。失衡的家庭教育和冷漠的家庭关系对于犯罪人的人格缺陷的形成有着重要影响，使其缺乏同理心，更易进行对他人人身的暴力性犯罪。家庭暴力、疏于管教是多数少年违法犯罪的不良影响因素。家庭成员对于艾滋病患者的冷漠与抗拒，使其出现自私心态和自毁情结的人格缺陷，更易进行暴力性犯罪和侵害人身权利类犯罪，相应地其危害程度也更高。

与此同时，性传播是艾滋病毒重要的传播方式，许多因性行为感染艾滋病的患者可能出于报复心理或因家庭的排斥，选择性犯罪。性犯罪是典型的由生活和教育的环境引起的犯罪。

假设 2：艾滋病患者的家庭层面融入度与其暴力性、侵害人身权利类、性犯罪率以及犯罪危害程度呈负相关。具体指标见表 2。

表 2　家庭层面影响因素

指标	指标含义	指标水平
共同居住人数	f_1	0 个/1 个/2 个/3 个及以上
家庭收入水平	f_2	上层/中上层/中层/中下层/下层
是否经常争吵	f_3	是/否
知晓病情家人数量	f_4	0 个/1 个/2 个/3 个及以上
家人照料情况	f_5	从未照料/偶尔有照料/有时有照料/较多照料/照料很多
亲戚见面联络次数	f_6	经常/有时/很少/没有过/不清楚
亲戚非见面联络次数	f_7	经常/有时/很少/没有过/不清楚

表2(续)

指标	指标含义	指标水平
婚姻状况	f_8	已婚/未婚/离异/丧偶
亲生父亲是否健在	f_9	是/否
亲生母亲是否健在	f_{10}	是/否
子女数量	f_{11}	0个/1个/2个/3个及以上
兄弟姐妹数量	f_{12}	0个/1个/2个/3个及以上

2.3 社会融入对于犯罪模式选择的重要性

社会歧视是形成犯罪人人格缺陷的重要环境因素,为发泄不满情绪其往往会选择暴力性犯罪。艾滋病患者在挫折和社会排斥的长期挤压下,会产生对立、怨恨的否定情绪,报复和发泄演化成强大的内驱力,从而激活了个体使用暴力的动机。

面对社会的不接纳,艾滋病患者作为弱势群体往往以群体性对抗方式来表达不满和回应不公正待遇,社会歧视以及对疾病的恐惧使他们需要归属感,当社会歧视与排斥使其无法融入社会正常群体的时候,艾滋病患者就可能被一些非正常群体吸纳,成为违法犯罪的供应源。

同时,经济地位往往决定着社会地位,获取经济利益有时也意味着能够获得他人尊重,应对社会排斥,再加上艾滋病患者群体亚文化冲突导致的对抗性社会心理,都将激励其进行财产类犯罪。

假设3:艾滋病患者的社会层面融入度与其暴力性、妨害社会管理秩序类、财产型犯罪率呈负相关。具体指标见表3。

表3 社会层面影响因素

指标	指标含义	指标水平
体育活动参与频率	s_1	一周一次/一周几次/一月一次/一年几次/从不
联谊活动参与频率	s_2	一周一次/一周几次/一月一次/一年几次/从不
宗教活动参与频率	s_3	一周一次/一周几次/一月一次/一年几次/从不
亲子活动参与频率	s_4	一周一次/一周几次/一月一次/一年几次/从不
技能培训参与频率	s_5	一周一次/一周几次/一月一次/一年几次/从不
公益活动参与频率	s_6	一周一次/一周几次/一月一次/一年几次/从不
与邻里熟悉程度	s_7	非常不熟悉/不太熟悉/一般/比较熟悉/非常熟悉
与邻里互助情况	s_8	没有/偶尔有/有时有/较多/很多

表3(续)

指标	指标含义	指标水平
社会知晓病情人数	s_9	没有/有些（1~10人）/很多（10人以上）/不清楚
与朋友聊天频率	s_{10}	经常/有时/很少/没有过/不清楚
与邻里聊天频率	s_{11}	经常/有时/很少/没有过/不清楚

3 社会融入视角下艾滋病人犯罪机理模型检验

为检验社会融入视角下艾滋病人犯罪的内在机理能否成立，我们首先根据理论前述的三项核心假设制作艾滋病罪犯调查问卷。2017年5月至2018年5月我们对S监狱的在押艾滋病罪犯进行了基础数据收集、半结构化访谈及问卷调查。本次调查共计回收调查问卷501份，有效问卷455份。其中，在首次触犯《刑法》前知晓自己感染艾滋病的有189人（其中33人未进行正规检测，但从症状推测自己可能感染了艾滋病；156人进行了正规检测，非常清楚病情），对病情毫不知情的有266人。据此对样本群体加以区分，对犯罪前知情患病者样本进行统计与分析，以检验社会融入视角下艾滋病人犯罪的内在机理的诸假设。

对于社会融入—犯罪模式的传导假设，采用Pearson相关性分析，分别对三个层面28项社会融入指标与犯罪手段、犯罪类型、犯罪危害进行双变量回归，按照p<0.1的标准，提取单侧及双侧显著相关的指标，进行模型证成。

3.1 工作融入—犯罪模式

3.1.1 艾滋病患者的财产型犯罪、暴力性犯罪、毒品类犯罪率与工作融入度存在显著关联

根据相关性分析结果可知，是否有财产类犯罪与参加技能培训的频率在单侧显著负相关，相关性为-0.186，说明艾滋病患者在患病后参加技能培训的次数越少，实施财产类犯罪行为的可能性越大。

3.1.2 艾滋病患者的暴力性犯罪与工作融入度不存在显著关联

根据相关性分析结果，工作层面各个指标与暴力性犯罪相关的显著性水平p均大于0.05，未达到本研究所给定的显著性水平，据此，我们认为艾滋病患者的暴力性犯罪与工作融入度不存在直接显著关联。

3.1.3 艾滋病患者的工作层面融入度与其毒品类犯罪率存在显著关联

根据相关性分析结果，是否有毒品类犯罪与捕前职业的频率在双侧显著负相关，相关性为-0.231，说明艾滋病患者越趋于无业，越有可能进行毒品类犯罪。

综上所述，社会融入视角下艾滋病人犯罪的内在机理的假设1得以证成，虽然其中财产型犯罪率与工作融入无从证立，但是可能存在以家庭、社会融

入度为介质的间接关联，对此将在后文社会融入内部交互影响机理中展开论证。

3.2 家庭融入—犯罪模式

3.2.1 艾滋病患者的家庭层面融入度与其暴力性犯罪率存在显著关联

根据相关性分析结果，是否有暴力性犯罪与亲戚非见面联络的频率在双侧显著负相关，相关性为-0.219，与患病后家人照料情况、与亲戚见面联络的频率等单侧显著负相关，相关性分别为-0.193、-0.182，说明艾滋病患者在以上方面家庭融入的缺陷更有可能导致暴力性犯罪。

3.2.2 艾滋病患者的家庭层面融入度与其侵害人身权利类犯罪率存在显著关联

根据相关性分析结果，是否有侵害人身权利类犯罪与患病后家人照料情况、亲生父亲是否健在等单侧显著负相关，相关性分别为-0.207、-0.166，说明艾滋病患者在以上方面家庭融入的缺陷更有可能导致人身权利类犯罪。

3.2.3 艾滋病患者的家庭层面融入度与其犯罪危害程度存在显著关联

根据相关性分析结果，刑期长度与婚姻状况在双侧显著负相关，相关性为-0.236，说明艾滋病患者婚姻状况越好，刑期越短，犯罪危害程度越低。

3.2.4 艾滋病患者的家庭层面融入度与其性犯罪率存在显著关联

根据相关性分析结果，是否有性犯罪与患病后与家人是否经常争吵在双侧显著正相关，相关性为0.278，此外，是否有性犯罪与家人照料情况、亲生父亲是否健在等在双侧显著负相关，相关性分别为-0.243、-0.213，说明艾滋病患者在以上方面家庭融入的缺陷更有可能导致性犯罪。

综上所述，社会融入视角下艾滋病人犯罪的内在机理的假设 2 得以验证。

3.3 社会融入—犯罪模式

3.3.1 艾滋病患者的社会层面融入困难与其暴力性犯罪率存在显著关联

根据相关性分析结果，是否有暴力性犯罪与邻里互助的频率在双侧显著负相关，相关性为-0.275，与亲子活动参加频率、宗教活动参加频率等单侧显著负相关，相关性分别为-0.198、-0.188，说明艾滋病患者在以上方面社会融入的缺陷更有可能导致暴力性犯罪。

3.3.2 艾滋病患者的社会层面融入困难与其妨害社会管理秩序类犯罪率存在显著关联

根据相关性分析结果，其妨害社会管理秩序类犯罪率与邻里互助的频率、与朋友聊天频率等单侧显著负相关，相关性分别为-0.180、-0.173，说明艾滋病患者在以上方面社会融入的缺陷更有可能导致妨害社会管理秩序类犯罪。

3.3.3 艾滋病患者的社会层面融入困难与其财产型犯罪率存在显著关联

根据相关性分析结果，其财产型犯罪率与其参与亲子活动、技能培训等单侧显著负相关，相关性分别为-0.206、-0.186，说明艾滋病患者在以上方面社会融入的缺陷更有可能导致财产型犯罪。

综上所述，社会融入视角下艾滋病人犯罪的内在机理的假设 3 得以验证。

4 社会融入度内部传导影响机理

在社会融入视角下艾滋病人犯罪模型检验中，工作层面融入度对于艾滋病人的犯罪模式几乎不存在直接的显著关联，因而考虑可能存在以家庭、社会融入度为介质的间接关联，并通过对工作融入度与家庭、社会融入度指标的双变量相关性分析予以验证。

4.1 工作月收入水平

4.1.1 艾滋病患者的月收入水平与家庭融入度存在显著关联

根据相关性分析结果，艾滋病患者的月收入水平与其家人共同居住数、家人照料情况、亲戚见面联络频率、亲戚非见面联络频率等双侧显著正相关，相关性分别为 0.252、0.395、0.393、0.318，可见艾滋病患者的月收入水平与家庭融入度成正相关，高收入有利于家庭融入与和谐。

4.1.2 艾滋病患者的月收入水平与社会融入度存在显著关联

根据相关性分析结果，艾滋病患者的月收入水平与联谊活动参与频率、亲子活动参与频率、邻里互助频率、邻居聊天频率等双侧显著正相关，相关性分别为 0.237、0.259、0.310、0.213，可见艾滋病患者的月收入水平与社会融入度成正相关，高收入有利于社会融入。

4.2 工作稳定性

4.2.1 艾滋病患者的工作稳定性与家庭融入度存在显著关联

根据相关性分析结果，艾滋病患者的工作稳定性与其家人照料情况、亲戚非见面联络频率双侧显著正相关，相关性分别为 0.367、0.246，与家人争吵频率成单侧显著负相关，相关性为 -0.207。可见艾滋病患者的工作稳定性与家庭融入度成正相关，工作稳定有利于家庭融入与和谐。

4.2.2 艾滋病患者的工作稳定性与社会融入度存在显著关联

根据相关性分析结果，艾滋病患者的工作稳定性与邻里熟悉程度呈双侧显著正相关，相关性为 0.232，可见艾滋病患者的工作稳定性与社会融入度成正相关，工作稳定有利于社会融入。

综上所述，虽然工作融入度对艾滋病人的犯罪模式没有直接的显著关联，但是其以家庭、社会融入度为中间变量，对犯罪模式有着间接的根源性影响。据此，犯罪模式的传导过程分为两个层次：家庭融入度与社会融入度对于犯罪模式的直接塑造作用；工作融入度通过影响家庭、社会融入度从而对于犯罪模式的根源性间接塑造作用。因而致力于提升艾滋病患者社会融入的针对性帮扶力度，可从提升根源性的工作融入度入手，通过社会融入度内部传导机制，实现艾滋病患者社会融入度的整体提高与犯罪的预防。

5　社会融入视角下的艾滋病人犯罪回归预测模型

在创建二元逻辑回归模型之前，我们采用方差分析方法来提取对因变量具有显著影响的测量指标。依据系列杀人犯罪分类模型所得的分类结果，将犯罪模式与再犯风险作为因变量，10 个主范畴名下的各二值变量作为自变量，利用 SPSS 21.0 统计软件，采用方差分析方法，创建 10 个方差分析模型。在此基础上，从中分别提取 p<0.05 的变量作为创建艾滋病人犯罪回归预测模型的测量指标。通过方差分析，从 28 个社会融入影响因素中分别提取对各项犯罪模式具有显著影响的因素，以之作为自变量，运用逐步向后步进（似然比）法进行二元 logistic 回归分析，得到 Sig<0.005 的犯罪模式预测回归模型，见表 4。

表 4　艾滋病人犯罪预测回归模型

犯罪模式	特征	预测回归模型
犯罪手段	暴力性犯罪概率（V）	$V = -3.140 s_8 - 3.810 f_9 - 5.331 f_{10} - 1.627 f_{11} - 101.342$
犯罪类别	财产型犯罪概率（P）	$P = 0.412 s_5 + 0.599 s_{10} + 1.010 f_8 - 1.740$
	毒品型犯罪概率（H）	$H = -0.731 s_4 - 2.209 f_8 + 5.154$
	侵害人身权利类犯罪（M）	$M = -0.970 s_5 - 0.423 w_2 + 1.718 f_8 - 2.128 f_9 + 0.313$
	妨害社会管理秩序类犯罪（O）	$O = -0.591 w_1 - 2.106 f_8 + 11.553$
	性犯罪（S）	$S = -2.744 f_3 + 0.762 s_9 + 0.758 s_{11} - 1.454 f_9 + 3.883$
犯罪危害	刑期（T）	$T = 0.999 f_8 + 0.580 w_4 + 0.994 s_5 + 12.856$

6　结论与启示

作为社会中的特殊群体，艾滋病患者在社会生活中的方方面面都面临着许多来自社会的排斥与歧视，难以融入社会的困境使其更易产生行为越轨，在相关理论分析的基础上，我们从社会融入角度研究了艾滋病人犯罪的内在机理，并发现了工作融入—家庭社会融入—艾滋病人犯罪的传导机制。得出的主要结论如下：

（1）不同层面的融入困难指向不同的犯罪模式，不同的犯罪模式又指向不同的法益，而在不断变化的社会背景下，各种法益保护的迫切性和必要性是不同的。因而在社会资源有限的情况下，针对当前社会最急需保护的优先法益，建立艾滋病患者社会融入各指标的优先改善层次，能够在短时间内优化融入改善、犯罪预防的社会资源配置。

（2）在社会资源有限的情况下，对于艾滋病患者的社会融入改善不可能在各个层面同时调动所有的社会资源，且家庭、社会层面的融入有赖于人们的个人感情与自由选择，国家难以运用政策、强制力等手段强行排除家庭、社会对艾滋病患者的不接纳。因而可利用工作融入—家庭社会融入—艾滋病人犯罪的传导机制，优先从根源上改善艾滋病患者的工作融入状况，以工作融入的改善带动家庭社会融入改善，从而预防艾滋病人犯罪。从工作融入层面入手制定政策，对企业出台相应的经济激励措施，也是当前国家改善艾滋病患者社会融入、预防艾滋病人犯罪最具可行性的手段。

在此基础上，本文还建立了基于社会融入的艾滋病人犯罪回归预测模型，相关政策制定机关可根据该理论的相关结论对艾滋病患者进行有针对性的帮扶与重点性防控，以降低艾滋病人犯罪率。犯罪现象不只是法律问题，更是社会问题，犯罪根源在于社会因素的影响，其后果又作用于社会本身。因此犯罪治理不仅是国家的责任，更是社会的责任，改善艾滋病患者的社会融入尤其是家庭、社会层面的融入需要每个公民的努力。

参考文献

菲利，1990. 犯罪社会学 [M]. 郭建安，译. 北京：中国人民公安大学出版.

马皑，2003. 对弱势群体中犯罪现象的观察与思考 [J]. 中国法学，(4)：127-135.

成国明，孙丽娜，2012. 艾滋病的相关羞辱和歧视研究进展 [J]. 实用预防医学，19 (7)：1 117-1 120.

康少华，2011. 我国艾滋病犯罪人员的惩罚与矫正 [D]. 长沙：中南大学.

陈和华，2013. 犯罪原因分析的技术路径 [J]. 法学，(8)：130.

李子联，朱江丽，2015. 中国的收入差距与刑事犯罪 [J]. 法律科学（西北政法大学学报），33 (1)：101-108.

罗芸，杨红屏，杨丽华，等，2007. 艾滋病流行与毒品蔓延问题调查——以云南德宏州和临沧市为例 [J]. 云南警官学院学报，(2)：49-52.

赖修桂，1998. 少年违法犯罪及其防治初探 [J]. 法律科学（西北政法大学学报），(2)：68-72.

陈和华，2013. 犯罪原因分析的技术路径 [J]. 法学，(8)：130-137.

胡联合，胡鞍钢，徐绍刚，2005. 贫富差距对违法犯罪活动影响的实证分析 [J]. 管理世界，(6)：34-44.

陈春良，史晋川，2011. 收入差距、劳动力市场状况与犯罪率 [J]. 经济学动态（8）：115-121.

CHOE J，2008. Income inequality and crime in the United States ［J］. Economic Letters，101（1）：31-33.

ROBERT J，SAMPSON，JOHN H L，2005. A general age-graded theory of crime：lessons learned and the future of life-course cnminology ［J］. Advances in Criminology Theory，（14）：165-181.

WILLIAM B，SANDERS，1980. Rape and woman's identity ［J］. Sage Pubns Press，10（6）：794.

我国企业杠杆率和家庭负债对金融稳定性的实证研究

——基于明斯基金融不稳定理论的 PVAR 模型分析

赵梁佛　褚浩男

【摘要】本文以明斯基的金融不稳定理论为基础，将工业企业资产负债率作为企业融资类型，居民贷款作为家庭融资，构建了一个家庭、企业、政府三部门参与的乘数加速数理论模型，并利用我国 28 个省（自治区、直辖市）2009—2016 年的季度数据，用指标法构建了金融不稳定指数，进而将其与企业融资类型、家庭融资、各省生产总值结合建立了面板向量自回归模型。实证结果表明，当前我国企业的融资类型和家庭融资在脉冲反应上与明斯基的理论相冲突，即企业融资类型和家庭融资对金融稳定不具有负向影响，根植于西方自由金融市场土壤的明斯基金融不稳定理论并不适用于我国。值得注意的是，金融不稳定性在一定层面上有助于经济增长，而资产负债率和居民贷款的增加将减缓经济的增长，因此，为了保持我国经济可持续发展，应适当出台政策去杠杆，保持金融市场的活力以及维持适当的稳定程度。

【关键词】明斯基理论；金融不稳定；融资类型；面板向量自回归

1 引言

2007 年次贷危机爆发并席卷全球，逐渐形成了全球的金融危机。然而，根据凯恩斯主义和新古典理论，本次金融危机的发生是意料之外的。在传统经济学理论中，我们仅仅将金融市场当作将储蓄转化为投资的中介，忽视了预期及金融市场对债务结构的影响。明斯基认为，这种将金融因素抽象掉的经济理论，并不能解释当今社会复杂的金融体系所引发的投资贸易波动性和金融不稳定性。因而明斯基将"金融市场"融入其"经济周期理论"，构建了基于"金融不稳定假说"的明斯基理论体系。该理论认为：经济主体的预期对其风险偏好有很大影响，如果市场普遍乐观，经济主体会有更高的风险承担意愿，并且金融市场也会加速金融创新，信贷规模不断扩大，投机型和庞氏融资占比不断扩大，将导致经济主体杠杆率不断上升，金融不稳定性加剧，一旦非市场因素导致预期收入水平未达到，经济主体会迅速感受到市场压力，认为之前的投资可能会无法得到偿还，因而投资需求急剧下降，经济由债务驱动型增长逐步转向债务负担型经济增长停滞甚至衰退。债务人因无力偿还债务，只能坚守投资或者出售资产，因而资产价格下降，这又进一步导致预期资产收益下降及投资需求的下降，如此反复，最终金融市场崩盘，引发金融危机。

明斯基理论的局限性在于仅仅包含理论的阐述，没有规范的数理模型，因而引发了学界许多学者的研究兴趣。从模型上来看，Foley（2003）以及Meirelles 和 Lima（2007）以明斯基的理论为基础，建立了关于经济增长率和资本利用率的宏观经济模型，在模型中，货币的供给为内生，而公司的债务与金融不稳定性也被模型化，假定储蓄等于预期投资，得到了投资对利率的敏感度、投资对利润率的敏感度、投资率、资本利用率和金融稳定性、经济发展的正相关关系；Fazzarieta（2008）基于动态仿真模型，验证了明斯基所提出的金融系统对投资行为的影响理论，认为在经济扩张阶段，中央银行稳定经济的行为触发了从金融系统脆弱性到投资需求抑制的反向反馈机制；Charles（2008）的研究认为企业负债率是导致央行加息进而促使金融危机发生的主要原因；Yagoubi 和 Hamdaoui（2013）通过构建宏观动态模型研究了明斯基融资方式的存在性，并且主要研究了利率的作用。

在实证研究方面，对于明斯基理论中债务顺周期和逆周期仍有较大分歧，顺周期是指债务增长随着 GDP 增加而增加，债务逆周期指债务增长随 GDP 增长而减小。Reinhardt 和 Rogoff（2009）基于过去 80 年来的大量宏观经济数据和金融数据进行实证研究发现，过分乐观导致信贷急剧扩张，并最终导致金融危机爆发；Gibbard 和 Stevens（2011）基于 GMM 估计方法，应用美国、德国和法国等国家的微观数据，检验并证实了明斯基理论中债务顺周期的判断；但 Lavioe 和 Seccareccia（1999）基于加拿大 1962—1998 年的数据发现债务顺周期性是不成立的。因此，我们发现，不同地区数据对明斯基理论的证明力是不完全一致的。

自金融危机爆发以来，对于明斯基理论在我国是否适用，学界也展开了较多讨论。夏晓华、彭方平和展凯（2018）基于面板 VAR 模型，从公司层面实证研究发现我国经济周期扩张呈现显著的逆周期性，负债对投资负向影响在经济扩张时期最为显著，上述两点结论与明斯基金融不稳定假说的核心观点相冲突，但同时也发现中国存在明显的"金融拖拽效应"；张云、李宝伟和葛文欣（2017）以明斯基的内生金融不稳定假说作为理论内核，将工业企业资产负债率作为企业融资类型指标，并利用我国 31 个省（自治区、直辖市）

73

2006 年 1 月至 2014 年 12 月的月度数据，用企业融资类型、各省生产总值建立了面板向量自回归模型进行分析，发现金融不稳定的加剧对各省生产总值长期存在负向影响，资产负债率的增加即企业投机融资和庞氏融资的增加会加剧金融不稳定，最终验证了中国明斯基金融不稳定假说的正确性。综上所述，我国关于明斯基理论的研究，也没有得出一致的结论。

我们认为，有关明斯基金融不稳定假说的研究主要集中在理论方面，在实证方面尤其是对我国金融市场的研究较少，并且先前的研究并未区分家庭和企业行为在金融市场上的不同。本研究的创新点在于：①采用面板向量自回归模型，基于省际数据得出了明斯基理论下中国负债、产出等变量间的不同关系；②区分了家庭和企业行为，修正了先前研究的乘数—加速数模型，得到了更为详细的结论。

2 理论分析与理论模型

2.1 理论分析

明斯基在其经济周期理论中加入了金融不稳定因素，其中四大关键要素为：不确定性、利润、投资和债务。他认为：①不确定性影响资本资产预期收益；②利润驱使企业生产、金融市场创新为企业带来报酬；③投资是利润的主要决定因素，决定产品市场、资本市场、金融市场的发展路径；④在资本主义后期，债务是长期巨额融资的主要来源。通过"资本资产价格函数"的有机联系，这四个因素构成了经济市场中的重要金融关系。其核心思想在于：随着经济周期变化，债务结构会不断改变，人们在繁荣时有乐观倾向，企业和家庭的对应行为体现在负债的增加、对冲型负债比例的减少与投机型和庞氏负债占比的增加上。由此导致资本资产价格上升，金融泡沫不断加大，金融市场的不稳定性逐渐增强。当市场不能再承受如此巨大的泡沫的时候，经济危机便发生了，同时伴随着下一轮经济周期的开始。

2.2 企业融资类型模型

Foley（2003）对明斯基的金融不稳定理论高度提炼并将其模型化。对企业融资方式的划分标准为企业的净收入能否支付以债务为融资方式产生的成本或利息。对冲型融资的特点是，企业的净收入足以支付债务利息及下一期的投资；投机型融资的特点是，企业的净收入可以支付债务利息以维持企业运行；庞氏型融资的特点是，企业净收入无法支付债务利息，企业难以维持稳定性。假设企业的资金来源分别为当期净收入 R 和新增贷款 D，分别用于本期投资 I 和往期的债务利息支付 V。则有

根据定义，三种融资的条件分别为

对冲型：$R + D = I + V$

即企业的利润 R 能够支付本期的投资 I 和往期的债务利息 V。

投机型：$R \geqslant V + I \Leftrightarrow D \geqslant 0, D < I$

即企业的利润 R 仅能够支付往期的债务利息 V，但是无法同时完全支付投资。

庞氏型：$R < V \Leftrightarrow D > I$

即企业的利润 R 连往期债务的利息都无法支付。

可以看出，可以通过 D 和 I 的关系来判定企业是何种类型。企业资产为 A，负债为 B，则公司净值 W 为

$$W = A - B \tag{1}$$

因为企业资产 A 的变化为新增投资 I，负债 B 的变化为新增债务 D，则

$$dA = I, \ dB = D$$

$$dW = dA - dB = I - D \tag{2}$$

所以企业融资类型的变化由新增投资 I 和新增债务 D 的关系可转化为 dA 和 dB 的关系。

资产负债率（B/A）的变化率为：

$$\frac{d(\frac{B}{A})}{(\frac{B}{A})} = \frac{\frac{AdB - BdA}{A^2}}{\frac{B}{A}} = \frac{dB}{B} - \frac{dA}{A} \tag{3}$$

因此资产负债率的变化率可体现 dA 和 dB 的关系，即新增投资 I 和新增债务 D 的关系，基于此，我们选择工业企业的资产负债率作为衡量企业融资方式变化的指标，且新增债务 D 和新增投资 I 的差距越大，资产负债率的变化率越大。因此，企业融资类型在上述三种类型中的转变可以用资产负债率的增加来体现。

2.3 改进的乘数—加速数模型

传统的乘数—加速数模型用下列式子来刻画经济周期性波动

$$\begin{cases} C_t = C_0 + \alpha Y_{t-10} \\ I_t = I_0 + \beta(Y_{t-1} - Y_{t-2}) \\ Y_t = C_t + I_t \end{cases} \tag{4}$$

上述模型中，解释的是一个"没有金融"，或者简单化金融市场的经济，而明斯基将金融市场作为其理论的主要部分；而且基于相关文献，我们可以发现在我国，消费一般较为稳定，引起经济周期的主要因素在于投资和负债的结构性问题，因此我们将去除消费的影响，引入"预期"的效应；模型中没有区分家庭和企业的不同行为，家庭负债行为主要是为了消费，因而仅对当期信贷利率敏感，而企业会基于信贷市场的变化所导致的对未来的预期来决定自己在市场上的行为。因此，基于"金融不稳定"理论，我们参考夏晓华、彭方平、展凯（2017）及史密斯的乘数—加速数模型，将上述传统模型

75

修正为金融不稳定模型

$$\Delta Y_t = \Delta Y_{t-1} + wL_{t-1} + vI_{t-1} + zL_{t-1}^f \tag{5}$$

$$L_t = (L_{t-1} + \theta\Delta Y_{t-1} + \lambda I_{t-1} + \eta L_{t-1}^f) \times f(Q_t - Q_{t-1},\ R_t^u - R_{t-1}^u) \tag{6}$$

$$L_t^f = (L_{t-1} + \theta\Delta Y_{t-1} + \lambda I_{t-1} + \rho L_{t-1}^f) \times f(Q_t - Q_{t-1},\ R_{t-1}^u) \tag{7}$$

$$R_t^u = 1 + r_t \tag{8}$$

$$I_t = (I_{t-1} + \beta\Delta Y_{t-1} + \kappa L_{t-1} + \xi L_{t-1}^f) \times g[E(R_t^k) - R_t^u] \tag{9}$$

$$E(R_t^k) = E\left[\frac{Y_{k-1,\,k} + Q_t(1-\delta)}{Q_{t-1}}\right] \tag{10}$$

$$R_t^u = R_{t-1}^u + h(H_{t-1} - M_{t-1}) + \mu L_{t-1} \tag{11}$$

$$H_t = \alpha Y_{t-1} + (e - jR_t^u) \tag{12}$$

$$Q_t = d(I_{t-1},\ L_{t-1},\ L_{t-1}^f) \tag{13}$$

其中，Y_t 表示第 t 期的产出，I_t 表示企业在 t 期的内部融资，L_t 表示企业在第 t 期的外部融资，L_t^f 表示家庭在第 t 期的信贷总额，R_t^u 表示第 t 期的信贷收益率，R_t^k 表示企业在第 t 期的单位自资产收益率，H_t 表示第 t 期的货币需求，M_t 表示第 t 期的货币供给，Q_t 表示第 t 期的资产价格，我们还在公式中加入了表示企业和家庭基于预期分别对借贷和投资的乘数函数 f 和 g，f 的函数值与 $Q_t - Q_{t-1}$、$R_t^u - R_{t-1}^u$ 和 R_t^u 正相关，g 的函数值与 $E(R_t^u) - R_t^k E$ 正相关。

在"金融不稳定"模型中，明斯基认为负债和投资增加会催生更高的资产价格，为市场主体带来更加乐观的市场预期，因此会导致经济增长，同样对于企业负债、家庭负债和投资［公式（6）（7）（9）］也有类似解释；公式（8）表示第 t 期的信贷收益率由第 t 期的利率决定；公式（10）表示市场中的预期资产收益等于单位资本边际产出与资产价格上升所带来的资本利得之和；公式（11）表示基于凯恩斯理论的利率决定模型；公式（12）表示中央银行的货币供给规律，在这里我们认为货币供给内生；公式（13）表示资产价额决定函数。

在上述模型中，L_t、L_t^f 衡量了金融市场对经济周期的影响，最初负债对投资存在正的影响，随着明斯基时刻的接近，负债对投资的影响方向逐渐发生改变，即"金融拖拽效应"。根据明斯基的观点，经济杠杆具有顺周期性，经济主体的乐观会导致其对高风险的承受能力增强，从而表现在更高的负债率上。

在宏观研究中，本文模型中乘数函数未知，且部分宏观数据无法直接获取，因此，在实证模型中，我们采用面板自回归模型，采用中国 28 个省（自治区、直辖市）的季度数据来进行分析。基于此，我们可以分析变量之间互相冲击的影响，并将所有变量看成内生变量，从而避免内生性问题对估计结果的影响。

3 金融不稳定指数的构建

3.1 测度方法及指标选取

这部分主要构建测度金融不稳定指数（FUSI）的指标。根据霍德明和刘思甸（2009）、何德旭和娄峰（2011）、万晓莉（2008）的方法，用指标法来确定金融不稳定指数，并使用因子分析法来确定各指标权重。一般说来，从技术角度上来讲，确定综合指数体系中多个基础指标的权重有三种方法：①加权平均法；②层次分析法；③因子分析法。前两种方法都存在人为主观赋值的缺点，不具有客观性，而因子分析法能很好地保证结果的客观性。因子分析法是主成分分析法的推广。主成分分析法的思路是通过降维技术把多个相互关联的基础指标简化为少数几个综合指数的指数合成方法，而且这些较少的综合指数之间互不相关，又能提供原有指标的绝大部分信息。因子分析法的原理与主成分分析法类似，但因子分析法是用若干个潜在的、不能观察的、互不相关的随机变量（因子）来描述许多变量之间的相关关系。伴随着因子分析的过程，将会自动生成各因子的权重，这就在很大程度上克服了在评价过程中人为因素的干扰，较好地保证了评价结果的客观性，如实地反映了实际问题。基于因子分析法的优越性，本文选取因子分析法来确定基础指标的权重。

结合国际货币基金组织（IMF）2006 年颁布的《金融稳健指标：编制指南》以及相关学者对于中国的实际情况的研究，金融不稳定性主要受银行流动性、利率、汇率、货币发行量、证券市场热度、房地产市场发展、保险市场发展、财政实力等方面的影响，基于此，本文选取的构建金融不稳定指数的基础指标有不良贷款率、M2/GDP、银行同业拆借利率、实际有效汇率、存贷比、股票市场市盈率、股票市场交易总额、商品房销售额、保费深度倒数、政府财政负担倒数，关于指标的具体信息见表1。其中 M2/GDP、银行同业拆借利率、实际有效汇率、股票市场市盈率四项为全国数据，其他均为省际数据。这些基础指标均为正指标，即其值越大，金融市场越不稳定，金融不稳定指数越大，具体统计结果见表2。

77

表1　金融不稳定指数的指标选取

指标	反映情况	数据维度	数据来源
不良贷款率	金融机构的资本安全情况	省际数据	中国银监会各年度商业银行主要监管指标情况表（季度）
M2/GDP	资金供求情况	全国数据	中国人民银行
银行同业拆借利率	资金价格情况	全国数据	中国货币网市场行情
实际有效汇率	外汇市场情况	全国数据	国际清算银行有效汇率指数数据库

指标	反映情况	数据维度	数据来源
存贷比（各项贷款余额/各项存款余额）	资金存贷情况	省际数据	Wind 数据库
股票市场市盈率	股票市场收益风险情况	全国数据	上海、深圳证券交易所
股票市场交易总额	股票市场发展状况	省际数据	上海、深圳证券交易所
商品房销售额	房地产市场发展状况	省际数据	Wind 数据库
保费深度倒数（GDP/保费收入）	保险业发展情况	省际数据	中国银保监会保险业经营情况表
政府财政负担倒数（GDP/公共财政收入）	政府财政状况	省际数据	国家统计局、中国财政年鉴

表2　指标的描述性统计

指标	有效观察值	平均值	标准差	最小值	最大值
不良贷款率	784	1.23	0.31	0.90	2.05
M2/GDP	784	0.03	0.01	0.02	0.04
银行同业拆借利率	784	2.45	0.49	1.26	2.89
实际有效汇率	784	110.80	9.80	96.96	129.13
存贷比（各项贷款余额/各项存款余额）	784	0.73	0.11	0.45	1.09
股票市场市盈率	784	16.65	3.46	13.49	24.19
股票市场交易总额	784	2.26E+08	4.91E+08	9.56E+05	5.01E+09
商品房销售额	784	580.13	472.88	10.25	2 927.35
保费深度倒数（GDP/保费收入）	784	0.58	0.03	0.49	0.64
政府财政负担倒数（GDP/公共财政收入）	784	10.01	2.44	4.97	18.25

3.2　数据处理和指数测算

（1）基础指标的处理

综合考虑各指标数据的可获取性及完整性，本文选取了28个省（自治区、直辖市）2009—2015年相关季度数据指标。对于实际有效汇率、银行同业拆借利率这类高频时点数据，计算各季度内每天数据的平均值作为季度数据。对于存量数据M2、GDP、各项贷款余额和各项存款余额，采用季末数据作为季度数据。而对于商品房销售额、保费收入和公共财政收入这些流量数据，将该季度内加总后的值作为季度数据。

一般情况下，任何一个月度或季度数据时间序列 Y 均由长期趋势 T、季节变动因素 S、周期性波动因素 C、不规则变动因素 I 等四种因素共同影响和作用，从而形成了经济指标时间序列的整体变动特征。季节变动因素 S 和不规则变动因素 I 往往遮盖或混淆了经济发展中的客观变化，给研究和分析经济发展的趋势和判断目前经济处于何种状态带来了困难，因此在经济分析中，需要将季节变动因素 S 和不规则变动因素 I 剔除，留下基础数据的长期趋势值（何德旭和娄峰，2011）。本文运用 H-P 滤波法对基础数据进行处理，使得实证结果更加接近真实情况。

由于选取的基础指标量纲不同，需要对各指标进行无量纲化处理，处理方法为极值标准化法，将各指标按以下方法在 ［0，100］ 上进行标准化。

$$NS_{it} = \frac{S_{it} - min\{S_{it}\}}{max\{S_{it}\} - min\{S_{it}\}} \times 100 \tag{14}$$

其中，$\{S_{it}\}$ 为某指标原始数列；$\{NS_{it}\}$ 为标准化处理后的数列；数列 $\{S_{it}\}$ 中最小值为 $min\{S_{it}\}$，最大值为 $max\{S_{it}\}$；i 为省份；t 为时期。

（2）因子分析确定各指标权重

为了避免主观断定指标权重，本文采用因子分析法来处理上述 10 个指标。采用 stata14.0 软件进行上述操作，最终得到三个因子，输出因子得分、因子荷载矩阵（见表3）和因子方差贡献表（见表4），计算出了 2009—2015 年各地区共 28 期季度金融不稳定指数。

表3　因子荷载矩阵

指标	因子荷载矩阵		
	因子 1	因子 2	因子 3
不良贷款率	0.968 7	-0.156 0	0.052 1
M2/GDP	-0.988 2	-0.004 4	0.090 9
银行同业拆借利率	-0.826 6	0.316 6	-0.212 7
实际有效汇率	-0.194 0	-0.339 4	-0.358 8
存贷比	0.985 0	-0.107 3	0.011 3
股票市场市盈率	0.013 5	0.093 7	0.928 5
股票市场交易总额	0.295 2	-0.437 1	0.430 4
商品房销售额	-0.229 7	0.694 8	0.537 1
保费深度倒数	-0.112 3	0.905 4	0.014 6
政府财政负担倒数	0.690 1	0.324 7	-0.351 9

表 4　因子方差贡献表

因子	占总方差百分比/%	累计占总方差百分比/%
因子 1	42.35	42.35
因子 2	18.59	60.94
因子 3	16.45	77.39

则最终金融不稳定指数（FUSI）的计算公式如下：

$$\text{FUSI} = f_1 \times \frac{w_1}{w_1 + w_2 + w_3} + f_2 \times \frac{w_2}{w_1 + w_2 + w_3} + f_3 \times \frac{w_3}{w_1 + w_2 + w_3} \quad (15)$$

其中，f_1、f_2、f_3 为各因子得分，w_1、w_2、w_3 为各因子对应的总方差占比。由此计算出 28 个地区 28 期的金融不稳定指数。由于得到的金融不稳定指数分布过于密集，对其进行标准化处理，得到一个 $[0, 100]$ 上的序列。金融不稳定指数的值越大，表明该地区该时期的金融市场波动越大，金融越不稳定。表 5 给出了 2009—2015 年各地区的金融不稳定指数（一年中的四个季度数据的平均值作为该年度的数据）。

表 5　2009—2015 年各地区的金融不稳定指数

地区	2009 年	2010 年	2011 年	2012 年	2013 年	2014 年	2015 年
北京	24.29	25.11	24.52	27.10	30.15	34.41	48.50
天津	20.18	21.57	20.68	21.80	21.01	21.21	22.38
河北	20.99	23.34	23.62	26.01	26.32	27.75	30.46
山西	12.14	13.27	12.39	13.56	12.49	12.33	12.81
内蒙古	21.96	23.13	22.09	22.88	21.36	20.89	20.62
辽宁	29.78	33.12	33.87	35.94	34.96	33.78	33.92
吉林	15.81	17.63	17.09	18.35	17.11	16.52	16.58
黑龙江	16.19	17.94	17.49	19.01	17.60	17.00	17.68
上海	32.54	32.01	31.05	34.44	40.69	49.33	74.94
江苏	42.69	45.37	45.92	49.10	51.67	56.46	69.34
浙江	39.41	40.36	38.94	40.33	42.02	45.87	60.66
安徽	18.69	21.63	22.38	25.15	25.71	27.21	29.98
福建	23.80	26.87	27.76	30.72	32.14	34.39	41.14
江西	16.80	18.68	18.24	19.86	19.45	20.00	22.76
山东	35.82	38.29	38.62	41.14	42.04	44.05	50.45
河南	22.88	24.83	24.97	27.54	28.48	30.88	35.10
湖北	19.95	22.81	23.60	26.72	28.13	30.76	36.17
湖南	21.29	23.83	24.03	26.23	26.50	28.01	31.62

表5(续)

地区	2009 年	2010 年	2011 年	2012 年	2013 年	2014 年	2015 年
广东	44.60	47.88	50.53	56.36	64.00	74.65	100.00
广西	19.51	20.89	20.09	21.45	20.95	21.46	22.76
重庆	14.94	17.85	18.36	20.83	21.16	22.38	24.83
四川	22.86	25.72	26.42	29.31	30.44	32.45	37.16
贵州	9.53	12.22	12.44	14.71	14.80	15.79	16.94
云南	13.41	15.31	15.04	16.92	16.76	17.30	18.57
陕西	15.42	17.86	17.98	20.00	19.77	20.31	21.91
甘肃	6.31	8.10	7.69	9.40	8.87	9.12	9.51
青海	2.98	4.29	3.23	4.11	2.69	2.18	1.69
宁夏	0.93	2.22	1.09	1.88	0.41	0.06	0.00

由表5数据可知,上海、深圳等地区的金融不稳定性逐年增大,可能与这些地区股票市场发达有关;北京、江苏、浙江等地区影响其金融不稳定的主要因素可能是商品房销售额、不良贷款率以及存贷比等;宁夏、青海等金融不稳定指数较低的地区,可能是由于其金融、保险市场不发达。

4 实证研究

为了进一步研究企业负债、家庭负债和金融市场不稳定性的关系,本文采用面板向量自回归(PVAR)模型,定量分析上述各因素之间的冲击关系。PVAR 模型是由 Holtz-Eakin(1998)等学者首次提出,后经过 Kao 和 Mc-Coskey(1999)、Westerlund(2005)等学者的发展,已经成为一个可以分析面板数据和时间序列性质的模型,在向量自回归模型中引入面板数据,放松了时间序列平稳性假设,便于更加精确地进行向量自回归估计检验。本文接下来将运用工业企业资产负债率、家庭负债、金融市场不稳定指数和 GDP 的各省数据进行 GMM 系数估计,构建脉冲响应图以及进行方差分解。

(1)变量和数据选择

结合张云等对金融不稳定性和经济增长的研究(张云、李宝伟、葛文欣,2017)以及我们在模型设定中对负债结构和负债率近似替代关系的分析,本文用工业企业的资产负债率作为衡量融资方式变化的指标,用居民负债率作为衡量家庭部门杠杆的指标,用 GDP 作为衡量各地整体经济运行情况的指标,综合考虑各指标的可得性,使用2009—2015年各地区共28期季度数据进行分析。具体见表6、表7。

表 6 变量的选取

变量	缩写	反映情况	数据来源
工业企业资产负债率	ILR	企业融资类型	国家统计局、国家统计年鉴
居民负债率	HLR	家庭部门的杠杆	国家统计年鉴、Wind 数据库
各省地区生产总值	GDP	宏观经济运行情况	国家统计局、各省统计年鉴
金融不稳定指数	FUSI	金融稳定状况	笔者测算

表 7 变量的描述性统计

变量	有效观察值	平均值	标准差	最小值	最大值
ILR	784	59.62	4.97	46.2	75.26
HLR	784	20.82	3.61	11.66	28.72
GDP	784	4 932.20	3 707.60	239.72	19 112.99
FUSI	784	24.37	13.39	0	100

（2）平稳性检验

考虑到对数据取对数不仅可以减少或消除时间序列中存在的异方差，还能使其趋势线性化，并且不会改变原来的协整关系（罗超平，2013），因此对四个变量进行对数化处理并取一阶差分。

为了防止虚假回归的情况出现，常常需要对加入模型的变量进行平稳性检验。本文采用 LLC 法对面板数据进行面板单位根检验，结果如表 8 所示。从表中可知，LLC 检验在 1% 的置信水平上拒绝原假设，说明全部变量序列是平稳数据，同阶单整，可以用于 PVAR 估计。

表 8 平稳性检验

变量	LLC 检验	
	统计值	P 值
$dlnGDP_t$	−3.983 9	0.000 0***
$dlnHLR_t$	−8.823 5	0.000 0***
$dlnILR_t$	−33.355 4	0.000 0***
$dlnFUSI_t$	−19.166 8	0.000 0***

注：***、**、* 分别表示在 1%、5%、10% 的水平上显著。

（3）PVAR 模型的建立、脉冲响应分析和方差分解

本文设定一阶面板自回归模型如下：（滞后阶的选取一般可根据 AIC 信息准则、BIC 信息准则来选取，但当样本时间维度不够长，无法选取过多的滞后

阶时，通常可以施加一个常用的滞后阶结构）

$$\begin{pmatrix} d\ln ILR_{i,\,t} \\ d\ln HLR_{i,\,t} \\ d\ln GDP_{i,\,t} \\ d\ln FUSI_{i,\,t} \end{pmatrix} = \beta_0 + \beta_1 \begin{pmatrix} d\ln ILR_{i,\,t-1} \\ d\ln HLR_{i,\,t-1} \\ d\ln GDP_{i,\,t-1} \\ d\ln FUSI_{i,\,t-1} \end{pmatrix} + f_i + \varepsilon_{it} \qquad (16)$$

在公式中 dlnILR、dlnHLR、dlnGDP、dlnFUSI 分别表示工业资产负债率、家庭负债率、GDP 和金融不稳定指数取对数并一阶差分。i 代表地区，t 代表时期，β_1 代表回归系数，f_i 代表个体固定效应，ε_{it} 代表随机扰动项。

本文采用前向均值差分（forward mean-differ-encing），也称 Helmert 过程来处理模型包含的固定效应，然后利用 GMM 方法得到系数的有效估计结果如表 9 所示。

表9　PVAR 估计结果

解释变量	被解释变量			
	$d\ln GDP_t$	$d\ln HLR_t$	$d\ln ILR_t$	$d\ln FUSI_t$
$d\ln GDP_{t-1}$	0. 853 *** （0. 016）	0. 446 ** （0. 147）	0. 045 7 * （0. 023）	0. 155 *** （0. 052）
$d\ln HLR_{t-1}$	0. 002 （0. 002）	0. 284 *** （0. 051）	−0. 005 （0. 006）	−0. 014 （0. 011）
$d\ln ILR_{t-1}$	0. 071 ** （0. 029）	1. 01 ** （0. 425）	0. 917 *** （0. 049）	−0. 499 *** （0. 096）
$d\ln FUSI_{t-1}$	0. 051 *** （0. 015）	−0. 308 ** （0. 117）	−0. 039 * （0. 022）	0. 727 *** （0. 046）

注：***、**、* 分别表示在 1%、5%、10% 的水平上显著。

为进一步分析家庭负债率、企业负债率、金融不稳定指数、GDP 间的相互影响关系，我们需要构建脉冲响应图，做脉冲响应函数分析。本文将冲击作用的期限设为20 期，通过 1 000 次蒙特卡罗模拟得到了各个变量的脉冲响应图。

由图 1 可知，GDP 对于企业负债和家庭负债的冲击一开始为正向反应，随后逐渐趋向负值，说明企业和家庭负债的增加，在初期会刺激经济的增长，但之后会逐渐衰弱直至趋向负效应，从长期来看居民负债和企业负债的增加将减缓 GDP 的增长。但 GDP 对金融不稳定指数的冲击具有显著的正向反应，在第 5 期达到峰值，随后正向影响逐渐下降。上述结果说明，当金融市场越来越发达，各种融资增多时，其对经济增长有明显的促进作用。

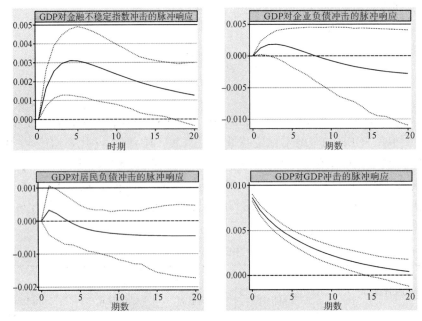

图 1 GDP 对各变量冲击的脉冲响应图

由图 2 可知，居民负债对 GDP 的冲击在初期有显著的负向反应，随后转为正向影响。这可能是由于当 GDP 开始增长时，居民可以获得的收入增多，因而对贷款的需求减少，然后随着经济的不断发展，居民的收入无法满足自身持续上涨的消费需求，同时随着经济发展，不断升高的房价和车价等都将让居民的负担加重，因此居民贷款增加。居民负债对金融不稳定指数具有显著的负向反应，这可能是因为金融不稳定程度的增大，使居民贷款的难度增大，同时居民对未来的收入没有信心，将减少借贷，因此居民负债会减少。

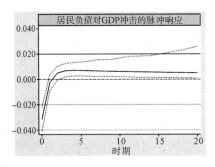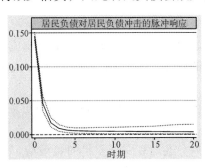

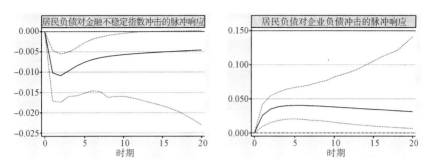

图 2　居民负债对各变量冲击的脉冲响应图

从图 3 可知，企业负债即企业杠杆率对 GDP 的冲击显著为正，在第 5 个周期达到最大值，随后逐渐平缓下行，说明 GDP 的增长将导致企业负债的增加，使得企业融资类型向投机型、庞氏型转变。企业杠杆率对金融不稳定指数的冲击一开始为 0，随后转为负向并缓慢趋向于 0，因此金融不稳定状况的加剧在短期内可能对企业没有太大影响，但是在中长期会抑制企业杠杆过快增长或下降。

85

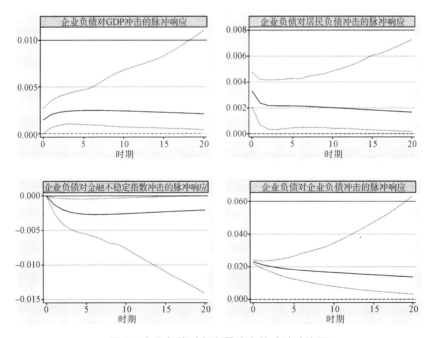

图 3　企业负债对各变量冲击的脉冲响应图

由图 4 可知，金融不稳定指数对 GDP 的冲击显著为负，即 GDP 的增长有助于降低金融不稳定程度。而家庭部门和企业的负债对金融不稳定指数的冲击在初期为负，随后趋于 0，这可能是与我国金融体系运行的背景密切相关。我国的金融市场以大型国有控股银行为主导，受政府意志影响比较严重，当居民负债和企业负债增加时，为了防范金融危机，国家可能通过其他手段来减少风险，降低金融市场不稳定程度，使金融不稳定指数下降。

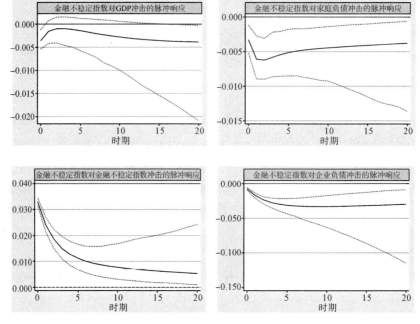

图4　金融不稳定指数对各变量冲击的脉冲响应图

为进一步分析每一个结构冲击对内生变量变化的贡献度，我们进行方差分解，结果见表10。通过方差分解可以看出，金融不稳定指数 dlnFUSI 对自身的方差的解释作用逐渐减小，而企业负债 dlnILR 对其方差的解释作用不断增大。生产总值 dlnGDP 对自身的方差的解释作用较大，但随着期数的增加，居民负债 dlnHLR 和企业金融不稳定指数 dlnFUSI 对其方差的贡献度逐渐增大，其自身的解释力度逐渐减小。

表10　方差分解

变量	*Period*	dlnGDP	dlnHLR	dlnILR	dlnFUSI
dlnGDP	1	1	0	0	0
dlnHLR	1	0.045	0.955	0	0
dlnILR	1	0.004	0.02	0.976	0
dlnFUSI	1	0.011	0.009	0.049	0.931
dlnGDP	2	0.966	0.001	0.012	0.022
dlnHLR	2	0.04	0.93	0.026	0.004
dlnILR	2	0.006	0.016	0.976	0.002

变量	*Period*	dlnGDP	dlnHLR	dlnILR	dlnFUSI
dlnFUSI	2	0.007	0.023	0.168	0.802
dlnGDP	3	0.921	0.001	0.026	0.052
dlnHLR	3	0.038	0.883	0.07	0.008
dlnILR	3	0.008	0.015	0.973	0.004
dlnFUSI	3	0.005	0.029	0.297	0.669
dlnGDP	4	0.881	0.001	0.037	0.081
dlnHLR	4	0.038	0.833	0.118	0.011
dlnILR	4	0.01	0.014	0.97	0.006
dlnFUSI	4	0.004	0.03	0.409	0.557
dlnGDP	5	0.85	0.001	0.042	0.108
dlnHLR	5	0.037	0.786	0.164	0.013
dlnILR	5	0.011	0.014	0.967	0.008
dlnFUSI	5	0.004	0.03	0.497	0.47
dlnGDP	6	0.826	0.001	0.043	0.13
dlnHLR	6	0.037	0.744	0.205	0.014
dlnILR	6	0.012	0.014	0.965	0.01
dlnFUSI	6	0.003	0.028	0.564	0.404
dlnGDP	7	0.807	0.001	0.042	0.149
dlnHLR	7	0.036	0.706	0.243	0.015
dlnILR	7	0.012	0.014	0.962	0.011
dlnFUSI	7	0.003	0.027	0.616	0.354
dlnGDP	8	0.793	0.001	0.04	0.166
dlnHLR	8	0.036	0.673	0.276	0.015
dlnILR	8	0.013	0.014	0.961	0.013
dlnFUSI	8	0.003	0.026	0.656	0.315
dlnGDP	9	0.781	0.001	0.039	0.179
dlnHLR	9	0.035	0.644	0.305	0.015
dlnILR	9	0.014	0.014	0.959	0.013
dlnFUSI	9	0.003	0.025	0.688	0.284

变量	*Period*	dlnGDP	dlnHLR	dlnILR	dlnFUSI
dlnGDP	10	0.77	0.002	0.038	0.191
dlnHLR	10	0.035	0.618	0.331	0.016
dlnILR	10	0.014	0.014	0.958	0.014
dlnFUSI	10	0.004	0.024	0.713	0.259

综上我们可以发现，虽然在经济增长期，居民负债和企业杠杆都有显著的增加，但是居民负债和企业杠杆的增加对金融市场的影响程度不大，这很可能是由于我国金融市场自由化程度较低，政府对经济和金融机构有较强的控制力，金融不稳定指数受宏观调控的影响更大，因此政府能够很好地在经济增长的同时抑制金融市场的不稳定因素，明斯基的核心观点与我国的经济运行并不一致，我国并不存在典型的明斯基周期。

5. 结论和建议

2008 年金融危机爆发后的大规模信贷扩张、经济增长率的下降和部分经济主体债务违约是一些学者认为我国存在"明斯基时刻"的主要原因。本文基于 28 个省（自治区、直辖市）的面板数据采用面板向量自回归模型，检验了我国是否存在明斯基周期，结论如下：①居民负债率和企业杠杆的增加对金融市场的影响程度并不是很大，这一点违背了明斯基理论，由此可以断定明斯基理论在我国并不成立；②GDP 的增长会减轻金融不稳定指数，增强金融体系的稳定性；③适当的金融体系不稳定刺激将激发更多金融产品工具生成，增强金融体系活力，对经济增长有一定促进作用。

基于上述结论，为了防止或减弱金融危机的发生，促进经济平稳健康发展，本文提出以下建议：①由于我国并不存在明显的明斯基经济周期，因而不必对信贷市场过度紧缩，可以在一定程度上鼓励金融创新，促进我国金融市场发展；②鉴于金融不稳定性的增长在一定程度上也依赖于企业融资类型，在现阶段不宜过度依赖大规模信贷刺激，利用加大企业杠杆的方式来促增长，而应更多地借助减税等财政刺激和市场结构改革等手段来促进经济增长；③居民部门在金融经济增长中的作用越来越突出，应当合理引导其借贷和投资结构类型，促进经济和金融体系的稳定发展。

参考文献

夏晓华，彭方平，展凯，2018. 经济负债、金融稳定与明斯基周期 [J]. 经济理论与经济管理，37（5）：19-28.

张云，李宝伟，葛文欣，2017. 明斯基融资类型、金融不稳定和经济增长

——基于中国省际数据的实证分析 [J]. 政治经济学评论, (5): 117-132.

霍德明, 刘思甸, 2009. 中国宏观金融稳定性指标体系研究 [J]. 山西财经大学学报, 31 (10): 15-21.

何德旭, 娄峰, 2011. 中国金融稳定指数的构建及测度分析 [J]. 中国社会科学院研究生院学报, (4): 16-25.

万晓莉, 2008. 中国 1987—2006 年金融体系脆弱性的判断与测度 [J]. 金融研究, (6): 80-93.

谢太峰, 王子博, 2013. 中国经济周期拐点预测——基于潜在经济增长率与经验判断 [J]. 国际金融研究 (1): 77-86.

王东风, 汪德军, 2007. 海曼·明斯基的金融不稳定假说之评析 [J]. 沈阳师范大学学报 (社会科学版), 31 (2): 111-113.

李黎力, 2013. "明斯基时刻" 之考辨 [J]. 经济理论与经济管理, 33 (7): 39-45.

王东风, 张荔, 2010. 东亚金融危机与美国次贷危机发生机理比较——基于明斯基理论的分析 [J]. 国外社会科学 (4): 136-143.

MINSKY H, 1978. The financial instability hypothesis: a restatement [M]. London: Thames Polytechnic.

MINSKY H, 1982. Can "it" happen again: essays on instability and finance [M]. London: M. E. Sharpe Press.

MINSKY H, 1986. Stabilizing an unstable economy [M]. New Haven: Yale University Press.

FOLEY D. Financial Fragility in Developing Economies, in Development Economics and Structuralist Macroeconomics, Edited by Amitava Krishna Dutt, Edward Elgar, 2003.

LIMA G T, MEIRELLES A J A, 2007. Macrodynamics of debt regimes, financial instability and growth [J]. Cambridge Journal of Economics, 31 (4): 563 -580.

FAZZARI S, FERRI P, GREENBERG E, 2008. Cash flow, investment, and Keynes-Minsky cycles [J]. Journal of Economic Behavior & Organization, 65 (3-4): 555-572.

S CHARLES, 2008. Corporate debt, variable retention rate and the appearance of financial fragility [J]. Cambrigde Journal of Economics, 32 (5): 781-795.

GIBBARD P, STEVENS I, 2011. Corporate debt and financial balance sheet adjustment: a comparison of the United States, the United Kingdom, France and Germany [J]. Annals of Finance, 7 (1): 95-118.

LAVOIE M, SECCARECCIA M, 1999. Minsky's financial fragility hypothesis: a missing macroeconomic link? [Z]. Working Paper No. 9904e, University of Ottawa.

新慈善公益经济
——如何用区块链重塑慈善公益

方楷文

【摘要】近年来，慈善公益行业的发展越来越得到国家和社会的重视，其不仅能够帮助受捐人解决生活上的难题、提高捐赠人的精神享受，而且已经成为实现我国全面建成小康社会等重要战略目标的重要手段之一，即慈善公益经济逐渐成为一个新兴经济形式。

但是我国慈善公益经济的发展并不如人意，产权意识薄弱这一根本原因导致的贪污捐款、假慈善以及资金管理不当等问题极大地限制了我国慈善公益经济的发展。笔者认为，引入区块链技术并以此构建相关体系能够将慈善公益经济体系化、市场化，助力慈善公益从原始经济形态转变为适合社会发展的经济形态，从而解决我国慈善公益经济发展的难题。

【关键词】慈善；公益；产权意识；区块链

1 绪论

1.1 慈善公益的定义与经济本质

慈善，最基本的词义是指仁慈、善良，慈善通常被认为是一种民间的自愿活动，根据受助对象的不同，慈善概念有狭义与广义之分。狭义的慈善是指社会公众自愿地对社会弱势群体提供无偿帮助、救济和施舍的行为，这也是传统意义上的慈善；广义的慈善是指建立在社会捐献基础上的社会性救助行为，也被称为公益慈善事业。公益是受助范围更为宽泛的大慈善，其受助对象不仅有贫困者，也包含教育、科研、医疗、文化、环保等领域的弱势群体。

笔者认为，当小范围的公益慈善行为逐步扩大到全国乃至全世界，当一个小群体难以完成一项公益慈善活动而需要更多的人一起完成时，专业性的公益慈善机构就必定会应运而生。

那么，进一步来说，专业机构的产生必定会促成相应市场的诞生。从经济学的角度来看，捐款这一在慈善公益活动中占据重要地位的行为实际上是一种广义上的市场行为——捐款人购买"慈善公益机构代为行使公益慈善"这一特殊服务产品，同时支付给公益慈善机构进行相应服务所需的物资或是资金。这样来看，商家（公益慈善机构）就将对其售卖的特殊服务产品（慈善公益活动）向消费者（捐款人）负责，具体表现形式应为：商家与消费者在保持这一交易与服务关系时，商家有义务将产品相应的信息告知消费者。

1.2 慈善公益的作用

中国自古就有天下大同的梦想。慈善公益的作用不仅仅是帮助受捐人解决生活上的难题，更深层次的，对于受捐人来说，财富的捐赠应该是授人以渔，应该带给他们奋发向上等精神上的激励，使得社会更加和谐。自新中国成立以来，我国作为社会主义国家，其改革开放的纲领中明确指出：允许一部分人先富起来，然后带动另一部分人致富，最终实现共同富裕。其中，慈善公益作为资源再分配的一项自愿且积极的手段，可以有效地带动相关经济的发展、提高经济活力，是实现中华民族发展目标的重要方式之一。而当慈善公益进一步发展，从救助他人扩大到能够促进相关科学技术发展，慈善公益将在更深远的意义上造福人类社会。

1.3 慈善公益经济的发展趋势

2017 年 10 月 18 日，习近平同志在党的十九大报告中强调，随着经济的不断发展，中国特色社会主义进入新时代，我国社会的主要矛盾已经从人民日益增长的物质文化需要同落后的社会生产力之间的矛盾转化为人民日益增长的美好生活需要和不平衡不充分的发展之间的矛盾。而慈善公益活动作为调节该项矛盾的手段之一，越来越受到国家和社会的重视。

慈善蓝皮书指出，2016 年既是中国慈善史上的重要转折点，也是国家与社会更紧密地联手推动慈善事业发展的一年：2016 年社会捐赠总量达到 1 346 亿元，其规模占比 GDP 的 0.2%，创历史之最；互联网公益慈善平台蓬勃发展，捐助总人次超过 50 亿人次；并且随着《中华人民共和国慈善法》《境外非政府组织境内活动管理法》以及相关配套法规在 2016 年度的密集出台，中国完善了慈善法制，中国慈善事业进入了依法治理的时代。

笔者认为，慈善公益活动的经济规模愈发扩大，其带动的相关经济产业不断发展，社会活动愈发增多，参与人数逐步增多，也就逐步脱离了原始单一无体系化的捐款形式，并且从目前我国的相关数据来看，我国慈善事业已经逐步形成一个新兴的市场，进而发展到一个新兴的经济形式。

2 公益慈善经济的根源弊病

2.1 公益慈善事业的总体现状

2010—2016 年《中国慈善捐助报告》显示，我国公益慈善捐助总额从

2010 年到 2012 年呈下降趋势，而 2012 年到 2016 年才出现缓慢的上涨（见图 1）。与此同时，我们可以看出，从 2012 年到 2016 年，公益慈善捐助总额占全国 GDP 总额的比重从 0.16% 增长到 0.18%，相对于发达国家英国 0.8% 的比例以及美国常年稳定在 2.0% 的比例来说，差距还很大。那么，虽然我国公益慈善行业发展态势良好但是依旧无法达到平均水平，公益慈善行业究竟出现了什么问题？

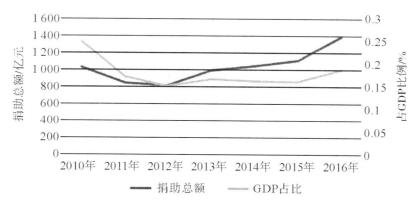

图 1　2010—2016 年总体慈善捐款情况

2.2　公益慈善行业的根源弊病

虽然我国公益慈善行业发展后劲足，但是依旧存在诸多弊病，导致其发展缓慢，例如贪污捐款、假慈善以及资金管理不当等问题。部分学者认为这是市场运行不佳导致的，但是笔者认为同样是市场行为为什么国外能够积极发展但中国的发展就很缓慢呢？部分学者进一步提出是因为外国的公益慈善机构更加市场化、企业化，但是笔者认为，导致中国公益慈善机构不能市场化、企业化的真正原因在于产权意识的薄弱。

产权是指人们（财产主体）围绕或通过财产（客体）而形成的经济权利关系。放在公益慈善的背景下，即当我们进行公益慈善捐赠时，这笔钱的产权并没有发生转移。从更深层次来说应该是：捐款人购买了公益慈善组织的服务，公益慈善组织代为进行慈善活动，只不过捐款人事先通过合同协议将钱的使用权转移给了公益慈善组织用于物资的购买和使用，但是财产的产权仍留归自己，捐款人对钱款的流向保留追溯的权利。

但是由于我国的产权界定模糊，大部分捐款人产权意识薄弱，不会利用自己对钱款的产权对慈善机构进行监管，这也进一步导致了中国的公益慈善机构的运行模式仍处在"捐款人闭着眼睛捐钱，慈善机构随心所欲花钱"的原始粗放阶段。

那么，在这一运行模式下，我国公益慈善行业的现状如何呢？

2.2.1　慈善公益机构的不透明性和操作规范不当

由于捐款人和公益慈善组织同时具备了"捐款人闭着眼睛捐钱，慈善机构随心所欲花钱"这一思想，慈善公益组织将会产生目前最具代表性的"不透明性"和"操作规范不当"的问题：基于利己主义的假设，既然钱款已经归慈善公益机构自己处理，就没有再向捐款人进行使用说明的必要，极有可能产生违背事先对捐款人的声明以自己的意志滥用资本和不给捐款人提供应当了解受助公益项目的进展两种现象，这就导致了公益慈善机构不透明性的产生。

当不透明性产生时，捐款人和公益慈善机构之间就产生了信息不对称，其必然增加捐赠者对慈善机构的不信任感，也就使慈善机构的资金来源断流，这也是为什么我国慈善公益捐款总额难以增长的重要原因之一。

在现实生活中我们可以看到：2010 年到 2012 年我国的 GDP 保持 10% 以上的增长率，位居世界第二，而与此同时我国接受捐赠的款项以 15% 左右的比例负增长，而导致这一怪象的重要原因便是这两年间不断爆发的慈善丑闻：2011 年 3 月希望工程基金被曝用于风险投资且数额巨大，2011 年 "郭美美事件"，2012 年 3 月 15 日中央电视台 "3·15" 晚会曝光中华学生爱眼工程用慈善掩饰牟利，以及河南省宋庆龄基金会贪污等事件。

本来 2010 年的慈善捐款总额一度高达 1 032 亿元，但是由于慈善行业仍处于上述的原始粗放阶段，这就给慈善公益组织更大的激励来模糊对捐款人的信息披露。而当捐款人对资金的滥用有所察觉时，因不透明性而被掩饰的信息就不得不披露，上述公益慈善丑闻的爆发，让慈善公益行业遭受极大的信用打击，捐款数额急剧下降。

2.2.2　捐款人和被捐款人的"物资和精神效用下降"

捐款人由于产权意识薄弱，认为购买慈善公益服务的行为是一项财产产权转移活动，放弃了对资本流向信息的追踪，丧失了对公益慈善项目的后续发展的关注。捐款人只是从中得到了"我做了一件好事"仅此而已的效用，而失去了慈善公益活动中更为重要的"帮助他人、看见他人成长"的效用。此外，公益慈善机构没有明确款项以及物资的产权，在作为捐款人和受捐对象的中介的过程中，其可能不当地转移相关资产，一方面让受捐对象没有获得预期的帮助，即物资效用的下降；另一方面，这会让受捐对象误以为接受帮助是无条件的产权转移，从而形成"要饭不可耻"的不当价值观。这也会让捐赠者无法获得应有的感激和激励，导致精神效用的下降。从精神层面来看，这也是我国的捐款人难以长期有效地进行捐款的重要原因之一。

《南方周末》在 2010 年 11 月 29 日报道，上海海洋科技有限公司的两位先生，他们在四川通过希望工程渠道一对一捐助了 17 名儿童，在一年内只有 3 名儿童明确回复收到他们的捐助款。更令人吃惊的是，他们发现曾让他们感动流泪的学生来信，有 8 封是假的，信中称收到捐助款也是假的。捐资者自费调查后发现，受助儿童家长称并没有收到希望工程一分钱，每学期学费一分钱也没少交。这些孩子大多都已失学。当地学校校长表示如果收到捐助款，他们绝不会失学。对于善良的捐款人和受捐对象来说，他们都没有获得应有的效用。

综上所述，我们可以看到，目前中国公益慈善行业所面临的问题基本上都源自产权意识薄弱。产权意识薄弱问题导致中国慈善公益机构始终不能达到"慈善公益经济"要求下的企业化、市场化运营阶段，也就导致了贪污捐款、假慈善以及资金管理不当等一系列问题。所以解决产权意识薄弱问题是推动我国公益慈善事业长足发展的当务之急。

3 为什么区块链可以重塑公益慈善行业

3.1 公益慈善行业的发展趋势

2013—2016 年《中国慈善捐助报告》显示，截至 2016 年年末，在总体捐款方面，虽然企业捐款占比仍占据最大比重，但是却从 2014 年的 70.84% 下降到了 2016 年的 65.42%。如图 2 所示，2016 年个人捐款总额达到 300 亿元，较 2014 年增加 183.72 亿元。又如图 3 所示，其中个人的小额捐款（单笔金额在 1 万元以下）总额从 2014 年的 58.6 亿元上升为 2016 年的 90 亿元，普通民众进行小额捐款的规模不断扩大。

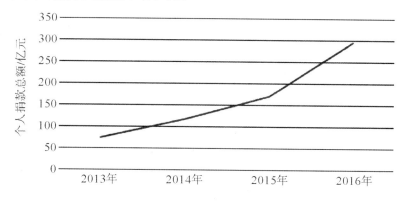

图 2　2011—2016 年个人捐款总额变化

在捐款途径方面，自 2014 年我国批准成立 13 家网络捐赠平台以来，互联网捐款比重逐渐上升。仅微公益、腾讯公益、蚂蚁金服公益、淘宝公益 4 家平台在 2015 年捐赠总人次就超过 30 亿人次，是 2014 年的 3 倍，共捐款 9.66 亿元，较 2014 年上涨 5.41 亿元，涨幅达 127.29%，可以看出互联网捐赠愈发成为大众的重要捐款途径。

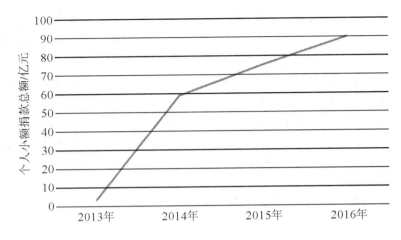

图3 2013—2016 年个人小额捐款总额变化

在互联网平台的个人捐款方面，有关报告显示，"70后""80后""90后"是捐赠主力。其中"90后"捐赠人数占总体捐赠人数一半以上，但捐赠金额远落后于"70后"和"80后"，反映了其捐赠热情虽然高涨，但是经济实力不足的事实。"70后""80后"为捐赠主力，所捐金额占总体的72%。人均捐赠额最高的是"70后"，达到104.68元/人；"80后"排名第二，为94.62元/人，而"70后""80后"大部分都已有稳定的工作和收入，由此可见，捐赠金额与人群收入水平有较强的相关性。

此外，2014年是我国公益众筹元年，第三方数据显示，通过网络众筹成功的公益项目总计299个，公益众筹全年筹资额超过1272万元，逐步成为在线募捐的重要途径。

以上数据充分说明我国慈善公益捐赠正以小额化、网络化、年轻化的方式进入普通公众的生活。为了适应这种趋势，慈善公益行业必须选择这样的道路：在修正自身弊病的基础上改变自己，将传统的线下捐款箱筹款模式转变为互联网筹款模式，项目设定从以企业为主改变为同时兼顾企业捐款和众筹捐款。

3.2 区块链为什么可以重塑慈善公益行业

区块链是一种处理增量数据记录的分布式数据库技术，是一种通过去中心化的方式集体维护分布式可靠数据库的技术方案。该技术方案主要是将数据区块通过密码学方法相互关联，每个数据区块记录一定时间内的系统交易信息，通过数字签名验证信息的有效性，并使用"指针"链接到下一个数据区块形成一条主链。

目前，区块链技术具有去中心化结构、数据信息不可篡改、分布式记账与存储、智能合约可灵活编程以及透明信息背后的匿名保护等特点，可以在很大程度上解决慈善公益行业的弊病。

3.2.1 区块储存与"链式"技术

如图 4 所示，由于区块链技术将每个信息都储存在区块中，并且盖上时间戳，使其不能修改以前的数据，只能在原有的基础上进行附带时间标签的增改，这使得数据难以篡改，保证了数据的真实性、可靠性和时间性；而区块之间不断的变动使得相应项目流程所有的信息都被完整地记录在了区块中，捐款人能够实实在在地看到项目的进行过程。

捐款人可以看见其捐款资金是如何使用的，强化了捐款人和公益慈善机构的产权意识，使得资金得到了最好的监督——捐款人对自己资金的关注，也就解决了资金管理不当、精神效用下降等问题。

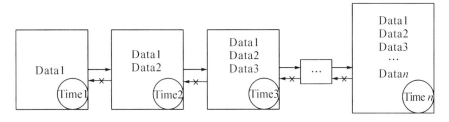

图 4 区块储存与"链式"技术示意

3.2.2 智能合约

如图 5 所示，智能合约为整个框架设立了相应的规则，中心平台、慈善机构（SPV）、客户之间发生任何一笔资金的转移都要被智能合约自动审核，只有符合相关规定才能发生实际的资金转移，否则就会被拦截返回。

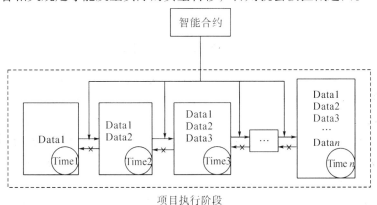

图 5 智能合约示意

3.2.3 微中心化式记账

借鉴区块链技术的去中心化结构，使得整个系统中基本没有管理员的存在，即不同于传统互联网的模式（见图 6），减少了管理员篡改数据的风险，增加了数据的可信程度以及双方的信任，形成了如图 7 所示的结构模式。

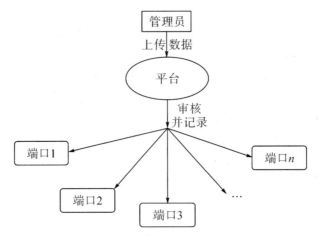

图 6 传统互联网的上传模式

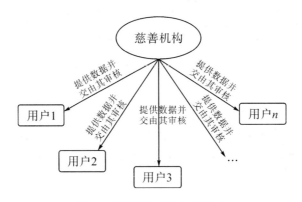

图 7 区块链技术的记账模式

　　综上所述，区块链技术从局部和总体两方面解决了我国慈善公益的发展难题：局部各个击破——区块链技术的每个特点都恰好能解决公益慈善行业的对应问题，并且方便智能的操作完全适应了慈善捐赠向小额化、网络化、年轻化的方式转变的特点；总体歼灭——区块链技术利用自身的特点和完善的体系从外部约束人们形成对捐款使用情况的关注和监督，使人们的产权意识在一次又一次的关注中不自觉地形成，进而随着次数的增加，外部被动的"产权意识"内化为自身主动的真正的产权意识，从根本上唤醒了捐款人和慈善公益机构的产权意识。同时其又能避免慈善公益流程体系内宣传、捐款、活动的三方割裂，使得公益经济体系化、市场化，实现慈善公益事业效率最大化，从而带动个人和社会的长远发展。

4 区块链如何重塑慈善公益行业

对于如何更好地应用区块链技术来重塑慈善公益行业，本文设计了一个系统，各个公益慈善机构可以在这个大的区块链系统上进行公益慈善活动的宣传、筹款、执行、反馈等一系列一站式的活动。

流程如下：

（1）合约的制定与签署阶段

如图8所示，慈善公益组织可根据相关的资料要求进行文档的撰写并上传到区块链系统，由系统根据申报的相关数据对其进行自动审核，若符合相关规定，则套用模板自动生成捐款人可以进行查阅签署的合约；若不符合要求，则退还并通知公益慈善机构修改。

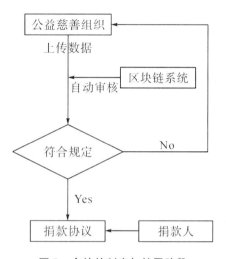

图8　合约的制定与签署阶段

其中，自动审核机制根据后台模型自动审核是否具备项目负责人和项目计划，项目计划中不同类型的项目活动的资金使用额度是否在正常范围内，筹款的期限和额度等是否合规。合约包括项目的基本信息、注意事项以及牵涉到后续阶段的筹款的额度和时间段。

（2）筹款阶段

如图9所示，在合约拟定的资金池中，根据区块变动自动记录用户身份识别号（ID）及其捐助资金额度。

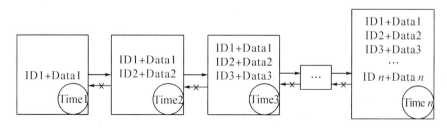

图9　筹款阶段

筹款阶段中有智能合约规定的筹款的额度和时间段，在相应的时间范围内，若捐款数额达不到捐款额度下限，则项目发起失败，退还捐款方所有资金；若捐款数额在捐款额度区间内，则合约生效，项目即日可开始执行；若在时间范围内达到了捐款上限，则提前签订合同，不再进行筹款。

（3）项目执行阶段

如图 10 所示，在项目执行阶段中，公益方在进行相关交易时，应写明每次交易活动中交易双方名称、交易内容、交易金额、相应要求证明保存在区块中，并不断更新。同时，捐款人可以关注项目进展并进行监督。

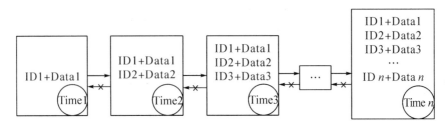

图 10　项目执行阶段

值得注意的是，项目筹款与项目执行阶段的资金使用同时受到系统智能合约与用户记账两个监督管理机制的制约。

（4）项目初步结项阶段

系统将根据区块信息自动汇总成相关数据，生成报告书，向捐款人披露。

（5）项目后续跟踪阶段

在项目初步结项半年到一年之内，应该对项目的后续内容进行两到三次的报道，反映项目实现的真正作用。

（6）项目正式结项之后

完成上述阶段标志着整个项目结束。智能合约检测到所有指标完成后自动解除，捐款人为项目完成情况打分。

虽然区块链技术的算法保证了整个流程的真实性和有效性，但是区块链系统是一个小型的慈善公益市场，市场需要具有一定的调节机制，为了避免较差或者不符合要求的慈善公益项目多次出现，需要引入相应的捐款者评分机制来建立市场的信用机制。

具体的评分机制可采用贝叶斯统计公式，公式如下：

$$WR = [V/(V+M)] \times R + (M/V+M) \times C$$

其中，最后得出的加权平均分为 WEIGHTED RANK（WR）；

R 为普通计算的平均分；

V 为已经参加过至少两次公益活动捐款并且打出评分的评分人总数；

M 为已经参加过至少八次公益活动捐款并且打出评分的 Top 250 人数；

C 为目前所有公益活动的平均得分。

该评分机制一方面能够较准确地给出评分并且有效防止刷分等现象的出现，另一方面能够通过捐款人这一市场主体的有效反馈为市场中的慈善公益机构进行"定价"，也为慈善公益组织不断发展完善提供了有效的指标。

总流程概述如图 11 所示。

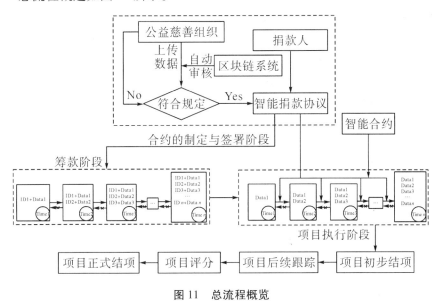

图 11　总流程概览

5　区块链技术应用于公益慈善行业的 SWOT 分析

5.1　优势

5.1.1　与目前未采用区块链技术的互联网技术对比

笔者选取了腾讯公益中一个具有代表性的项目，即为困难儿童送出爱心包裹这一公益慈善活动来进行分析阐释，从善款的接收和使用过程来看，项目并没有列出捐款人的捐款情况以及捐献给受捐人的款项、物资的使用情况，只是简简单单地列出了总体使用情况，仍然具有较高的不透明性，资金管理存在漏洞。

虽然目前互联网公益慈善平台发展势头迅猛，尤其是腾讯"99 公益日"，腾讯方面给出的数据显示，2017 年 9 月 7 日到 9 日期间，腾讯公益平台共动员 1 268 万人次主动捐出 8.299 亿元善款，为 6 466 个公益项目贡献了力量。相比去年同期的 677 万人次捐赠，今年的网友捐款金额达到去年的 2.72 倍，参与人次达到去年的 1.87 倍。

但是由于这些慈善公益行为巨大的不透明性以及可能存在的操作不当行为，基金会中心网组成了善款使用信息跟踪团队，从慈善组织信息、捐赠人信息、善款支出信息三方面跟踪"99 公益日"善款流向。其中，慈善组织信息包括善款接收方、项目发起方、项目名称等，捐赠方信息主要包括配捐机构名称、配捐金额等，善款流向将追踪支出金额、支出进度、善款用途等，以及每一次信息披露时间点，从而来评估信息公开的内容和频率是否符合《中华人民共和国慈善法》的相关要求。这些后续操作势必会导致相应监管成本增加以及市场无效。

总的来说，腾讯公益等互联网机构虽然获得了大量的捐款，即局部解决了筹款难的问题，但是一方面由于本身不具有系统性，将捐款、配款、监督以及反馈机制分割开来，无疑加大了捐款人获取自身捐款项目信息的成本以及社会、国家的监督成本，即没有解决其他局部问题；另一方面其没有从根本上解决产权意识问题，仍旧沿袭了"捐款人捐款，慈善公益机构处理，捐款人不管"的原始形态，总体问题也没有得到根本解决。

5.1.2　与自称使用了区块链技术的互联网平台相比

轻松筹自称使用了区块链技术用于公益慈善项目，但是由于原始慈善公益思想的限制，其并没有从整体和长远的角度去设置体系架构，其使用的区块链技术仅限于筹款阶段，后续项目进展到筹款结束即已停止，并且其区块链技术由于技术开发问题也不完善，并没有较好地解决我国的慈善公益经济发展的难题。

5.1.3　与"慈善中国"平台相比

"慈善中国"平台是由民政部牵头旨在解决公益慈善项目中项目信息披露不透明问题而设立的平台。"慈善中国"平台只涉及了项目信息披露，款项使用过程中的具体使用情况仍然没有得到解决，并且"慈善中国"平台单独将项目信息披露阶段从整体阶段中剥离，与其他阶段相互割裂，既造成了操作上的不便也造成了信息的重复，更重要的是其打破了完整的公益慈善体系，却没有解决人们的产权意识薄弱问题，不能从根本上解决我国慈善公益行业的难题。

5.1.4　带动相关捐款额高效增长

为了研究区块链技术引入慈善公益行业后会给捐款额和相关经济发展带来的变化，我们进行了相关的调查，在全国范围内选取了 820 个调查对象。如图 13 所示，捐款人年龄基本以 18～30 岁为主，其次为 30～50 岁，基本符合《中国慈善报告》提出的互联网平台年龄人数比例，具有一定的代表性。

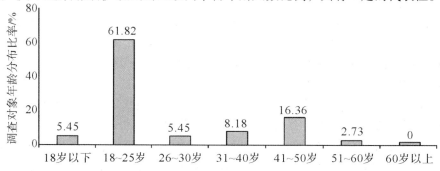

图 13　调查对象人员年龄分布比率

为了更好地研究区块链如何带动经济发展，我们将捐款的区间分为了五个部分，分别代表五个群体：0~50元代表较少捐款群体，51~100元代表有一定捐款的群体，101~500元为有一定能力进行较大捐款的群体，500元以上表示有足够能力进行较大捐款的群体。图14为目前人员捐款意愿区间及其比例，图15为调查对象详细了解了区块链技术方案后假如应用区块链技术的捐款意愿区间及其比例。

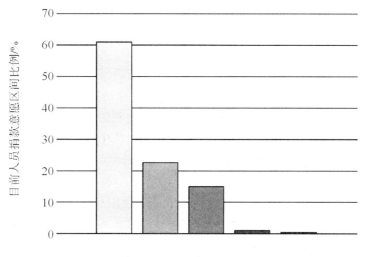

图14 目前人员捐款意愿区间及其比例

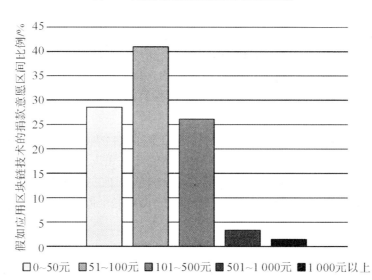

图15 假如应用区块链技术人们的捐款意愿区间及其比例

对比图14和图15我们可以发现：第一，目前人员的捐款意愿较多分布在 0~50 元区间，而应用了区块链技术后，人员的捐款意愿较多上浮至 51~500 元区间，整体水平有所上涨；第二，根据计算可得，应用区块链技术平均每人每年捐款 146.4 元，对比未使用区块链技术的 101.5 元上涨了 44.9 元，乘以相对应的 5.8 亿有效捐款人数，我国捐款总额仅因技术提升且未计算技术提升的时间效应将增加 260.42 亿元，而由于技术水平提升相应地监管成本、会计成本等成本也会下降。

综上所述，区块链技术应用于慈善公益可以有效解决目前慈善公益弊端，创造新的慈善公益经济，使得慈善公益系统化、有效化、市场化。

5.2 劣势

区块链对技术要求较高，研发成本相较于互联网平台更高，并且如何有效地压缩区块体积使其能够快速、轻便地储存在移动端上还需要进一步研发。另外，系统本身配备的评分机制可能不能很好地利用大数据来分析公益慈善活动，如何有效地设立相关变量以及如何有效地利用捐款人的打分来为慈善公益活动进行评价是一个较大的难题。

当中国慈善公益经济解决了产权问题的时候，慈善公益行业必定会从小慈善走向大公益，从传统的支持、帮助生活中有困难的人到捐助科技发展，资助科技研究时如何明晰信息披露，如何界定相关风险，如何承担科技研究失败可能带来的风险，目前的区块链技术系统架构都无法解决。

5.3 机会

应用区块链技术的系统将会在市场中获得捐款人的广泛认可，具有极强的市场竞争力，从而构建合理有效的市场，形成慈善公益经济。并且政府一直鼓励的捐款抵免税收政策由于难以收集发票等原因应用较少，但是应用区块链技术，由于每个账户都有固定 ID 记录，相较于传统的邮寄发票再进行抵税的处理过程，区块链技术如果能够转接税务系统，就能够在网络上进行快速便捷的处理，使得捐款抵税成为一个可操作的活动。

5.4 威胁

由于区块链系统并非一个传统意义上的中介，它更像是一个为捐款人和慈善公益机构提供服务的系统，天生具有自动化、无人化的特点。但是时代总是在变化，在后台仅有少量系统维护人员的情况下，如何把握市场对于慈善公益活动要求的导向并且为系统增添新的功能是一个值得深思的问题。

6 结论

总的来说，将区块链技术应用到慈善公益行业，构建相关区块链系统，不但能从局部整治公益慈善行业的弊病，而且能在总体上利用自身的特点和完善的体系将捐款人、受捐人以及慈善公益机构的外部被动的产权意识内化为自身主动的真正的产权意识，从根本上唤醒捐款人和慈善公益机构的产权意识，使得公益经济体系化、市场化，从而带动个人和社会的长远发展。

参考文献

孙飞，王淋，2009. 产权定义的理论分歧及其界定［J］. 经济纵横，（6）：11-13.

中国慈善捐助报告［R］. 中国民政部，2010—2016.

中国慈善蓝皮书［M］. 北京：社会科学文献出版社，2010-2016.

袁勇，王飞跃，2016. 区块链技术发展现状与展望［J］. 自动化学报，（4）：481-494.

王硕，2016. 区块链技术在金融领域的研究现状及创新趋势分析［J］. 上海金融（2）：26-29.

贺昌余，2014. 我国公益慈善组织内部控制评价研究［D］. 成都：西南财经大学.

张晓宇，2015. 网络公益慈善活动运作模式研究［D］. 南昌：南昌大学.

张进美，2012. 中国城市居民慈善捐款行为影响因素的研究［D］. 沈阳：东北大学.

利率市场化对中小企业融资约束的影响
——来自对中小板企业的实证研究

胡秀美　李倩

【摘要】本文选择了 200 家中小板企业，采用它们 2004—2017 年的面板数据，运用欧拉方程投资模型分析了利率市场化对减弱中小板企业融资约束的作用。结果表明，我国中小板企业普遍存在外部融资约束问题，但是利率市场化可以在一定程度上缓解中小板企业的融资约束问题。本文也进一步发现，在利率市场化对融资约束的缓解程度上，中小板企业大于主板企业。因此，我们应该继续加快利率市场化进程，促进金融改革，同时需要引导中小企业改革，建立现代企业制度，提高社会信用，缓解融资压力。

【关键词】利率市场化；中小企业；融资约束

1　绪论

1.1　研究背景及意义

1.1.1　研究背景

中小企业在我国国民经济中占有重要的地位，它们提供了 50% 以上的税收、创造了 60% 以上的国内生产总值、完成了 70% 以上的发明专利、提供了 80% 以上的就业岗位、占企业总数的 90% 以上，并容纳了 90% 以上的新增就业。中小企业是推动国民经济发展，构造市场经济主体，促进社会稳定的基础力量，特别是在建设中国特色社会主义、实现全面建成小康社会奋斗目标的今天，中小企业更是发挥着不可替代的作用。但是中小企业天生具有融资难和融资贵的特点，信息不对称更是加剧了这个问题。

为了解决这个问题，各国政府都提出了相应的措施。我国在过去很长一段时间都实行利率管制，这成为中小企业融资的一大障碍。近年来，我国的利率市场化改革不断向前推进。随着我国利率市场化的逐步放开，中小企业的融资约束也逐步得到改善。

1.1.2 研究意义

本文选取了 200 家中小板企业 2004—2017 年的面板数据来分析利率市场化对中小企业融资约束的改善作用。通过欧拉方程投资模型的结果，我们发现虽然融资约束普遍存在于中小板企业中，但是随着利率市场化的进程融资约束会有所缓解。在此基础上，本文通过中小板企业与主板企业的对比，论证了在利率市场化缓解企业融资约束的程度上，中小企业大于大企业。因此，我国应该坚定不移地继续推进利率市场化改革，加速金融市场的发展，进一步助力中小企业发展。

1.2 本文的主要贡献

和已有研究相比，本文的主要贡献在于：首先，我们不仅进行了理论分析，而且进行了实证研究，目前国内研究多以理论研究为主；其次，本文借鉴国际方法运用利率市场化指数衡量利率市场化进程，对我国利率市场化的进程进行了量化，使之更加直观准确；最后，本文运用欧拉方程投资模型对中小板企业的面板数据进行实证研究，分析了利率市场化对中小企业融资约束的影响，并在此基础上，进一步对比了利率市场化对中小企业和大企业的影响，为国家政策提出了建议。

1.3 本文的结构安排

本文余下部分安排如下：第 2 部分是国内外的文献综述；第 3 部分进行利率市场化背景下中小企业融资状况的理论分析并给出研究假设；第 4 部分是实证分析；第 5 部分是本文的研究结论，并提出了政策性建议。

2 文献综述

2.1 国外文献综述

国外学者对利率市场化与中小企业融资的关系做了大量的研究。麦金农在 1997 年的"金融抑制理论"和肖在 1989 年的"金融深化理论"中都提到了反对政府利率管制，认为在政府利率管制下，利率远低于市场均衡水平，资本市场无法有效配置资金，最终导致金融机构和企业的行为发生扭曲。Allen 和 Gale 在 1999 年以某亚洲国家为例，进行了一系列对比分析和研究后，发现利率市场化可能会引起很多问题，主要是由于实际利率的上升引起了一定的冲击，而这些国家会相对放松信贷要求，进而使得金融领域可能产生较快的资金流动和信贷的过度配给，经过长年累月的积累，经济危机是很有可能爆发的。然而，Ranciere 却有着不同的看法，他通过大量细致的调查研究发现，减少对经济和金融领域的限制，会产生更好的效果。Kalinow ski 和 Cho 在 2009 年通过研究韩国利率市场化的进程和特征，认为政府干预在利率市场化过程中起着不可替代的作用，利率市场化是政府、大企业和外国投资者三方博弈的结果。

2.2 国内文献综述

国内学者普遍认为利率市场化能够在一定程度上缓解中小企业的融资问题。任志宏（2013）认为利率管制放开在短期，其象征意义大于实际意义，但是从长期来看，可以增加中小企业的信贷规模，尤其是成长性高的企业会首先受益，总体来说，是利大于弊的。中国人民银行研究局的刘向耘（2013）通过理论分析表明利率市场化能够帮助中小企业更好地融资，但是不能完全解决中小企业的融资问题。于越（2009）通过对比银行对中小企业的贷款数据，也发现利率市场化后，中小企业的贷款确实有所增加，但是他认为主要还是需要中小企业提高企业竞争力，以及政府加以扶持才能更好地缓解难题。而在实证研究方面，张婷婷（2015）通过回归模型对大企业和小企业的数据进行分析检验，发现利率市场化确实能够促进中小企业融资，而且促进作用比大企业更大，但是由于中小企业自身条件的限制，其作用并不能完全体现。也有学者（胡晖，张璐，2015）运用欧拉方程投资模型对成长型企业的融资约束进行研究，发现融资约束普遍存在于非国有中小板企业中，但企业的融资约束会随着利率市场化的进程而有所缓解。并进一步发现虽然利率市场化对国有和非国有中小板企业在融资约束的影响上差异不大，但是非国有企业所受影响略大于国有企业。

3 理论分析

3.1 企业融资约束的内涵

企业融资约束是指有融资需求且资信较好的企业不能从外部获得足够的资金。在我国，企业融资约束形成的历史原因是政府对利率的管制。管制造成低利率导致资金供不应求，为解决资金的供不应求问题政府不得不实行信贷配给方式。在国有银行主导的信贷市场中，信贷配给常常是政治倾向决定信贷分配对象，而不是由经济标准决定，从银行的角度来讲就是预算软约束。

3.2 企业融资约束的分类

根据 Modigliani 和 Miller 的 MM 定理，在理想的资本市场中，企业的资本结构对企业的价值没有影响，外部资本和内部资本可以相互替代。

企业的融资方式可以分为内部融资和外部融资，如图 1 所示。内部融资主要来源是自有资金，如注册资本等；外部融资包括通过发行债券或股票的直接融资以及银行贷款、商业信贷等间接融资。目前，我国中小企业的融资方式比较单一，主要是以内部融资为主，外部融资相对不足。但是内部融资的资金毕竟有限，我国的中小企业要想获得进一步的增长必须拥有足够的外部资金注入。外部融资又可以分为直接融资和间接融资，目前我国企业的外部融资主要是以间接融资为主，因为直接融资，如股权融资、债券融资的成本较高。按照企业的融资方式来划分，企业的融资约束可分为直接融资约束和间接融资约束。

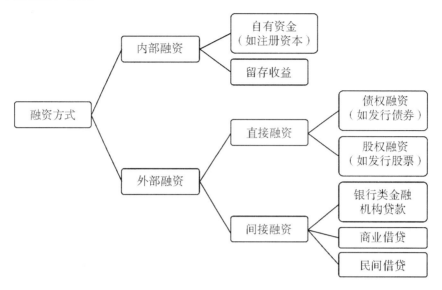

图 1 企业融资结构

3.2.1 直接融资约束

相较于大企业，中小企业与投资者之间存在着更严重的信息不对称问题，为获得债券和股权融资，中小企业存在的逆向选择和道德风险问题更加严重。此外，由于中小企业还处于成长阶段，风险很大。基于这两个理由，资本市场的投资者在让渡资金时往往会要求更高的风险补偿，这就造成了中小企业很高的直接融资成本。

3.2.2 间接融资约束

相比于高成本直接融资，中小企业外部融资渠道更多地选择间接融资。在我国很长一段时间的利率管制下，信贷市场上广泛存在着信贷配给现象，政治色彩浓厚的信贷分配方式使中小企业的部分贷款需求不能被满足，同时更严重的信息不对称问题也进一步限制了中小企业获得银行贷款的可能性。目前，在各种间接融资中，银行仍然是中小企业融资的重要渠道，但在利率管制的背景下中小企业在获得银行贷款方面难度更大，成本也更高。只有利率市场化才能缓解融资约束难题，并进一步健全融资体系。

3.3 利率市场化对企业融资所造成的影响

利率市场化，又称利率管制解除（deregulation of interest rates）或利率自由化（liberalization of interest rates）。利率市场化是指以中央银行指定的基准利率为基础，由金融机构根据市场资金供求关系及资金松紧程度自主决定存贷款利率水平的利率定价机制，进而有效实现资金最优化配置的过程。即利率是由资金供求、市场风险、通货膨胀等市场因素共同决定的，而不是由政府部门制定。

根据金融抑制理论，发展中国家由于资金短缺，通常采用控制利率、人为压低利率水平来刺激投资和生产。但利率管制易导致强烈的投资需求，扩大了资金缺口，这又迫使政府实施行政性信贷配给。在改革开放初期，我国也经历了这个过程，但随着我国经济的发展，在信贷配给环境下，资金配置主要由政府偏好、企业地位和政治关系等非经济因素决定的弊端逐渐显现，并且成为我国经济进一步发展的阻碍，主要体现在企业融资约束上。

利率市场化改革主要是通过两个方面来影响企业融资约束：①利率管制造成的低利率使资金供给低于市场均衡水平，资金供不应求。利率市场化可以通过提高存款人的利润空间，增强激励，提高储蓄水平，使利率升高直至资金供求均衡点，在存贷款总额增加的同时，企业的融资约束得以缓解。②利率市场化可以缓解贷款人与借款人间的信息不对称问题。如果贷款人认为借款人有更高的逆向选择与道德风险问题，贷款人可以依据资金使用者的经营效益、信用级别和风险程度调整利率水平，降低贷款风险和资本融通成本，从而缓解企业尤其是中小企业的信贷配给约束。

综上所述，利率市场化改革能帮助解决中小企业融资难的问题，使资本市场向更加有序、健全的方向发展。

3.4 中国利率市场化进程

我国的利率市场化进程主要表现为三个方面，即以基准利率为中心的利率浮动、利率决定的方式以及实际利率的变动。因此，本文分别用利率浮动范围与幅度、利率决定自由化指数、实际利率三项子指标来计算利率市场化指数，最后将三个利率市场化指数简单算术平均，以得到综合的利率市场化指数。

3.4.1 用利率浮动范围得到利率市场化指数 IRL1

1996 年国家开始正式启动利率市场化改革，以利率浮动的方式用浮动上限或下限的具体百分比来调控存贷利率。本文从中国人民银行、《国家统计年鉴》中得到了 1996—2017 年的存、贷利率浮动上限、下限的数据，为了使结果更加客观，本文构建了欧拉指数函数作为 IRL1 的拟合模型，计算模型如下：

$$DRL_t = \frac{1}{2}\left(e^{-\frac{1}{Duplim_t}} + e^{-\frac{1}{Ddownlim_t}}\right)$$

$$LRL_t = \frac{1}{2}\left(e^{-\frac{1}{Luplim_t}} + e^{-\frac{1}{Ldownlim_t}}\right)$$

$$IRL1_t = \frac{1}{2}(DRL_t + LRL_t)$$

在上述公式中，$IRL1_t$ 表示第 t 年用存贷款利率浮动幅度测算的利率市场化指数；

DRL$_t$ 表示第 t 年存款利率自由化指数；

LRL$_t$ 表示第 t 年贷款利率自由化指数；

Duplim$_t$ 表示第 t 年的存款利率浮动上限；

Ddowmlim$_t$ 表示第 t 年的存款利率浮动下限；

Luplim$_t$ 表示第 t 年的贷款利率浮动上限；

Ldownlim$_t$ 表示第 t 年的贷款利率浮动下限。

由公式可知，当利率浮动范围为 0 时，存贷款利率自由化指数为 0；当央行彻底解除对利率的管制，即利率浮动范围为无穷时，存贷款利率自由化指数为 1。测算结果如表 1 所示。

表 1　用存贷款利率浮动幅度测算的利率市场化指数

年份	贷款下限	贷款上限	存款下限	存款上限	LRL	DRL	IRL1
1996	0.1	0.1	0	0	0.000 045	0	0.000 022 5
1997	0.1	0.1	0	0	0.000 045	0	0.000 022 5
1998	0.1	0.2	0	0	0.003 392	0	0.001 696
1999	0.1	0.2	0	0	0.003 392	0	0.001 696
2000	0.1	0.2	0	0	0.003 392	0	0.001 696
2001	0.1	0.2	0	0	0.003 392	0	0.001 696
2002	0.1	0.2	0	0	0.003 392	0	0.001 696
2003	0.1	0.2	0	0	0.003 392	0	0.001 696
2004	0.1	0.7	∞	0	0.119 848	0.5	0.309 924
2005	0.1	∞	∞	0	0.500 023	0.5	0.500 011 5
2006	0.15	∞	∞	0	0.500 636	0.5	0.500 318
2007	0.15	∞	∞	0	0.500 636	0.5	0.500 318
2008	0.15	∞	∞	0	0.500 636	0.5	0.500 318
2009	0.15	∞	∞	0	0.500 636	0.5	0.500 318
2010	0.15	∞	∞	0	0.500 636	0.5	0.500 318
2011	0.15	∞	∞	0	0.500 636	0.5	0.500 318
2012	0.3	∞	∞	0.1	0.517 837	0.500 023	0.508 93
2013	∞	∞	∞	0.2	1	0.503 369	0.751 684 5
2014	∞	∞	∞	0.3	1	0.517 837	0.758 918 5
2015	∞	∞	∞	0.5	1	0.567 668	0.783 834
2016	∞	∞	∞	∞	1	1	1
2017	∞	∞	∞	∞	1	1	1

111

3.4.2　用利率决定方式得到利率市场化指数 IRL2

我国存贷利率是由货币市场、债券市场、金融机构内部存贷市场三个市场体系共 11 项内容共同决定的。其中，货币市场有同业拆借、票据贴现、债券回购、短期国债 4 项；债券市场包括企业债券、金融债券、长期国债 3 项；金融机构内部存贷市场包括外币存款、外币贷款、人民币存款、人民币贷款 4 项。本文借鉴了国际学术界通行的赋值法，按照各市场对利率决定的重要程度进行梯度赋值，央行每解除对一个子市场的利率管制赋值 1，考虑到人民币存贷款利率市场化对实体部门的投资需求与消费需求有重大影响，经验性赋值 3。整理得表 2。

表 2　各市场的初始赋值

市场项目	货币市场				债券市场			金融机构内部存贷市场				总计
	同业拆借	票据贴现	债券回购	短期国债	企业债券	金融债券	长期国债	外币存款	外币贷款	人民币存款	人民币贷款	
初始赋值	1	1	1	1	1	1	1	1	1	3	3	15
IRL2	1/15	1/15	1/15	1/15	1/15	1/15	1/15	1/15	1/15	1/5	1/5	1

1996 年 6 月央行放开同业拆借利率的管制，随后逐步放开各市场的利率管制。本文从央行、《国家统计年鉴》中选取了 1996—2017 年的数据进行赋值，结果如表 3 所示。

表 3　用利率决定方式得到利率市场化指数 IRL2

年份	货币市场				债券市场			金融机构内部存贷市场				赋值	IRL2
	同业拆借	票据贴现	债券回购	短期国债	企业债券	金融债券	长期国债	外币存款	外币贷款	人民币存款	人民币贷款		
1996	1											1	0.066 667
1997	1		1									2	0.133 333
1998	1		1			1						3	0.2
1999	1		1	1		1	1					5	0.333 333
2000	1		1	1		1	1		1			6	0.4
2001	1		1	1		1	1		1			6	0.4
2002	1		1	1		1	1		1			6	0.4
2003	1		1	1		1	1		1			6	0.4
2004	1		1	1		1	1	1	1	1.5	1.5	10	0.666 667
2005	1		1	1		1	1	1	1	1.5	1.5	10	0.666 667
2006	1		1	1		1	1	1	1	1.5	1.5	10	0.666 667
2007	1		1	1		1	1	1	1	1.5	1.5	10	0.666 667
2008	1		1	1		1	1	1	1	1.5	1.5	10	0.666 667
2009	1		1	1		1	1	1	1	1.5	1.5	10	0.666 667
2010	1		1	1		1	1	1	1	1.5	1.5	10	0.666 667

表3(续)

年份	货币市场				债券市场			金融机构内部存贷市场				赋值	IRL2
	同业拆借	票据贴现	债券回购	短期国债	企业债券	金融债券	长期国债	外币存款	外币贷款	人民币存款	人民币贷款		
2011	1		1	1	1	1	1	1	1	1.5	1.5	10	0.666 667
2012	1		1	1	1	1	1	1	1	1.5	1.5	10	0.666 667
2013	1	1	1	1	1	1	1	1	1	1.5	3	12.5	0.833 333
2014	1	1	1	1	1	1	1	1	1	1.5	3	12.5	0.833 333
2015	1	1	1	1	1	1	1	1	1	1.5	3	12.5	0.833 333
2016	1	1	1	1	1	1	1	1	1	3	3	14	0.933 333
2017	1	1	1	1	1	1	1	1	1	3	3	14	0.933 333

3.4.3 用实际利率衡量的利率市场化指数 IRL3

本文用一年期存款利率减去消费者价格指数来度量实际利率水平。为了更好地反映实际利率的变动情况，本文将数据进行进一步处理，用 0~1 的数来表示用实际利率衡量的利率市场化指数 IRL3。具体的算法如下所示：

$$IRL3_t = \frac{R_t - R_{min}}{R_{max} - R_{min}}$$

$$R_t = i_t - CPI_t$$

其中，R_t 表示第 t 年的实际利率；

i_t 表示第 t 年的名义利率；

CPI_t 表示第 t 年的消费者价格指数。

本文从国家统计局得到了 1996—2017 年的相关数据，计算结果如表 4 所示。

表 4   用实际利率衡量的利率市场化指数 IRL3

年份	一年期存款利率	消费者价格指数	实际利率	IRL3
1996	0.091 63	0.083	0.008 63	0.381 083
1997	0.071 248	0.028	0.043 248	0.823 333
1998	0.049 077	−0.008	0.057 077	1
1999	0.029 207	−0.014	0.043 207	0.822 809
2000	0.022 5	0.004	0.018 5	0.507 173
2001	0.022 5	0.007	0.015 5	0.468 848
2002	0.020 177	−0.008	0.028 177	0.630 798
2003	0.019 8	0.012	0.007 8	0.370 479
2004	0.020 328	0.039	−0.018 67	0.032 296
2005	0.022 5	0.018	0.004 5	0.328 321

年份	一年期存款利率	消费者价格指数	实际利率	IRL3
2006	0.023 499	0.015	0.008 499	0.379 409
2007	0.031 999	0.048	-0.016	0.066 418
2008	0.039 324	0.059	-0.019 68	0.019 469
2009	0.022 5	-0.007	0.029 5	0.647 7
2010	0.023 048	0.033	-0.009 95	0.143 695
2011	0.032 801	0.054	-0.021 2	1.28E-05
2012	0.032 452	0.026	0.006 452	0.353 258
2013	0.03	0.026	0.004	0.321 934
2014	0.029 726	0.02	0.009 726	0.395 084
2015	0.025 111	0.014	0.011 111	0.412 778
2016	0.021 75	0.02	0.001 75	0.293 19
2017	0.019 978	0.016	0.003 978	0.321 653

3.4.4 利率市场化综合指数 IRL

将前述三个利率市场化指数进行简单算术平均，得到综合的利率市场化指标 IRL 如表5所示。

表5　利率市场化综合指数

年份	IRL1	IRL2	IRL3	IRL
1996	0.000 022 5	0.066 667	0.381 083	0.149 258
1997	0.000 022 5	0.133 333	0.823 333	0.318 896
1998	0.001 696	0.2	1	0.400 565
1999	0.001 696	0.333 333	0.822 809	0.385 946
2000	0.001 696	0.4	0.507 173	0.302 956
2001	0.001 696	0.4	0.468 848	0.290 181
2002	0.001 696	0.4	0.630 798	0.344 165
2003	0.001 696	0.4	0.370 479	0.257 392
2004	0.309 924	0.666 667	0.032 296	0.336 296
2005	0.500 011 5	0.666 667	0.328 321	0.498 333
2006	0.500 318	0.666 667	0.379 409	0.515 465
2007	0.500 318	0.666 667	0.066 418	0.411 134
2008	0.500 318	0.666 667	0.019 469	0.395 485
2009	0.500 318	0.666 667	0.647 7	0.604 895
2010	0.500 318	0.666 667	0.143 695	0.436 893

表5(续)

年份	IRL1	IRL2	IRL3	IRL
2011	0. 500 318	0. 666 667	1. 28E-05	0. 388 999
2012	0. 508 93	0. 666 667	0. 353 258	0. 509 618
2013	0. 751 684 5	0. 833 333	0. 321 934	0. 635 651
2014	0. 758 918 5	0. 833 333	0. 395 084	0. 662 445
2015	0. 783 834	0. 833 333	0. 412 778	0. 676 648
2016	1	0. 933 333	0. 293 19	0. 742 174
2017	1	0. 933 333	0. 321 653	0. 751 662

由利率市场化综合指数得到我国1996—2017年利率市场化进程图,如图2所示。

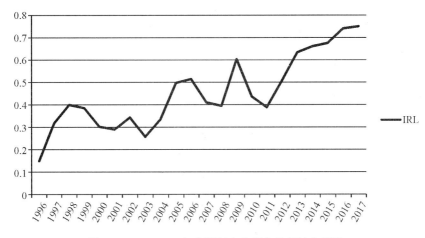

图2　1996—2017年中国利率市场化进程综合指数

由图2可知,我国利率市场化程度逐渐提高。尤其是2012—2017年,利率市场化提升幅度较大,其原因是上述时期集中出台了许多存贷款利率方面的重要政策。

3.5　研究假设

基于前面的分析,我们做出以下合理假设:

假设1:中小企业普遍存在融资约束,其中大企业的上市融资和获得信贷的成本较低,融资约束低于中小企业。

假设2:随着利率市场化改革的逐步深入,中小企业面临的融资约束得以缓解。利率市场化下大企业将失去在贷款上的优势,中小企业的融资约束将得到更大程度的缓解。

4 实证研究

4.1 模型设计与估计方法

4.1.1 模型设计

根据现有文献，对企业融资约束的实证研究主要有托宾 Q 模型和欧拉方程投资模型。托宾 Q 模型的基本假设是成熟的资本市场条件，我国的资本市场还很不完善，因此托宾 Q 模型不适用于分析我国的融资约束问题。因此本文采用欧拉方程投资模型来考察企业的融资约束状况。

欧拉方程投资模型是由 Abel 在 1980 年提出，后来 Fazzari、Bond 和 Meghir 等对其进一步发展。欧拉方程投资模型以价值最大化为基本假设，基本逻辑是企业投资对现金流的敏感性越强，企业融资约束程度越高。根据欧拉方程的思想，建立模型 1

$$\left(\frac{I}{A}\right)_{i,t} = \beta_0 + \beta_1 \left(\frac{I}{A}\right)_{i,t-1} + \beta_2 \left(\frac{Y}{A}\right)_{i,t} + \beta_3 \left(\frac{CF}{A}\right)_{i,t} + f_i + d_t + e_{i,t}$$

其中，$\frac{I}{A}$ 表示投资净额；$\frac{Y}{A}$ 表示营业收入；$\frac{CF}{A}$ 表示现金流；f_i 表示企业的固定效应；d_t 表示时间的固定效应；$e_{i,t}$ 表示随机扰动项。

根据模型，若 $\beta_3 > 0$，即企业的现金流增加导致企业当期投资增加，则表明企业存在融资约束，因为企业用自筹资金进行投资的成本更低。

为分析公司规模对企业融资约束的作用机制，将主板大企业和中小板中小企业的虚拟变量引入到模型中，分别用 Main 和 Sme 表示，得到模型 2

$$\left(\frac{I}{A}\right)_{i,t} = \beta_0 + \beta_1 \left(\frac{I}{A}\right)_{i,t-1} + \beta_2 \left(\frac{Y}{A}\right)_{i,t} + \beta_3 \left(\frac{CF}{A}\right)_{i,t} \times$$
$$Main + \beta_4 \left(\frac{CF}{A}\right)_{i,t} \times Sme + f_i + d_t + e_{i,t}$$

进一步地，本文用利率市场化指数 RLI 来分析利率市场化对中小企业融资约束的影响，得到模型 3

$$\left(\frac{I}{A}\right)_{i,t} = \beta_0 + \beta_1 \left(\frac{I}{A}\right)_{i,t-1} + \beta_2 \left(\frac{Y}{A}\right)_{i,t} +$$
$$\beta_3 \left(\frac{CF}{A}\right)_{i,t} + \beta_4 \left(\frac{CF}{A}\right)_{i,t} \times RLI_t + f_i + d_t + e_{i,t}$$

其中，若 $\beta_4 < 0$，则说明利率市场化对减小企业融资约束具有促进作用。

为了比较利率市场化对大企业和对中小企业融资约束的影响，建立模型 4

$$\left(\frac{I}{A}\right)_{i,t} = \beta_0 + \beta_1 \left(\frac{I}{A}\right)_{i,t-1} + \beta_2 \left(\frac{Y}{A}\right)_{i,t} + \beta_3 \left(\frac{CF}{A}\right)_{i,t} + \beta_4 \left(\frac{CF}{A}\right)_{i,t} \times$$
$$Main \times RLI_t + \beta_5 \left(\frac{CF}{A}\right)_{i,t} \times Sme \times RLI_t + f_i + d_t + e_{i,t}$$

通过比较 β_4 和 β_5 的值，可以得出哪种企业受到利率市场化的影响更大。

4.1.2 估计方法

为减小模型估计误差，本文采用面板数据对模型进行回归。关于在动态面板模型中，把被解释变量的滞后项作为解释变量，模型的一阶差分会导致解释变量内生性的问题，本文采用 Blundell 和 Bond（1998）针对动态面板模型提出的系统 GMM 方法来解决这一问题。

4.2 数据处理及变量解释

4.2.1 数据处理

本文选取了 200 家中小板企业作为样本，来研究利率市场化对中小企业融资约束的影响，其中剔除了 ST 公司及上市不足 4 年的公司，少量企业2004—2005 年的数据缺失，最终获得数据 1 465 个。

此外，为进一步对比利率市场化对大企业和中小企业融资约束影响的差异，本文还选取了 200 家主板企业作为样本，进行对比分析。数据均来自国泰安数据库（CSMAR）。

本文通过令投资总额、营业收入、现金流同除资产规模来消除量纲。

4.2.2 变量解释

对变量的解释说明见表 6。

表 6　变量的解释说明

变量	解释说明
$A_{i,t}$	第 t 期的总资产，即资产负债表中的"资产总计"
$I_{i,t}$	第 t 期的投资净额，即现金流量表中的"投资活动产生的现金流量净额"
$Y_{i,t}$	第 t 期的营业收入，即现金流量表中的"营业总收入"
$CF_{i,t}$	第 t 期的净现金流，即现金流量表中的"经营活动产生的现金流净额"
RLI_t	第 t 期的利率市场化指数
$\left(\dfrac{I}{A}\right)_{i,t}$、$\left(\dfrac{Y}{A}\right)_{i,t}$、$\left(\dfrac{CF}{A}\right)_{i,t}$	同除资产总额，消除量纲影响
$Main$	虚拟变量，若为主板企业则为1，否则为0
Sme	虚拟变量，若为中小板企业则为1，否则为0

对变量的描述性统计分析见表 7。

表 7　变量的描述性统计分析

项目	变量	样本量	均值	标准差	最小值	最大值
中小板企业	$\left(\dfrac{I}{A}\right)_{i,t}$	1 465	0.100 302	0.083 559	0.000 001	0.431 003
	$\left(\dfrac{Y}{A}\right)_{i,t}$	1 465	0.674 446	0.525 409	0.016 642	7.609 199
	$\left(\dfrac{CF}{A}\right)_{i,t}$	1 465	0.173 495	0.147 198	0.000 001	0.834 570
主板企业	$\left(\dfrac{I}{A}\right)_{i,t}$	1 465	0.102 752	0.362 529	0.000 001	0.886 660
	$\left(\dfrac{Y}{A}\right)_{i,t}$	1 465	0.646 132	0.964 845	0.000 047	10.450 898
	$\left(\dfrac{CF}{A}\right)_{i,t}$	1 465	0.173 175	0.129 023	0.000 110	0.911 960

4.3　估计结果与分析

本文用 Eviews 对样本数据进行了 GMM 估计，得到结果见表 8。

表 8　模型的估计结果

变量	模型 1	模型 2	模型 3	模型 4
C	3.881 755 *** (−0.024 5)	3.737 483 ** (−0.011 0)	3.702 956 ** (−0.026 9)	3.714 291 *** (−0.012 5)
$\left(\dfrac{I}{A}\right)_{i,t-1}$	−0.104 762 *** (−0.035 2)	−0.111 262 *** (−0.019 2)	−0.100 883 *** (−0.039 8)	−0.123 157 *** (−0.034 6)
$\left(\dfrac{Y}{A}\right)_{i,t}$	−0.087 455 *** (−0.024 0)	−0.091 276 *** (−0.009 3)	−0.090 813 *** (−0.021 10)	−0.037 163 *** (−0.028 7)
$\left(\dfrac{CF}{A}\right)_{i,t}$	0.088 435 ** (−0.053 2)		0.154 007 *** (−0.084 6)	0.310 280 *** (−0.044 9)
$\left(\dfrac{CF}{A}\right)_{i,t} \times RLI_t$			−0.057 758 *** (−0.067 6)	−0.043 454 *** (−0.051 3)
$\left(\dfrac{CF}{A}\right)_{i,t} \times Main$		−0.018 437 * (−0.014 4)		
$\left(\dfrac{CF}{A}\right)_{i,t} \times Sme$		0.091 808 *** (−0.028 6)		
$\left(\dfrac{CF}{A}\right)_{i,t} \times Main \times RLI_t$				−0.015 42 (−0.036 7)

表8(续)

变量	模型 1	模型 2	模型 3	模型 4
$\left(\dfrac{CF}{A}\right)_{i,\,t} \times Sme \times RLI_t$				-0. 059 398 (-0. 031 8)
$Adjust\ R^2$	0.868 0	0.786 2	0.832 5	0.817 2
$AR(1)$	0.001 1	0.367 2	0.000 8	0.001 7
$AR(2)$	0.581 3	0.981 4	0.528 5	0.461 3

注:***、**、*分别表示回归结果在1%、5%、10%的水平上显著,$AR(1)$、$AR(2)$是一阶和二阶序列相关检验的 p 值。

由结果,做出如下分析:

模型 1:旨在通过中小板企业的投资—现金流敏感性论证我国中小板企业存在融资约束问题。估计结果显示,$\left(\dfrac{I}{A}\right)_{i,\,t-1}$、$\left(\dfrac{Y}{A}\right)_{i,\,t}$ 的系数为负且在 1%的水平上显著,$\left(\dfrac{CF}{A}\right)_{i,\,t}$ 的系数为正且在 5%的水平上显著,这说明在中小板企业中普遍存在融资约束问题。

模型 2:将主板上市公司和中小板上市公司进行比较,结果为 $\left(\dfrac{CF}{A}\right)_{i,\,t} \times$ $Main$ 的系数为负,且在 10%的水平上显著;$\left(\dfrac{CF}{A}\right)_{i,\,t} \times Sme$ 的系数为正,且在 1%的水平上显著;这说明主板大企业的外部融资约束不明显,而中小板中小企业普遍存在外部融资约束问题。

模型 3:估计了利率市场化对中小板企业融资约束的影响。根据结果,$\left(\dfrac{CF}{A}\right)_{i,\,t} \times RLI_t$ 的系数为负,且在 1%的水平上显著,说明利率市场化在一定程度上缓解了中小板企业的融资约束问题。

模型 4:进一步对比分析利率市场化对主板大企业和中小板中小企业的影响。由结果知,$\left(\dfrac{CF}{A}\right)_{i,\,t} \times RLI_t$ 的系数小于 0,且在 1%的水平上显著,说明利率市场化削弱了企业的投资—现金流敏感性,缓解了融资约束问题。另外,$\left(\dfrac{CF}{A}\right)_{i,\,t} \times$ $Main \times RLI_t$ 系数的绝对值小于 $\left(\dfrac{CF}{A}\right)_{i,\,t} \times Sme \times RLI_t$ 系数的绝对值,说明利率市场化在对融资约束的缓解程度上,中小板企业大于主板企业。这与本文的假设 2 相符,这主要是因为主板大企业的信息不对称问题小于中小板中小企业,外部融资成本更低。但随着利率市场化的推进,银行可以通过市场化的利率来给中小企业贷款定价，中小企业信息不对称更严重的问题依然存在，但是它可以由更高的利率来"补偿"。所以在利率市场化的背景下，主板企业取得贷款的优势不再明显。利率市场化对缓解中小企业融资约束问题的效果更加显著。

5 结论及建议

5.1 主要结论

在我国，中小企业对于国民经济的贡献与它们获得的信贷支持极不平衡，融资难、融资贵几乎成为中小企业经营发展中的常态问题。虽然随着我国金融市场的发展，债权融资逐渐增多，但是受制于中小企业自身的局限，它们的外部融资依然面临着巨大困难。而近年来，中小企业的融资问题再次引起政府关注。其实，企业融资约束在一些发展中国家中普遍存在，为改善企业的融资环境，中国正在持续推进利率市场化改革。

通过对利率市场化背景下2004—2017年200家中小板企业和200家主板企业数据的实证分析，我们得出的主要结论是：

（1）我国中小板中小企业普遍存在外部融资约束问题，而主板大企业的外部融资约束不明显。因为中小板企业的信息不对称问题更严重。

（2）在利率市场化背景下，中小板企业投资对现金流的敏感性降低，说明利率市场化可以在一定程度上缓解中小板企业的融资约束问题。

（3）利率市场化在对融资约束的缓解程度上，中小板企业大于主板企业。

5.2 建议

本文的研究表明，利率市场化可以减少中小板企业的融资约束，因此，中国应该加大利率市场化改革，对此，我们提出了以下建议：

（1）促进中小金融机构发展，提高服务能力

先进的、现代的企业管理模式是保证企业健康发展的基础。由于中小企业规模偏小，在企业管理模式方面与大型企业相比较为简单，其企业制度和治理结构并不完善。中小企业需要建立起产权明晰、经营机制健全、法人治理结构完善的现代企业制度，减少运营中的风险，正确运用资金，从而保证企业的稳定发展。

（2）发挥政府引导作用，完善管理机制

政府作为相关管理部门，应在政策上帮助扶持中小企业发展，对中小企业实行信贷补贴、信贷担保或由中央银行借助道义劝说方式，鼓励金融机构向有发展前途的中小企业贷款，同时做出一定的政策性限制，避免银行对大型企业和国有企业过度借贷。此外，政府还应加大政策扶持，如可以直接建立中小企业发展基金，为中小企业新产品开发、新技术运用提供贷款贴息和担保。

参考文献

吕劲松，2015. 关于中小企业融资难、融资贵问题的思考 [J]. 金融研究，425（11）：115-123.

胡晖，张璐，2015. 利率市场化对成长型企业融资约束的影响——基于对中小板企业的研究 [J]. 经济评论，(5)：141-153.

张婷婷，2016. 利率市场化对我国中小企业融资影响的实证分析 [J]. 金融教育研究，29（4）：13-18.

郝蕾，郭曦，2005. 卖方垄断市场中不同担保模式对企业融资的影响——基于信息经济学的模型分析 [J]. 经济研究，(9)：58-65.

李科，徐龙炳，2011. 融资约束、债务能力与公司业绩 [J]. 经济研究，(5)：62-74.

徐忠，2018. 经济高质量发展阶段的中国货币调控方式转型 [J]. 金融研究，(4)：5-23.

王东静，张祥建，2007. 利率市场化、企业融资与金融机构信贷行为研究 [J]. 世界经济，(2)：50-59.

姚耀军，董钢锋，2014. 中小银行发展与中小企业融资约束——新结构经济学最优金融结构理论视角下的经验研究 [J]. 财经研究，40（1）：105-115.

姬宁，2010. 利率市场化条件下中小企业融资研究 [J]. 经济研究导刊，(33)：57-58.

于越，2009. 利率市场化与中小企业融资问题分析 [J]. 山东社会科学(1)：122-124.

MODIGLIANI F，MILLER M H，1974. The cost of capital，corporation finance and the theory of investment [J]. American Economic Review，48（3）：261-297.

中国"全面二孩"政策下
人口及劳动力供给预测分析

李昀彤　喻鑫焱

【摘要】在当前"全面二孩"政策的背景下,本文利用 Leslie 模型对中国未来的人口规模和结构进行预测,基于 ARIMA 模型对重要变量生育率进行讨论,客观预测总和生育率对人口结构的改变,并与政策预期对比。根据人口预测结果,引入劳动参与率模型预测劳动力供给。另外,本文基于 31 个省(自治区、直辖市)数据对经济社会因素对生育水平的影响进行回归分析,多角度对本文结论进行分析和说明。研究发现,目前"全面二孩"政策的实行未能达到改善人口结构与劳动力供给的预期效果。通过提高生育率改变人口结构和劳动资源是一个长期过程,要落实"全面二孩"政策,还需制定鼓励生育的配套政策。

【关键词】全面二孩;Leslie 模型;总和生育率预测;人口结构;劳动力供给

1　绪论

1.1　研究背景

当前我国人口结构逐渐向少子化和老龄化的趋势发展,这种人口发展趋势将导致未来劳动年龄人口的规模和比重的变化,劳动力供给规模的缩减会为社会经济带来直接的影响(童玉芬,2014)。近年来我国逐步开放了生育政策,2013 年 12 月 28 日"单独二孩"政策开始试点实施,2016 年 1 月 1 日"全面二孩"政策正式实施。"全面二孩"生育政策有望在一定程度上放缓总人口和劳动力人口的减少速度,增加 2035 年之后的劳动力供给(王金营、戈艳霞,2016)。二孩政策下新增的出生人口将会在 15 年后进入劳动年龄人口市场,对未来劳动力供给的下降起到一定的抑制作用,有利于优化我国未来的劳动年龄人口结构。

国家统计局公布的数据显示，"全面二孩"政策目前实施效果不容乐观：2017 年我国出生人口为 1 723 万人，比 2016 年减少 63 万人，2017 年的人口出生率只有 12.43‰，低于 2016 年的 12.95‰，2017 年一孩出生人数比 2016 年减少 249 万人，二孩出生人数比 2016 年增加了 162 万人。尽管"全面二孩"政策下二孩出生人数的增加在一定程度上缓解了一孩出生数量减少的影响，但是 2017 年我国出生人口数量和人口出生率双双下降，这与改善人口结构和提升劳动力供给水平的政府预期效果存在一定的差距。而即使"全面二孩"政策开始实施，我国在 2030 年前后仍会无法避免地面临超少子化的人口年龄结构状态（茆长宝、穆光宗，2018）。因而，我国需要在战略高度制定具有鼓励生育性质的人口、经济、社会的组合政策，以推进人口长期均衡发展。

1.2　文献综述

1.2.1　国内相关研究

在"全面二孩"政策对人口变化影响的研究方面，王金营、戈艳霞（2016）运用分家庭类型的分年龄别孩次递进生育率模型来测算政策目标群体，根据其再生育意愿和计划完成时间推测新增出生人口，对未来人口发展趋势进行了预测分析；王浩名（2018）、龙晓君等（2017）使用队列要素人口预测算法，先用二孩政策的受益妇女人数估计第一年的新生儿数量，再依年份分年龄段累积，得到了未来年份的人口年龄结构；孟令国等（2016）、牟欣等（2016）采用 Leslie 矩阵模型估计法，先估计"全面二孩"政策下的育龄妇女生育率，再计算出下阶段的人口年龄结构。这几种方法都利用了一定规模的人口随时间变化具有稳定性的特点，设定了每一年龄组未来某一期间的变化率，因而原理和预测结果较为近似。

Leslie 矩阵模型是常用的人口结构预测的实证工具，且其中的总和生育率指标是影响人口结构预测结果的重要变量。邓艳娟（2015）采用 2001—2005 年的各项指标的算术平均值作为矩阵中的各个非零元素，对 2020—2035 年的人口总数进行了预测；齐美东等（2016）将 2010 年第六次全国人口普查结果作为初始数据，对我国未来人口结构的变化进行了探究。总体而言，已有研究大部分是基于历史总和生育率水平进行预测，但为了提高 Leslie 矩阵模型的预测准确度，未来的研究应当更科学地设定生育率指标。

"全面二孩"政策的实行会在一定程度上释放生育潜力，如罗雅楠等（2016）提出在生育新政下生育意愿的提高有助于提升人口规模和改善人口结构。不过，一些学者认为，"全面二孩"政策并不能改变中国低生育水平的局面，因为个体社会经济因素会对生育水平影响起主导作用（张莹莹，2018）。为了更加全面客观地分析生育水平的变化，不少学者对可能影响生育水平的经济社会因素进行分析，发现年龄、受教育程度、经济发展水平、社会保障水平、养育成本等因素均对生育率有一定影响（王记文，2018；王浩名，

2015；刘庚常，2010）。这意味着，对未来生育率指标的设定应当综合考虑多方面的影响因素。

当前我国少子化和老龄化趋势的人口结构会导致未来劳动力供给的缩减，而"全面二孩"政策的目的在于改善未来的人口结构进而保证未来的劳动力供给。齐明珠（2010）比较了不同生育水平下的人口情况带来的劳动力供给和需求的阶段性特点，认为低生育水平的巨大惯性对我国中长期劳动力市场具有不可逆转的影响。"全面二孩"政策旨在通过进一步提高生育水平，增加劳动力供给，减缓人口老龄化压力。本文在对"全面二孩"政策下我国人口结构和数量变化进行探究后，对未来劳动力供给情况进行了预测。在劳动力供给的预测方面，王广州、张丽萍（2013）以历次全国人口普查数据为基础，对劳动年龄人口总量与结构变化进行统计分析，据此预测了就业劳动力总量与结构的变化；尹文耀、白玥（2012）采用 STATA 面板数据模型和 AMOS 结构方程，以 1950—2003 年世界劳动力参与率变动为研究对象，揭示了分性别、分年龄的劳动力参与模式长期变动规律。

1.2.2 国外相关研究

由于中国在过去较长时期实行计划生育政策，国外相关文献大部分集中于我国生育政策对经济社会影响的研究。一些经济学家对不同生育政策下人口年龄结构改变带来的经济增长进行了实证分析，发现受到劳动力负担降低、较高的女性劳动参与率、少儿抚养比和老年抚养比减轻、劳动投入时间增加、收入分配等因素的影响，人口红利的提高带来了经济的高速增长（Bailey，2006；Canning，2007）。Liao（2013）认为中国台湾过去四十多年的经济快速发展得益于快速下降的生育率，并设置了不同生育政策情景，发现中国过去的计划生育政策增加了人均产出。Andersson（2001）表示不同生育政策下的人力资本存量与人口年龄结构息息相关，提出了"年龄结构—人力资本—经济增长"的假说，即人力资本是人口年龄结构影响经济增长的途径之一。Joshi 和 Schultz（2007）认为生育政策下带来的少儿抚养负担的下降使家庭生育目标从"数量导向"转向"质量导向"，促使家庭资产用于子女健康和教育投资以储备人力资本。此外，生育政策会影响总抚养系数进而影响劳动参与率，从而改变劳动力供给。总抚养系数较低能够把更多劳动力从家庭非生产性活动中解放出来，在一定程度上促进劳动力供给的增加（Lindh 等，1999）。每个国家的人口生育政策都与其国情息息相关，政治、经济、地理、文化等因素的千差万别使各国的生育政策具有不同的特点，但我们可以借鉴其方法理论和宏观结论来丰富对我国生育政策的研究。

1.3 主要内容及贡献

本文以"全面二孩"政策下我国未来人口结构和劳动力供给情况为研究对象，其中生育水平是影响研究对象的重要变量。

首先，本文利用 Leslie 矩阵模型进行"全面二孩"政策下我国未来人口数量的预测研究。将三种政策性目标总和生育率（低生育率水平、"十三五"规划目标和一般更替水平）与利用 ARMA 模型预测的总和生育率带入模型，得到对应的人口总数与结构，并将结果进行横向与纵向比较。然后，引入劳动参与率，结合人口结构预测得到的劳动年龄人口数量，测算了 2020—2035 年劳动力供给数量。

其次，本文根据以上对人口结构与劳动力供给的预测数据，对其结果进行弹性分析，进一步分析了总和生育率变化与人口数量、劳动力供给之间的关系。同时，考虑到非政策因素可能会影响生育水平进而影响人口与劳动力供给的变化，本文基于固定效应模型，使用 2001—2016 年各省份地区的面板数据，从宏观和微观角度，对影响我国人口出生率的非政策因素进行了实证分析。

最后，本文对以上实证分析得出结论并提出建议。

相比已有研究，本文可能的边际贡献为：第一，区别于大部分文献资料利用规划性总和生育率进行人口预测，本文利用 ARMA 时间序列模型预测得到了未来总和生育率数据，将其带入 Leslie 模型中较为客观地预测了人口结构的变化；第二，本文对基于预测总和生育率和政策性总和生育率预测得到的人口结构和劳动力供给情况进行对比，分析得到了"全面二孩"政策目前的实行效果；第三，本文引入弹性分析以分析相关重要指标变动对预测结果的影响，提出了解释目前政策实行效果的可能原因；第四，本文对可能影响生育水平的非政策性因素进行省际面板计量回归，从多角度对结果进行了分析和说明。

1.4 结构安排

本文基于我国"全面二孩"政策背景，综合分析我国的生育率指标，结合人口结构与劳动供给预测模型预测并分析了我国未来人口与劳动供给的数量和结构。本文的结构安排如下：第 2 部分为数据来源与研究方法介绍；第 3 部分为实证分析部分，在此部分下将分别进行人口结构预测与总和生育率预测、劳动供给预测，并将对人口预测结果与劳动力预测结果进行弹性分析，另外还将定性分析非政策因素与生育水平的关系；第 4 部分为研究结论与政策建议。

2 数据与方法

2.1 数据来源

本文的数据来源于《中国统计年鉴》（2002—2017 年）、《中国人口和就业统计年鉴》（2002—2017 年）、第六次人口普查数据、快易数据网和中经网宏观数据库。表 1 对各变量进行了描述性分析。

125

表 1 各变量的名称、符号、定义及描述性分析

变量名	定义	观测值	最小值	最大值	均值	标准差
TFR_t	总和生育率	38	1.49	2.75	1.93	0.48
CBR_{jt}	出生率/‰	480	4.85	19.06	11.49	2.95
EDU_{jt}	大专及以上女性人口占6岁及6岁以上女性人口的比率/%	480	0.26	43.85	8.54	6.46
U_{jt}	城镇人口占比/%	480	19.64	89.6	49.03	15.54
$PEIE_{jt}$	人均实际养老保险基金支出/千元	480	0.02	6.47	0.78	0.83
H_{jt}	卫生人员数（每万人）	480	1.01	87.41	24.21	16.81
TDR_{jt}	总抚养比/%	480	19.30	61.55	37.95	7.11
$PCDI_{jt}$	人均可支配收入/万元	480	0.25	4.03	0.97	0.63
$N_i(t)$	各年龄段人口数/万人	20	44.48	1.29×10^4	6 874.92	4 116.97
b_i	各年龄段妇女生育率/‰	20	0	74.31	10.54	21.57
w_i	各年龄段女性人口占总人口数比率/%	20	0.46	0.72	0.52	0.07
s_i	各年龄段存活率/‰	20	775.29	999.78	965.31	64.97
LPR_t	总劳动参与率	1	–	–	–	–
$PR_{i,t}$	分年龄组劳动参与率	10	0.16	0.97	0.71	0.24
M_i	分年龄组人口占总劳动年龄人口的比率	10	0.07	0.13	0.1	0.02

数据来源：《中国统计年鉴》（2002—2017 年）。

总和生育率：时间跨度为 1979 年至 2016 年，在对数和差分处理后带入 ARMA 时间序列模型进行拟合和预测。

人均实际养老保险基金支出：对我国 2001—2016 年 31 个省（自治区、直辖市）各年养老保险基金支出，以 2001 年为基年，利用消费者价格指数（2001 年＝100）做价格平整，以消除价格因素的影响。

人均可支配收入：选取各地区城镇居民消费者价格指数与农村居民消费者价格指数，以 2001 年为基年，分别对我国 2001—2016 年 31 个省（自治区、直辖市）各年城镇与农村人均可支配收入做平减，再按照城镇、农村人口占比加权得到各地区人均可支配收入。

各年龄段妇女生育率：假设已扣除 t 时段出生但活不到 t+1 时段的婴儿的生育率，选取 2015 年各年龄段妇女生育率为基准生育率以代入人口结构预测模型。

分年龄组劳动参与率：采用 2015 年数据，假设未来年份分年龄组劳动参与率较之无变化。

2.2　研究方法

2.2.1　ARMA 时间序列模型

为预测 2017—2035 年我国的总和生育率，以 1979—2016 年我国总和生育率 TFR 作为历史数据，对 $\ln TFR_t$ 的一阶差分序列建立 ARIMA（p，q）模型。

$$Yt = \beta 0 + \beta 1 Yt - 1 + \beta 2 Yt - 2 + \cdots + \beta p Yt - p$$
$$+ \varepsilon t + \alpha 1 \varepsilon t - 1 + \alpha 2 \varepsilon t - 2 + \cdots + \alpha q \varepsilon t - q \tag{1}$$

2.2.2　Leslie 人口结构与数量预测模型

假设社会环境稳定下出生人口的存活率保持不变、各年龄段女性人口占总人口的比例不变，以 5 岁作为一个组距将年龄划分为 20 个组：0~4 岁、5~9 岁、10~14 岁……95 岁及以上，用变量 i 表示组号（例如 $i=1$ 表示 0~4 岁组），建立新生婴儿数量矩阵

$$L = \begin{pmatrix} b_1 w_1 & b_2 w_2 & \cdots & b_{19} w_{19} \\ s_1 & 0 & \cdots & 0 \\ \cdots & \cdots & & \cdots \\ 0 & 0 & \cdots & s_{19} \\ 0 & 0 & \cdots & 0 \end{pmatrix}$$

下一时段（$t+1$）的人口总数 $N(t+1) = L \cdot N(t)$，即表达为

$$N(t+1) = \begin{pmatrix} b1w1 & b2w2 & \cdots & b19w19 & b20w20 \\ s1 & 0 & \cdots & 0 & 0 \\ \cdots & \cdots & \cdots & \cdots & \cdots \\ 0 & 0 & \cdots & s19 & 0 \\ 0 & 0 & \cdots & 0 & s20 \end{pmatrix} \begin{pmatrix} N_1(t) \\ N2(t) \\ \cdots \\ N19(t) \\ N20(t) \end{pmatrix}$$

修正计算所得的 $N(t+1)$，令 $N_{20}(t+1) = N_{19}(t+1) + N_{20}(t+1)$，得到 20 × 1 的修正 $N(t+1)$ 矩阵，$N(t+1) = [N_1(t+1)，N_2(t+1)，\cdots，N_{20}(t+1)]^T$。即下一阶段各年龄段人口数可用以下方程组表示

$$\begin{cases} N_1(t+1) = \sum_{i=1}^{20} b_i w_i N_i(t) \\ N_i(t+1) = s_{i-1} N_{i-1}(t)，? \ i = 2，3，\cdots，19 \\ N_{20}(t+1) = s_{19} N_{19}(t) + s_{20} N_{20}(t) \end{cases} \tag{2}$$

2.2.3　劳动力供给模型

劳动年龄人口数乘以劳动参与率，可以得到我国未来各年龄段劳动力的供给量。本文引入劳动参与率这一指标，考虑人口规模和人口的自然结构对劳动供给的影响，将总的劳动参与率分解为年龄结构因素和分年龄的劳动参

与率，将年龄别劳动力供给数量与劳动年龄人口数量相对应。

$$LPRt = \sum_{i=1}^{j} Mi, tPRi, t \qquad (3)$$

2.2.4 弹性分析

弹性是指一个变量相对于另一个变量发生的一定比例的改变的属性，本文分别对生育率变化对于我国人口数量变化和劳动参与率变化的影响进行分析。

人口数量对生育率的弹性

$$\frac{EX}{ETFR} = \frac{\dfrac{\Delta X}{X}}{\dfrac{\Delta TFR}{TFR}} \qquad (4)$$

劳动参与率对生育率的弹性

$$\frac{ELPR}{ETFR} = \frac{\dfrac{\Delta LPR}{LPR}}{\dfrac{\Delta TFR}{TFR}} \qquad (5)$$

2.2.5 面板数据模型

本文使用了2001—2016年31个省（自治区、直辖市）的面板数据，选取出生率水平作为被解释变量，城镇人口比重、人均可支配收入、总抚养比、分地区人均养老保险基金支出、分地区卫生人员数、大专及以上女性人口占6岁及以上女性人口的比例作为解释变量，其中因人均可支配收入对出生率的影响具有"前向效应"而选择t−1期，其余变量选择t期，构建了个体固定效应模型，从经济水平、社会发展、教育医疗等方面对影响我国生育水平的因素进行了分析。

$$\begin{aligned} CBR_{j,t} = {} & \lambda_{j,t} + \beta_1 Uj, t + \beta_2 PCDI_{j,t-1} + \beta_3 TDR_{j,t} \\ & + \beta_4 PEIE_{j,t} + \beta_5 H_{j,t} + \beta_6 EDU_{j,t} + u_{j,t} \end{aligned} \qquad (6)$$

相关变量的具体含义见表1。

3 实证分析

3.1 "全面二孩"政策下我国未来人口结构与数量的预测

在利用Leslie模型预测未来人口结构之前，本文首先对模型进行检验并根据检验效果调整模型。在正式预测过程中，将对模型的重要变量生育率进行讨论，以得到各生育率水平下人口预测结果。

3.1.1 模型检验

为检验Leslie模型预测结果的合理性，以2010年为基年测算2015年人口数量，得到预测数据如表2所示，并将其与实际数据对比，计算相对误差，结果分别如图 1 和表 3 所示。

表 2 2015 年全国各年龄段人口数及人口总数的模型预测结果

年龄段	人数/人	年龄段	人数/人
0~4 岁	64 354 392	50~54 岁	105 417 154
5~9 岁	75 436 684	55~59 岁	78 531 875
10~14 岁	70 865 246	60~64 岁	80 963 643
15~19 岁	74 891 982	65~69 岁	58 227 864
20~24 岁	99 864 142	70~74 岁	40 576 343
25~29 岁	127 374 294	75~79 岁	32 169 189
30~34 岁	100 976 477	80~84 岁	22 876 819
35~39 岁	97 089 634	85~89 岁	12 383 849
40~44 岁	117 942 161	90~94 岁	4 982 623
45~49 岁	124 615 487	95 岁及以上	1 602 871
合计			1 391 142 729

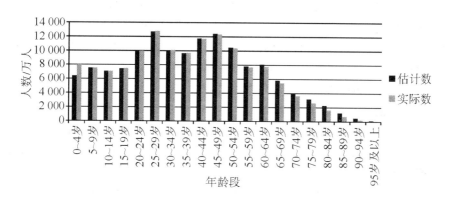

图 1 估计的 2015 年人口结构与实际人口结构数对比

表 3 估计的 2015 年人口结构与实际人口结构数相对误差

年龄段	相对误差/%	年龄段	相对误差/%
0~4 岁	-9.78	50~54 岁	1.12
5~9 岁	-0.46	55~59 岁	2.00
10~14 岁	-0.46	60~64 岁	3.59
15~19 岁	-0.41	65~69 岁	6.12
20~24 岁	-0.45	70~74 岁	6.91
25~29 岁	-0.90	75~79 岁	2.12
30~34 岁	-0.50	80~84 岁	4.01

年龄段	相对误差/%	年龄段	相对误差/%
35~39 岁	-0.18	85~89 岁	7.17
40~44 岁	0.17	90~94 岁	2.86
45~49 岁	0.54	95 岁及以上	6.38

可以看出，在新生儿数量上模型预测值较实际偏低，在 65 岁以上人口数量上预测数较实际偏高，这一方面可能是因为 2013 年"单独二孩"政策试点实行，至 2015 年全国已有 20 余个省（市）申请推广，本文在模型中并未考虑"单独二孩"政策对新生儿数量增加的影响；另一方面可能是因为 2010 年的数据为普查结果，而 2015 年的数据为 1.55% 抽样调查下的结果，抽样误差造成了上述偏差。其他年龄段数据偏差很小，总体来说，Leslie 模型预测结果合理，可用于后续预测。

3.1.2　对 Leslie 模型中总和生育率的讨论

（1）政策性总和生育率

中国总和生育率的超低生育率水平为 1.3，一般更替水平为 2.1，《"十三五"全国计划生育事业发展规划》中写道，2020 年我国总和生育率提高目标为 1.8，在 2015 年实际人口结构的基础上，分别基于上述三个数据预测出实施"全面二孩"政策的人口总数。

（2）基于 ARIMA 时间序列模型对未来生育率的预测

①模型说明

$\ln\text{TFR}_t$ 一阶差分的单位根检验结果为平稳序列，对 $\ln\text{TFR}_t$ 的一阶差分序列进行 ACF 与 PACF 分析后，本文确定对 TFR_t 建立 ARIMA（3，1，5）模型。

模型表达式为

$$(1 - B)\ln\text{TFR}_t = -0.018\,657 + 0.816\,466\ln\text{TFR}_{t-1} +$$
$$0.856\,979\ln\text{TFR}_{t-2} - 0.822\,408\ln\text{TFR}_{t-3} + 0.572\,346a_{t-1} -$$
$$0.298\,491a_{t-2} + 0.780\,908a_{t-3} - 0.665\,402a_{t-5} + a_t$$

②模型检验

对 ARIMA（3，1，5）模型的适应性进行检验，自相关与偏相关分析结果显示该序列不存在自相关，为白噪声。模型的拟合情况如图 2 所示，显示拟合效果良好。

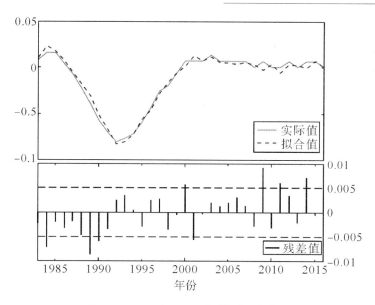

图 2　ARIMA（3，1，5）模型拟合效果

③总和生育率测算结果

运用拟合的有效模型对 2017—2025 年我国总和生育率进行预测。lnTFR$_t$ 的一阶差分序列与 TFR$_t$ 的预测结果如图 3 所示。从图 3 中可以看到 2017—2035 年 TFR$_t$ 预测值的变化，TFR$_t$ 呈现逐年下降的趋势，lnTFR$_t$ 一阶差分序列在逐渐下降后有小幅度的回升，但都在 0 值以下，说明总和生育率降低的速率会先加快后变慢。

131

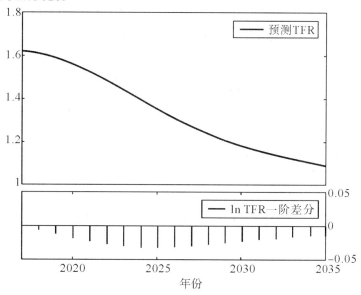

图 3　lnTFR$_t$ 一阶差分与 TFR$_t$ 预测结果

3.1.3 Leslie 模型预测结果对比与分析

将规划生育率与预测生育率带入公式（2）中，得出的未来人口数量变化如图 4 和表 4 所示。通过图 4 和表 4 可以看出，在三种政策性的总和生育率下，全国人口在 2015—2035 年内将保持不同速率的增长，但增长速率逐渐减缓；在预测总和生育率水平下，全国人口总数远低于政策性总和生育率的预测结果，且增长速率更为缓慢，甚至在 2035 年趋于 0。从历史经验数据来看，"全面二孩"政策下未来的人口增速难以达到政策预期效果。

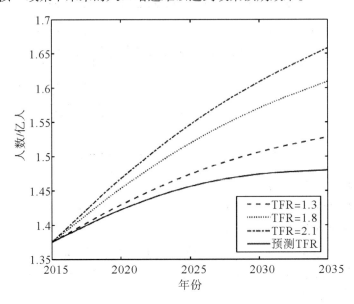

图 4　2015—2035 年全国人口总数预测值

表 4　2020—2035 年全国年末常住人口数　　　　　单位：万人

	2020 年	2025 年	2030 年	2035 年
TFR = 1.3	143 032	147 548	150 744	152 840
TFR = 1.8	145 434	152 109	157 163	160 957
TFR = 2.1	146 876	154 845	161 014	165 827
预测 TFR	142 389	145 815	147 530	147 961

未来年份各年龄段人口结构及数量如图 5 和表 5 所示，以此对比基于"十三五"规划的总和生育率目标（TFR = 1.8）与预测总和生育率下的人口结构。

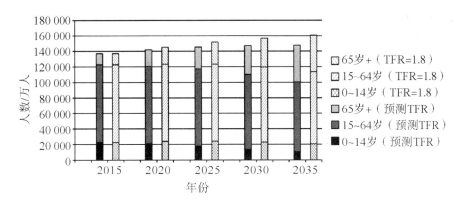

图5 2015—2035年不同生育率调整下全国人口结构预测

表5 2020—2035年全国人口结构数对比　　单位：万人

	2020 年		2025 年		2030 年		2035 年	
	TFR = 1.8	预测 TFR	TFR = 1.8	预测 TFR	TFR = 1.8	预测 TFR	TFR = 1.8	预测 TFR
0~4 岁	8 648	5 604	7 781	4 532	6 701	3 370	6 128	2 787
5~9 岁	8 013	8 013	8 637	5 597	7 771	4 527	6 692	3 366
10~14 岁	7 577	7 577	8 011	8 011	8 635	5 595	7 769	4 526
15~19 岁	7 118	7 118	7 575	7 575	8 009	8 009	8 633	5 594
20~24 岁	7 518	7 518	7 116	7 116	7 574	7 574	8 007	8 007
25~29 岁	10 028	10 028	7 516	7 516	7 114	7 114	7 571	7 571
30~34 岁	12 848	12 848	10 024	10 024	7 513	7 513	7 111	7 111
35~39 岁	10 144	10 144	12 842	12 842	10 019	10 019	7 509	7 509
40~44 岁	9 720	9 720	10 136	10 136	12 833	12 833	10 012	10 012
45~49 岁	11 761	11 761	9 709	9 709	10 125	10 125	12 819	12 819
50~54 岁	12 373	12 373	11 741	11 741	9 692	9 692	10 108	10 108
55~59 岁	10 395	10 395	12 339	12 339	11 708	11 708	9 665	9 665
60~64 岁	7 666	7 666	10 351	10 351	12 286	12 286	11 658	11 658
65~69 岁	7 757	7 757	7 609	7 609	10 273	10 273	12 194	12 194
70~74 岁	5 415	5 415	7 656	7 656	7 509	7 509	10 139	10 139
75~79 岁	3 544	3 544	5 283	5 283	7 469	7 469	7 326	7 326
80~84 岁	2 545	2 545	3 399	3 399	5 067	5 067	7 164	7 164
85~89 岁	1 513	1 513	2 356	2 356	3 148	3 148	4 692	4 692
90~94 岁	638	638	1 339	1 339	2 085	2 085	2 785	2 785
95 岁及以上	213	212	688	683	1 631	1 613	2 973	2 928
总计	145 434	142 389	152 109	145 815	157 163	147 530	160 957	147 961

根据上述图表，从 2015 年到 2035 年，在"十三五"规划目标 TFR = 1.8 下，

我国 0~14 岁人口数量将保持在一个较为稳定的水平；而在预测的总和生育率水平下，我国 0~14 岁、15~64 岁人口数量持续减少，65 岁及以上人口不断增多且增速较大，劳动力供给不足和人口老龄化问题均未得到缓解。这也在一定程度上说明了当前"全面二孩"政策的结果和预期政策性效果存在着较大差距。

3.2 "全面二孩"政策下我国未来劳动力供给情况的预测

假设经济社会稳定、人们充分就业，各年龄段劳动参与率稳定不变，前文已经预测出 2020—2035 年我国人口结构变化，将预测数据带入公式（3）中，可以得到未来年份在不同生育率条件下的总劳动参与率，如图 6 所示。

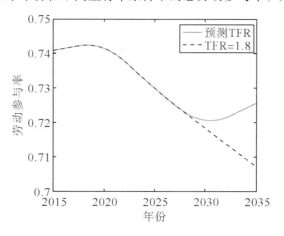

图 6 2015—2035 年我国总劳动参与率预测

人口结构变化是一个长期的过程，新生儿成长为劳动力需要较长时间，因此从 2030—2035 年开始，不同生育率水平对我国劳动力人口的影响才开始显现。本文对 TFR=1.8 和预测生育率条件下我国 2035 年的劳动力人口结构进行预测，结果如图 7 所示。

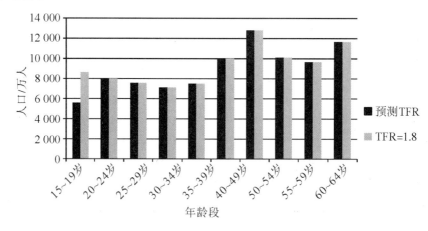

图 7 2035 年全国劳动力结构对比

可以发现在预测 TFR 下 15～19 岁的劳动力人数较大程度低于 TFR = 1.8 时的劳动力人数,说明目前"全面二孩"政策的实行不能达到通过增加新生劳动力数量来缓解劳动力供给不足问题的预期效果。

3.3 弹性分析

理论上,"全面二孩"政策能通过提高生育率缓解劳动力供给不足的问题,而通过上述分析,目前政策的实行远未达到其预期效果。我国未来各年龄段的劳动力供给情况取决于劳动参与率和劳动年龄人口数量,本文对生育率变化对于我国人口总数变化和劳动参与率变化的影响分别进行弹性分析,以进一步探索前文分析结果背后的原因。

3.3.1 人口数量对生育率的点弹性分析

在预测 TFR 的基准上,将数据带入公式(4),并将生育率上调 1%(ΔX = 1%),可得到一条新的未来人口总数曲线,结果如图 8 和表 6 所示。

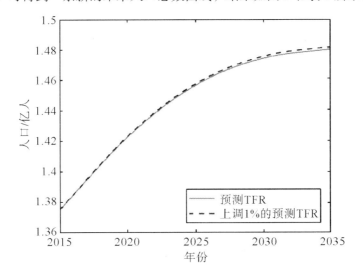

图 8　2015—2035 年弹性分析下总人口变化

表 6　2020—2035 年弹性分析下人口总数　　　　　　　单位:万人

项目	2020 年	2025 年	2030 年	2035 年
预测 TFR	142 389	145 815	147 530	147 961
上调 1% 的预测 TFR	142 445	145 916	147 665	148 124

可以根据人口总数变化百分比与总和生育率变化百分比求出其弹性系数,结果如表 7 所示。

表 7　预测生育率下重要年份的弹性系数

项目	2020 年	2025 年	2030 年	2035 年
弹性系数	0. 194 319 702	0. 307 218 178	0. 350 486 6	0. 382 130 02

表 7 中基于预测生育率得到的各重要年份的人口弹性系数均小于 1，说明人口数量变化对于生育率变动的反应较为缓慢。仅从生育率的角度出发，人口数量增长和人口结构的变化需要通过较长时期来实现，这也在一定程度上解释了当前"全面二孩"政策的实行效果和政策性预期结果存在的差距。

3.3.2　劳动参与率对生育率的点弹性分析

在预测 TFR 的基准上，将人口数据带入公式（5），并将生育率上调 1%（$\Delta X = 1\%$），观察劳动参与率的变化，结果如图 9 所示。

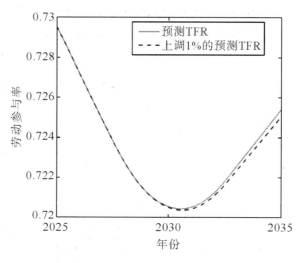

图 9　2025—2035 年预测生育率下劳动参与率弹性分析

在预测总和生育率上调 1% 后，2035 年劳动参与率从 72.541 2% 降低到 72.505 8%，可以计算出 2035 年的劳动参与率的弹性系数为 -0.053 18，即总和生育率每增加 1%，2035 年的劳动参与率就降低 0.053 18%，说明总和生育率与劳动参与率反向增减。就弹性系数的大小来看，劳动参与率是缺乏弹性的，即劳动参与率的变化对于生育率变动的反应较为缓慢。

假设在各年龄段劳动参与率不变的情况下，总劳动参与率取决于各劳动年龄段人口占总劳动年龄人口的比重，前面的人口弹性分析已经说明仅从生育率的角度出发，人口数量增长和人口结构的变化需要通过较长时期来实现，因此劳动力供给水平的提高和劳动力供给结构的改善也是一个较长期的过程。

3.4　影响生育水平的非政策性因素分析

目前"全面二孩"政策的实行未能达到通过提高生育率改善人口结构和

劳动力供给的预期效果,生育率水平的提高不仅取决于政策性因素,经济水平、社会发展、教育医疗、物价消费等各方面因素都会在不同程度上促进或抑制生育率水平的提高。因此,本文对可能影响生育水平的因素进行回归分析。

3.4.1 省级面板计量分析

利用 2001—2016 年 31 个省(区、市)的面板数据,选取出生率水平作为被解释变量,城镇人口比重、人均可支配收入、总抚养比、分地区人均养老保险基金支出、分地区卫生人员数、大专及以上女性人口占 6 岁及以上女性人口的比例作为解释变量(因人均可支配收入对出生率的影响具有"前向效应"而选择 t-1 期,其余变量选择 t 期),构建个体固定效应模型。对公式(6)的回归结果如表 8 所示。

表 8　面板数据回归结果

变量	系数	标准误	变量	系数	标准误
$U_{j,t}$	$-0.079\ 3^{***}$	$0.014\ 9$	$PEIE_{j,t}$	$-0.473\ 5^{**}$	$0.193\ 4$
$PCDI_{j,t-1}$	$1.762\ 3^{***}$	$0.401\ 3$	$H_{j,t}$	$0.025\ 4^{***}$	$0.008\ 7$
$TDR_{j,t}$	$0.072\ 7^{***}$	$0.012\ 9$	$EDU_{j,t-1}$	$-0.021\ 0$	$0.026\ 3$

注:* 表示在 10% 的显著性水平上显著,** 表示在 5% 的显著性水平上显著,*** 表示在 1% 的显著水平上显著。

3.4.2 回归结果分析

出生率和城镇人口比重、人均养老保险支出之间存在显著的负相关关系,在其他因素保持不变的情况下,城镇人口所占比重每增加 1%,出生率平均降低 0.079 3‰;人均养老保险基金支出每增加 1 千元,人口出生率平均降低 0.473 5‰。出生率和上一期人均可支配收入、总抚养比、卫生人员数之间存在正相关关系,在其他因素保持不变的情况下,上一期人均可支配收入每增加 1 万元,出生率平均增长 1.762 3‰;总抚养比每增加 1%,出生率平均增长 0.072 7‰;分地区卫生人员数每增加 1 万人,人口出生率平均增加 0.025 4‰。出生率和上一期大专及以上女性人口占 6 岁及以上女性人口的比例之间虽然负相关,但是影响程度并不显著。

综上,人均可支配收入、卫生人员数与总抚养比对生育水平具有正向影响。人均可支配收入是衡量家庭收入能力的重要指标,其增加表明家庭抚养孩子的能力不断增强,人们的生育意愿会随之提高。卫生人员数在一定程度上衡量了医疗卫生水平,医学技术和服务的提升会促进出生率提高。总抚养比是指总人口中非劳动年龄人口数与劳动年龄人口数之比,在我国老龄化的背景下,虽然总抚养比的增加绝大部分归因于老龄人口比重的上升,但是也不能忽视少儿数量改变对其的影响。

城镇人口比重和人均养老保险基金支出对生育率的影响是负向的。城镇人口比重是衡量城市化进程的重要指标，相较于农村，城镇居民的生活成本和消费更高，生养孩子的高成本使人们的生育意愿下降。养老保险基金支出体现了养老保险水平，养老保险水平的提高会在一定程度上弱化人们"养儿防老"的传统养老观念，使其生育意愿降低。

4 结论

本文利用 Leslie 人口结构预测模型和劳动参与率模型，结合 ARIMA 时间序列模型对总和生育率的预测，分别得到了在政策性总和生育率和预测总和生育率水平下 2020—2035 年我国人口结构和数量及 2035 年的劳动力供给水平；并对生育率变化对于我国人口总数变化和劳动参与率变化的影响分别进行了点弹性分析；对可能影响生育水平的非政策性因素进行了回归分析。研究得出如下结论：

首先，目前"全面二孩"政策的结果和预期政策效果存在较大差距。在预测的总和生育率水平下，2020—2035 年我国人口总数的预测值远低于政策预期结果，且人口增长速率缓慢。另外，2035 年 15~19 岁的劳动力人数较大程度低于 TFR = 1.8 时 15~19 岁的劳动力人数，说明目前"全面二孩"政策的实行暂不能缓解劳动力供给不足的问题。

其次，点弹性结果显示，人口数量和劳动参与率两者对生育率的弹性系数的绝对值均小于 1，两者对生育率变动的反应较为缓慢。仅提高生育率，在短期内人口结构和劳动力供给的改善效果并不明显。

最后，本文对可能影响生育水平的非政策性因素进行分析，得到城镇人口比重与人均养老保险基金支出与生育水平呈显著的负相关关系，人均可支配收入、总抚养比和卫生人员数与生育水平呈显著的正相关关系。这说明经济和社会发展会在一定程度上影响生育水平。

上述结论表明，目前"全面二孩"政策的实行不能达到通过增加新生劳动力数量来缓解劳动力供给不足问题的预期理想效果。一方面是因为当前人口数量和劳动参与率两者对生育率均缺乏弹性，生育政策的短期效果不明显；另一方面是因为生育水平的提高不仅仅取决于生育政策因素，经济社会发展等各方面因素都会在不同程度上促进或抑制生育水平的提高。

据此，本文提出了如下政策性建议：

第一，我国应继续贯彻执行"全面二孩"的生育政策。比如政府可以加大对生育政策的宣传以刺激更多有能力承担生育成本的人生育，同时改变人们"养儿防老"的想法，以此提升生育水平。虽然"全面二孩"政策目前的实施效果未达到预期，暂不能使未来一段时间内的人口结构与劳动力供给有巨大改变，但是对于经济发展所需的劳动力需求，可以通过提升劳动力素质、加强技术创新来弥补。

第二，提高居民人均可支配收入，缩小贫富差距。对增加生育率来说最重要的是要降低生育成本，如降低教育成本、婚姻成本和时间成本等。但降低生育成本对整个社会来说是有限制的，比如政府无法对房价进行有效的下调，因此还可以换角度从人均可支配收入入手，比如控制通货膨胀率，使居民薪酬与经济发展水平相适应；调控贫富差距，降低生育成本，比如可以在个人所得税方面，对有孩子的家庭实施扣税优惠政策。

第三，继续加速城镇化建设，完善养老保险制度等社会保障。虽然本文的结论表明城镇人口比重与养老保险基金支出对生育率有抑制作用，且从世界各国的发展历程来看，经济社会快速发展的确会降低生育水平，但是历史不应倒退，物质世界的逐步完善会刺激精神世界的逐渐丰富，但在短期内政府依然需要宏观调控城镇化建设增速、加强对生育水平政策的推广。

总之，除了政策推广外，政府还需从经济、社会等多个层面为生育提供更多的物质保障、精神保障，以提高人们的生育意愿，从而更好地实现提高生育水平的目标，缓解未来劳动力供给不足的问题。

参考文献

童玉芬，2014. 人口老龄化过程中我国劳动力供给变化特点及面临的挑战［J］. 人口研究，（2）：52-60.

王金营，戈艳霞，2016. "全面二孩"政策实施下的中国人口发展态势［J］. 人口研究，（6）：5-23.

茆长宝，穆光宗，2018. 国际视野下的中国人口少子化［J］. 人口学刊，40（4）：19-30.

王浩名，2018. "全面二孩"政策下人口结构转变对宏观经济的长期影响［J］. 人口与经济，（3）：25-36.

龙晓君，郑健松，李小建，2017. "全面二孩"背景下我国劳动力供给预测研究［J］. 经济经纬，（5）：128-134.

孟令国，李博，陈莉，2016. "全面二孩"政策对人口增量及人口老龄化的影响［J］. 广东财经大学学报，31（1）：26-35.

牟欣，臧迪，于海燕，2016. "单独二胎"政策对中国未来人口数量、结构及其影响的研究［C］//决策论坛：区域发展与公共政策研究学术研讨会.

邓艳娟，2015. 基于Leslie模型的中国未来人口预测［J］. 通化师范学院学报，（10）：28-30.

齐美东，戴梦宇，郑焱焱，2016. "全面放开二孩"政策对中国人口出生率的冲击与趋势探讨［J］. 中国人口资源与环境，26（9）：1-10.

罗雅楠，程云飞，郑晓瑛，2016. "全面二孩"政策后我国人口态势趋势

变动 [J]. 人口与发展, 22 (5): 2-14.

王记文, 2018. 很低生育率背景下中国的生育意愿及其影响因素研究——基于 CGSS (2010—2015) 重复调查数据的分析 [J]. 西北人口, 39 (4): 77-84+92.

王浩名, 柳清瑞, 2015. 社会保障水平对人口结构的影响: 理论与实证的分析 [J]. 人口与经济, (6): 114-122.

刘庚常, 2010. 关于当前生育影响因素的思考 [J]. 人口学刊, (1): 24-27.

张莹莹, 2018. "全面二孩"政策对中国生育水平的影响——基于多项 Logit 模型的探讨 [J]. 西北人口, 39 (3): 34-43.

乔晓春, 朱宝生, 2018. 如何利用(粗)出生率来估计总和生育率? [J]. 人口与发展, (2): 65-70, 100.

齐明珠, 2010. 我国 2010~2050 年劳动力供给与需求预测 [J]. 人口研究, (5): 76-87.

王广州, 张丽萍, 2013. 现行生育政策下的劳动力供给分析 [J]. 行政管理改革, (5): 38-43.

尹文耀, 白玥, 2012. 当代劳动力参与水平和模式变动研究 [J]. 中国人口科学, (1): 14-27.

王志章, 刘天元, 2017. 生育"二孩"基本成本测算及社会分摊机制研究 [J]. 人口学刊, (4): 17-29.

陈友华, 2016. "全面二孩"政策与中国人口趋势 [J]. 学海, (1): 62-66.

严浩, 2007. 人口生育指标和预测参数的选择研究 [J]. 宏观经济研究, (7): 38-44.

顾和军, 李青, 2017. "全面二孩"政策对中国劳动年龄人口数量和结构的影响: 2017—2050 [J]. 人口与经济, (4): 1-9.

杨兴宇. 养老保险与生育率: 理论与实证 [D]. 长沙: 湖南师范大学, 2013.

BAILEY J M, 2006. More power to the pill: the impact of contraceptive freedom on women's life cycle labor supply [J]. The Quarterly Journal of Economics, 121 (1): 289-320.

CANNING D, 2007. The impact of aging on asian development [C]. Seminar on Aging Asia: A New challenge for the Region, ADB Annual Meeting, Kyoto, Japan.

ANDERSSON BJORN, 2001. Scandinavian evidence on growth and age structure [J]. Regional Studies, 35 (5).

JOSHI, SCHULTZ, 2007. Family planning as investment in development [J]. Economic Growth Center Working Paper, Vol. 951.

LIAO P J, 2013. The one – child policy: a macroeconomic analysis [J]. Journal of Development Economics, (101): 49-62.

LINDH THOMAS, MALMBERG BO, 1999. Age structure effects and growth in the OECD, 1950-1990 [J]. Journal of Population Economics, 12 (3): 431 -449.

"节日商标"的显著性问题研究

——以"新年""双十一"商标为例

税玉玲

【摘要】中国是一个拥有五千年悠久历史的文明古国，诸如"中秋""春节"等传统节日文化源远流长。随着近些年互联网经济的高速发展，一些电商平台为了增加营销热点而制造出来的如"双十一""618"等"新节日"也层出不穷。当这些传统节日和电商节日都被注册了商标，所有人都不禁产生了疑虑，这些节日能成为商标吗？它们具备作为商标的基本要素吗？本文将从商标的显著性要求入手，以"新年""双十一"商标为例，研究"节日商标"的显著性，提出对"节日商标"认定的有关建议。

【关键词】节日商标；通用名称；描述性标识；获得显著性；公平竞争

1 引言

1.1 研究背景

1.1.1 "新年"商标的注册

新年，即一年中的第一天，是中国重要的传统节日之一。新年期间，素有走亲访友的习俗，而走亲访友，家中必定少不了准备糖果，各大糖果品牌商一般在年前就开始纷纷搞促销做宣传。在 2016 年春节临近之时，一则"'新年'二字已被注册为糖果商品的商标"的消息，让除"徐福记"品牌以外的其他糖果品牌颇感意外。在查询了中国商标网的记录后发现，徐福记早在 2003 年 12 月 29 日就申请注册了"新年"商标，并于 2006 年 1 月 21 日取得了该商标的专用权。徐福记方面也表示："新年"系其在糖果等商品上持有的注册商标，其他糖果品牌未经许可不得擅自使用"新年"标识进行广告宣传，否则便可能侵害其注册商标专用权。

1.1.2 "双十一"商标的注册

自 2009 年 11 月 11 日起，淘宝开始举办促销活动，随着商业营销能力的提升和国民网购率的提高，逐渐形成了以"双十一"为标志的大型打折促销活动。而 2011 年 11 月 1 日，阿里巴巴集团控股有限公司便向国家商标局提出了"双十一"商标注册申请，并于 2012 年 12 月 28 日成功取得该商标的专用权。2014 年 10 月末，阿里通告称其已取得了"双十一"注册商标，并授权天猫对"双十一"商标享有专用权，其他任何人对此商标的使用行为都可能构成侵权。对此，另一电商巨头京东不得不紧急撤换所有与"双十一"字样相关的宣传文案，并将其所有网页页面的"双十一"字样替换成"11·11"字样。在替换的同时，京东也第一时间发表了"抗议书"，指责阿里巴巴的行为违背了"互联网精神"和公平竞争原则，试图"垄断电子商务市场"。

1.1.3　研究现状及争论焦点

节日被注册成为商标，引发了学术界和实务界对此的广泛争论。但节日能否作为商标进行注册，学术界并没有成体系的详细研究，特别是针对传统节日的商标注册。由于"双十一"这一商标的影响范围甚广，学术界对"双十一"商标的认定进行了一些简要评述，但相关专业研究论文较少。

1.2　文献综述

1.2.1　商标和商标权

1.2.1.1　商标定义

《中华人民共和国商标法》（以下简称《商标法》）第八条规定：任何能够将自然人、法人或者其他组织的商品与他人的商品区别开的标志，包括文字、图形、字母、数字、三维标志、颜色组合和声音等，以及上述要素的组合，均可作为商标申请注册。

关于商标的概念，各学者观点不一。郑成思教授将商标定义为"由文字、图形或者其组合等构成，使用于商品，用以区别不同商品生产者或经营者所生产或者经营的同一和类似商品的显著标记"。刘春田教授则认为商标是"能够将一经营者的商品或者服务与其他经营者的商品或者服务区别开来并可为视觉所感知的标记"。同样地，吴汉东教授则提出："商标是商品的生产者和经营者或服务的提供者在其商品或服务上所使用的，能够将其商品或服务与其他的商品生产者和经营者或服务的提供者的商品或服务区别开来的标志。"笔者综合各位学者的观点认为在商标定义中涵盖了商标最终的功能，即对商品和服务的不同来源进行区分。

1.2.1.2　商标功能的演变

根据有关文献资料的研究，商标的起源可以追溯到 4 000 多年前的四大文明古国，在商品流通市场中的商品有着各种标记，但由于当时不存在以财产权为基础的商标体系，这些标记也只是接近于现代商标的意义。随着时间的推移，在中世纪商业标志从作为行会要求的最低质量保证的"责任性标记"转变为代表商誉的"资产性标记"。

1838 年，Chancellor 和 Cottenham 爵士在审理 Millington v. Fax 一案时指

出，即使被告没有欺诈的意图，衡平法的理念也要求禁止这种商标侵权行为，该判决导致了承认商标的使用产生财产权。在欧洲工业革命后，各个国家意识到商标的重要功能和意义，出台了保护商标和防止侵权的一系列法规，现代商标法制拉开了序幕。

1.2.1.3 商标权

商标权即商标所有人在进行商标申请并成功注册后对其享有的独占、排他的权利。商标权是一种私权，权利人对其享有绝对的支配权和控制权，包括商标权人有权要求其他人尊重权利且不能破坏，商标权人对商标的利用、转让也无需经过任何人许可，具有完全的全面支配性和绝对排他性。

随着商品经济的不断发展，社会对于注册商标的重视度也不断提高。根据中国商标网官方统计数据，截至 2017 年年底，我国商标累计申请 2 784.2 万件，注册1 730.1万件，有效注册商标 1 492 万件，连续 17 年位居世界第一。我国每万户市场主体的平均有效商标拥有量为 1 520 件，与 2011 年的 1 074 件相比显著增加。

1.2.2 商标的显著性

1.2.2.1 定义

《商标法》第九条第一款规定"申请注册的商标，应当有显著特征，便于识别"，显著性是指商标所具有的标示企业商品或服务出处并使之区别于其他企业之商品或服务的属性，各国商标法都明示或暗示将显著性作为商标的一项基本要求。如我国台湾地区有关商标的规定为："商标以图样为准，所用之文字、图形记号或其联合式，应特别显著，并应指定所施颜色。"又如德国商标法规定："任何能够将其使用的商品或服务与使用其他标志的商品或服务相区别的标志，可以作为商标获得保护。"

根据已有的文献研究，显著性是指商标应当具有的使相关公众将商标与产品或服务来源联系起来，标记产品或服务来源的属性以及区分不同产品或服务来源的属性，即具备识别性和区别性两大特征。

1.2.2.2 商标显著性的认定

商标的显著性可分为两个层次：一是固有显著性，即商标文字、图形、图文组合或者表现形式本身一开始就具备商标法所要求的显著性；二是获得显著性，又称"第二含义"，即一开始自身满足商标法对显著性的要求，但将其作为商标长时间投入市场使用从而被市场和消费者认可，产生了区别商品来源和出处的效果，从而具备显著性。

1976 年，美国第二巡回法院在判决 Abercrombie & Fitch Co. v. Hunting Word, Inc. 一案中，根据显著性程度将商标划分为：暗示性商标、任意性商标、臆造商标、描述性商标和通用名称。臆造商标、暗示性商标及任意性商标三类商标很容易与特定商品、服务建立联系，如"长虹"电器，苹果电脑，

"飘柔"洗发水等属于固有显著性商标；而通用名称和描述性商标必须经过一段时间的使用之后才能让消费者将其与其他商品区分，如"感冒药""WIN-DOWS"，属于获得显著性商标。

一个缺乏固有显著性的标志一旦在消费者心目中进行判断商品或服务来源的作用大于说明商品或服务本身时，它就通过使用获得了"第二含义"，那么这也应该被认为具备显著性。参考世界知识产权组织国际局（WIPO）对"第二含义"所做的阐述："第二含义是标识在市场上继续和独家使用的结果，相当多的消费者对它取得认知并将其所标识的活动与特定的商业来源联系在一起。"这更多地强调"第二含义"是使用的结果，但关于达到"第二含义"的程度各国有不同的标准。其中德国在这方面做得较好，对消费者进行民意测验或市场调查来为法院判断"第二含义"提供有关程度的经验数据。

除此之外，显著性还可以根据商标与商品、服务的联系是否紧密分为绝对显著性和相对显著性，从国家和市场两个角度来看分为法律显著性和事实显著性。

目前对于判断商标显著性没有标准方法，各国商标法对显著性的规定大部分都属于禁止性条款，即直接将那些不满足显著性的标志排除在商标法保护范围之外。因此如何判断商标固有显著性和获得显著性就具有重要意义。

1.2.3 节日商标

"节日商标"是指直接将节日名称注册为商标，大多是文字商标。本文所讨论的"节日商标"包括以传统节日名称和电商节日名称进行注册的商标。从中国商标网的查询结果来看，目前成为"节日商标"的有"七夕""重阳""圣诞""新年""双十一""六一八"，而"国庆""中秋""端午"等商标正在等待实质审查。

根据文献查阅，目前对商标的研究和保护主要集中在对驰名商标的保护研究、商标侵权、商标共存制度、老字号商标等方面，对商标显著性的研究客体也主要是立体商标、气味商标、声音商标等。伴随着"节日商标"的产生，对其显著性的研究以及探讨后续保护机制是必不可少的。

1.3 研究目的、方法及意义

1.3.1 研究目的

本文希望通过对"节日商标"的显著性特征进行认定以说明其是否能够注册为商标，从传统节日商标和电商节日商标两个方面入手，弥补了学术界对"节日商标"理论研究的相对空白，同时也为类似"双十一"的电商节日商标提供了新的认识和研究分析。本文围绕节日被注册成为商标这一事实，分析其对市场的影响，并提出相关认定建议和对商家的建议。

1.3.2 研究方法

本文主要通过文献综述和案例分析两大方法，利用商标的显著性理论对

"新年"和"双十一"这两个具体的"节日商标"进行分析。在分析过程中，还另外采用了调查研究法，以增强文章的真实性。文末分析了我国目前立法和实践上的认定现状，并采用跨学科研究方法提出了有关建议。

1.3.3 研究意义

1.3.1.1 理论意义

本文的研究能够在一定程度上弥补对商标显著性研究的不足之处，结合时代的发展，完善商标学术研究。

1.3.1.2 实践意义

我国的《商标法》条文主要对固有显著性进行了规定，而对获得显著性仅有"经过使用取得显著性特征，便于识别"的笼统描述，关于何种程度才能满足获得显著性很难客观界定。虽然《商标审查及审理标准》给出了在审查时需要考虑的几个因素，但是由于该规定的法律效力较低，且因不够具体、操作性不强，法官在认定的时候有很大的自由裁量权。加大对"节日商标"的显著性研究，有利于为司法实践提供思路，也可以帮助市场更好地认识"节日商标"，促进市场健康发展；同时对于商标的管理注册工作也可以提供一定的参考意见和建议。

2 "节日商标"的显著性判断

节日名称本身在形成之初是不具备成为商标的特征的，人们无法将节日名称同特定的商品或服务很快地建立联系，不满足固有显著性的要求，故只能从获得显著性方面对"节日商标"的性质进行研究分析。

2.1 传统节日商标的显著性研究

2.1.1 传统节日商标属于日常通用名称

传统节日，是在漫长的历史长河中形成的反映民族社会文化风俗的特定日子，或寄托情感，或反映美好愿望，表达形式多样，内容丰富。首先，具体的传统节日是指特定的某一天，是对某一日期约定俗成的另一种表示，如"七夕"指农历七月初七，"重阳"指农历九月初九；其次，节日名称属于公有领域范围，任何人都可以使用；最后，节日通常与习俗是相互联系的，不同的节日有不同的习俗，如"中秋"的习俗是吃月饼，"端午"的习俗是吃粽子等。而"月饼""粽子"都是现代社会中的商品，不同的节日与不同的商品建立了联系。但"月饼""粽子"是一类商品的统一称呼，反映商品的种类，并不反映商品的来源，由此推知，节日名称属于通用名称的范畴。

2.1.2 关于通用名称商标的相关判例

2.1.2.1 美国判例考察

通用名称在美国称为"属名"（generic term），在美国法院的一些判例中认为属名是某特定种类（species）产品的属（genus），它直接告诉消费者具体要买的东西,而没有说明是由谁生产的。在判断属名的过程中,美国法院通过判例法逐渐发展出了两套准则:一是主要意义标准(primary significance test),针对因第三人的不当使用而导致商标显著性淡化成为属名的情况;二是属种标准(genus-species test),针对商标本身具有属名意义的情况。为了判定词汇的通用性,美国法院采取了"两步走"的方法:第一步,争议商品或服务的种类是什么?第二步,相关公众是否用来指代商品的某一种类?

对美国的大量判例研究发现,如果一个标识被认定为属名,就绝对不具有商标意义,也当然不可以通过使用来获得显著性。也就是说只要是属名,不管其是否获得区别商品或服务来源的能力,均不可以作为商标注册。在"Shredded Wheat"一案中,虽然"Shredded Wheat"投入了 1 700 万美元的广告投入,且已经使用了 30 多年,但是消费者一般将其看作是一件商品的名称,因此就绝不能获得显著性注册为商标。

2.1.2.2 国内判例研究

在"小肥羊"一案中,原告诉称"小肥羊"一词系内蒙古自治区锡林郭勒盟当地对一两岁小羊的习惯叫法。但多家公司曾于 2001 年申请注册"小肥羊"商标,均被商标局以"直接表示了服务的内容和特点"或通用名称等为由驳回,加之众多服务餐饮企业使用"小肥羊"为自己的服务名称,一审法院认定"小肥羊"并非知名服务的特有名称,而是涮羊肉餐饮服务行业的通用名称。但在二审中,二审法院认为"小肥羊"最先经原告作为服务名称用于餐饮行业,并因其在较长时间和范围内的使用,才使"小肥羊"在消费者群体中拥有较大知名度,在消费者看来,"小肥羊"是原告提供的"不蘸小料的涮羊肉"服务,而不仅仅指一两岁的小羊。再者 2003—2004 年的各法院判决和商标裁定书也证明了经过几年使用时间后,"小肥羊"已经从昔日的通用名称变为知名商品的特有名称。因此法院最终认可其为特有名称。

从判例中可以看出,与美国不同,我国认为通用名称在经过商标所有人的努力后使之与特定的商品或服务建立了联系,从而允许其注册为商标。即我国认可通用名称的获得显著性。

2.1.3 传统节日作为通用名称的显著性判断

把传统节日作为通用名称注册商标,相当于把"汽车"商标用于某家生产汽车的公司,把"矿泉水"商标用于某家生产矿泉水的公司,将公有领域的利益划为私有,利用商标独占权禁止其他商家使用,从而形成市场垄断。徐福记将"新年"注册为第 30 类商品商标,享有商标专用权,其他糖果销售商不能使用,丧失了利用通用名称描述商品的权利,对其他商家不公平。且消费者往往对含有节日名称的商品具有天然亲近感,更容易相信徐福记以"新年"商标进行宣传的糖果的品质,从而因有利商标抢占了大量销售市场,这样的情况不利于市场主体的公平竞争。

商标的合理使用制度，是指通过让商标所有人不能禁止他人的正当使用来避免通用名称成为商标对市场造成的不利影响。但商标权中最重要的权利就是商标专用权，如果不能排除其他商家的使用，那商标也就丧失了实际价值，允许其注册为商标也就毫无意义。

笔者认为，我国应当借鉴美国法院的做法，将传统节日这一通用名称排除在注册商标的范围之外。这样既有利于保护市场相关主体的利益，也可以防止误导生产者或销售者错误的经济投入，减少实际操作中的混乱，利大于弊。

2.2 电商节日商标的显著性研究

2.2.1 电商节日商标属于描述性商标

描述性词汇通常对商品或服务的相关用途、来源、性质等特点进行直接描述。消费者一般不会将描述性词汇与某一特定的来源联系起来，只有经过一段时间的使用而被消费者广泛知晓，使消费者在看到这一描述性词汇后就能联想到特定的商品或服务来源时，此时的描述性词汇才获得了"第二含义"，即描述性词汇因使用获得了显著性，从而可以将其注册为商标。

"双十一"是属于对某一特定日期的表达，与传统节日不同的是，这是电商造节的产物，缺乏因传统习俗来与特定商品之间建立联系的可能性。因网购的发展和电商的推动，人们对"双十一"的印象主要是电商平台开展的大型商品促销活动，因此"双十一"属于直接对商品促销活动的开展日期的描述性词汇。

借鉴美国第五巡回法院在"fish-fri"商标案判决中总结出的对于描述性商标判断的四个标准来对"双十一"这一电商节日商标进行判断：一是词语在字典中的含义，这种含义是公众对该词汇一般含义的通常理解；二是想象力标准，即看这个词汇作为商标使用时，是否需要发挥想象力才能得出该产品性质与产品特征等相关信息，如果需要发挥想象力，那么它就是暗示性的，如果不需要想象，词汇本身就描绘了商品的特点，那么这就是一个描述性词汇；三是看竞争者是否使用该词汇来描述其产品，描述性词汇直观地描绘了产品和服务的特点，而其他经营者在描述类似产品时也很可能使用此词汇来描述类似商品；四是其他人在类似产品或服务上使用该词汇的程度。

首先，在字典中并未查到有关"双十一"的词汇，但在百度百科中可以查到"双十一"一般是指"双十一购物狂欢节"，是表示于每年11月11日开展的网络促销活动。毋庸置疑，对"双十一"的这一解释已经被广大消费者普遍接受和认可。其次，"双十一"商标在使用时消费者第一时间想到的就是在11月11日开展的大型电商促销活动，无须借助任何想象力，仅凭直观感受就可确定服务的时间以及特点，而且也并无其他印象词汇易与"双十一"产生混淆。最后，"双十一"可以说是中国整个电子商务行业的年度盛典，所有的电商平台都会利用"双十一"这一词汇来表示商品促销活动。虽然京东通常使用"11·11"这一标识，但是参照美国相似案件的判决意见，存在其他形式的描述性词汇并不能否认该商标是描述性商标，因为没有规定一种产品只能有一种表述方式和描述词汇。因此"双十一"这类电商节日商标属于描述性商标。

2.2.2 电商节日商标的获得显著性分析

美国的《反不正当竞争法重述（第三版）》对描述性商标的"第二含义"的认定标准包括两个方面：一个是通过直接证据证明，如消费者的问卷调查等；另一个是通过间接证据证明，指的是商标所有人和竞争者对该标识的使用行为的持续时间。

2009年11月11日，阿里巴巴最先在这一天开展商品促销活动。起初并没有太多的品牌参与，但销售额却十分可观。由此，阿里巴巴开始固定在每年的11月11日这一天开展商品促销活动，随着时间的推移，"双十一"逐渐演变为家喻户晓的大型购物狂欢节。不可否认，首次将"双十一"与购物狂欢节联系在一起并推动其发展壮大的是阿里巴巴公司。根据笔者对一些长期网购的消费者的调查，大部分消费者在提到"双十一"时可以辨别出这是由阿里巴巴主导的商品促销活动，表明在消费者心中"双十一"这一商标与阿里巴巴公司建立了一定联系。根据2018年App Growing发布的《2018年"双十一"广告投放 &Q3移动电商营销分析》文章发布的数据，可以看到关于"双十一"的广告宣传覆盖了社交媒体、电视网络、公交地铁等各个渠道，且24小时不间断推送。11月1日—8日，App Growing共追踪到4 000多条与"双十一"购物节相关的移动广告，其中以天猫（阿里巴巴旗下）为首的电商平台是"双十一"广告投放的主力军。虽然以京东、苏宁为代表的电商平台也投放了大量"双十一"的广告宣传，但是因商标专有权限制，大多避开了"双十一"这一具体词汇，而是使用另外的类似表达方式，如"11·11"进行宣传，且宣传时间较阿里巴巴晚，宣传力度也没有阿里巴巴强。对"双十一"这一商标的获得显著性分析可以得出"双十一"商标在使用过程中获得了"第二含义"的结论，也就是其拥有了获得显著性。

2.2.3 电商节日商标的显著性退化

商标的显著性同时也在进行动态变化，先天不具备显著性的商标在经过长期使用之后可以逐渐获得显著性，而先天具备显著性的商标在经过长期使用之后也可能逐渐丧失显著性。随着各大商家对类似"双十一"表达词汇的使用量的增加，媒体和消费者也逐渐将"双十一"看作"大型购物狂欢节"的代名词，客观上减少了将"双十一"与阿里巴巴公司联系起来的可能性，由此"双十一"商标的识别性和区别性发生退化，获得显著性逐渐丧失。据调查结果显示，绝大多数消费者并不认可将"双十一"作为商标使一个企业独占，认为这会破坏市场的公平竞争。的确，将"双十一"这类电商节日注册为商标，是将公有利益划归私人领域，不利于市场公平竞争。"双十一"从一个普通的日期表达词发展到现在逐渐成为购物狂欢节的代名词是所有电商平台共同努力的成果，仅仅凭借最初创立者就将其确定为归阿里巴巴一家使用，会对其他电商平台造成巨大的损失，不符合利益平衡原则。

3 对我国"节日商标"认定的建议

3.1 我国获得显著性商标的认定现状

目前我国关于通用名称、描述性商标的显著性判定的理论不足，在立法和实践上也都存在一定的缺陷。

3.1.1 从立法层面来看

我国《商标法》第九条规定了商标显著性认定的标准为识别性与区别性，强调了显著性的重要性。第十、十一、十二条规定则是用否定的方式指出了不具有显著性的标志类型。其中第十一条第二款说明描述性的标志可以通过使用使其具有获得显著性而作为商标注册。《商标审查及审理标准》中对此条给出了具体的解释，提到了在审查经过使用取得显著特征的标志时应当综合考虑的因素，涉及相关公众的认知情况，实际使用的时间、使用方式及同行业使用情况，商品或服务本身的特点以及其他因素。还规定了证明责任以及判定的时间。

但可以看出，我国《商标法》以及有关实施细则对商标获得显著性的规定都比较抽象。而且目前我国《商标法》没有对商标显著性丧失进行规定，仅在行政部门对《商标法》的解释中有降低显著性行为的禁止性规定。

3.1.2 从实践层面来看

在实践中，关于获得显著性的证据提供是很有操作难度的，标识的使用宣传情况比较容易取得，但相关公众的认知因带有强烈的主观性和个人感情色彩而很难判断，且法律上也并未对认知程度有详细规定。据此，最高法院在《关于审理商标授权确权行政案件的若干问题的意见》（以下简称《意见》）中规定了商标获得显著性的判断中应当注意的问题以及操作规范。总体而言，虽然该《意见》充分考虑到了公众在确认商标显著性方面的重要作用，但是仍未涉及主观条件的具体适用范围。

商标的认定主体涉及商标局、商标评审委员会以及司法部门等，在认定过程中对证据的证明力往往依靠自身的主观判断，在获得显著性的法律适用方面缺乏系统性和可操作性的标准，往往会出现界定结果不一致的情况，且关于不同主体的界定结果效力也没有详细规定。

3.2 完善对节日商标认定的建议

笔者建议否定传统节日这一通用名称作为商标注册的可能性。结合国内外相关判例，笔者认为描述性商标的获得显著性判断应以利益平衡为原则，采用主客观条件相结合的方法，从消费者的视角，结合商标实际使用情况进行综合判断。

3.2.1 统一节日商标的认定标准

必须从消费者的视角对商标进行认定，可以通过引入如消费者调查问卷等市场调查报告来准确把握消费者心理。同时将调查委托给专业的调查机构进行，排除相关利益主体的干扰，最大限度地保证调查报告的质量和调查数据的公正，同时也可以更好地统一评判的标准，减少认定结果不一致的情况。规范的标准有利于界定节日商标的注册范围，减少市场混乱。

3.2.2 缩小节日商标的保护范围

虽然电商节日在使用过程中因获得显著性而被注册为商标，但是其他主体在这一过程中也做出了一定贡献。且电商节日名称属于公有领域，将其单纯地划归私人所有，禁止其他商家利用此词汇从事正当的商业行为，不符合公平竞争的市场原则，降低了市场效率。因此应缩小节日商标的保护范围，对商标所有权人的权利进行一定限制，允许除商标所有权人以外的其他人享有合理使用的权利。

3.2.3 引入节日商标的显著性丧失制度

任何商标都有可能丧失显著性，但我国《商标法》并未针对此特点制定显著性丧失的有关制度，对其变成通用名称的情况也没有进行规定。电商节日商标的显著性本身不强，在使用过程中丧失显著性从而沦为通用名称的可能性很大。应根据实际情况，及时对节日商标的显著性进行判断，对丧失显著性的节日商标予以撤销，以便更好地促进市场的发展。在显著性丧失制度中，也要注意从消费者的角度出发，参考获得显著性的认定标准来实施撤销制度。

3.2.4 对商家的建议

"双十一"所创造的销售额节节攀升，2018年11月11日凌晨1点整，天猫"双十一"成交总额达672亿元，比去年此时高出逾100亿元。可见"双十一"商标所创造出的巨大价值。参考节日商标的认定，商家应该提高对商标显著性保护的重视度，在使用过程中以增加广告宣传等方式加深消费者对商标与特定商家的联系，从而避免节日商标沦为通用名称。

参考文献

王国浩. 踏踏实实过年! 传统节日名称商标注册正回归理性 [EB/OL]. https：//mp. weixin. qq. com/s? ＿ biz = MzA3NDI3NjAyMg% 3D% 3D&idx = 2&mid = 401307680&sn = 9dc02fc22a651788e4a1c0fe35f2ef16.

郭畅, 2018. "双十一"商标显著性判定研究 [J]. 北京政法职业学院学报，102（2）：18-24.

    "618""双十一"都被你们注册商标了，我就不能用了吗？［EB/OL］. https：//mp. weixin. qq. com/s？＿＿biz＝MzA3NTU3MzI3MQ%3D%3D&idx＝ 1&mid＝2247484162&sn＝680e224ad3a927e21ff4833cc2eed2bb

    郑成思，1993. 知识产权法教程［M］. 北京：法律出版社.

    刘春田，2002. 知识产权法［M］. 2版. 北京：中国人民大学出版社.

    吴汉东，2009. 知识产权基本问题研究总论［M］. 北京：中国人民大学 出版社.

    孙敏洁，2012. 商标的早期历史追溯［J］. 求索，（3）：246-248.

    潘勇锋，2001. 商标显著性研究［J］. 中华商标，（9）：25-28.

    吴汉东，2000. 知识产权法学［M］. 5版. 北京：北京大学出版社.

    钟菁，2015. 商标显著性的探析［J］. 中国发明与专利，（1）：47-50.

    王玲美，2011. 论商标显著性的认定［D］. 宁波：宁波大学.

    吴耀党，2008. "第二含义"商标法律问题研究［D］. 苏州：苏州大学.

    赵析蔓，2016. 商标显著性研究［J］. 公民与法（综合版），（7）：10 -12.

    李惠娴，2014. 论我国商标显著性的判定［D］. 南京：南京理工大学.

    王文庆，2013. 论获得显著性商标的法律保护［D］. 北京：中国社会科 学院研究生院.

    梁家玮，2013. 商标获得显著性研究［D］. 上海：华东政法大学.

    余璐，2015. 商品通用名称商标法判定问题研究［D］. 上海：华东政法 大学.

    葛晴雨，2016. 商标获得显著性认定研究［D］. 合肥：安徽大学.

    刘珊，2013. 商标显著性判断［D］. 湘潭：湘潭大学.

    兰嘉丝汀. 2018 双十一广告投放数据出炉，看电商广告新趋势［DB/ OL］.（2018-11-20）. http：//www. adquan. com/post-2-47167. html.

    王迁，2007. 知识产权法教程［M］. 北京：中国人民大学出版社.

    孔耀华，2016. 商标的可获得显著性问题分析——以"双十一""国酒茅 台"商标之争为例［J］. 法制与社会，（1）：56-57.

    苏洋洋，2016. 论商标显著性的认定［D］. 南京：南京师范大学.

    红星，2016. 商标获得显著性研究［D］. 上海：华东政法大学.

    芣文玲，2014. 商品通用名称认定问题研究［D］. 上海：华东政法大学.

    2018 年双十一交易额数据统计最新直播 天猫淘宝双11 成交额［EB/OL］. （2018-11-11）. http：//dy. 163. com/v2/article/detail/E0AR1F2O053133L6. html.

家庭老年照料对子女劳动参与的影响研究

王杨白雪

【摘要】 本文利用2016年"中国家庭追踪调查"微观数据实证考察了家庭老年照料对子女非农劳动供给决策的影响。研究结果表明，照料老年父母对子女的非农劳动供给具有显著的抑制作用，与不提供照料者相比，从事家庭照料活动的子女劳动参与率水平更低，工作时间更短，且负向抑制作用随照料强度的上升而增强。进一步地，我们发现家庭照料责任显著降低了农村女性的非农劳动参与率，对城镇男性的劳动供给决策影响较小；处于低收入阶层的子女在面临老年照料时更容易减少工作时间甚至退出劳动力市场。以上结果具有鲜明的政策含义：政府应完善社会养老服务体系，构建家庭照料支持体系，关注家庭照料的性别平等以及低收入家庭的老年照料诉求。

【关键词】 老龄化；家庭照料；劳动参与

1 引言

中国是世界上老年人口最多的国家，老年人口的年均增长人数也位居全球首位（蒋丽，2017）。截至2016年年底，中国65岁以上的人口达到1.5亿，占总人口的比重为10.8%[①]，同2010年相比上升了2.74个百分点。中国已迈入老龄化社会，老年人口照料已然成为摆在政府、社会和家庭面前的一个经济社会难题。

在传统文化习惯的影响下，以及在社会养老保障制度改革进展缓慢的制约下，家庭照料一直是中国最主要的养老模式，且这种模式也将长期存在。但是，受1949—1957年和1962—1970年两次人口生育高峰，以及20世纪80年代以来实行严格的计划生育政策的影响，近年来中国社会出现了老龄化进程加快与家庭子女数量减少并行的局面，老年抚养比高达2.8∶1。成年子女由于缺乏其他家庭成员和政府的支持而面临着家庭照料重负，这势必会造成

---

① 数据来源于"中华人民共和国国家统计局2010年第六次全国人口普查".

家庭老人照料与自身劳动参与的矛盾，进而影响子女的劳动供给决策。

中国正处于就业市场供求关系转变的十字路口，并将迎来劳动力人口负向增长的历史性拐点（马双，2017）。从长期来看，生育政策改革是增加劳动力供给的根本举措，但研究短期内如何激活劳动存量，实现劳动力供给有效增长，对应对中国人口红利逐渐消失、促进经济平稳健康增长也具有重要的现实意义。其中，家庭老年照料作为影响成年子女劳动供给决策的关键因素尤其值得关注，这对于揭示中国当下如何采取有效的就业政策以提高成年子女劳动参与率至关重要。

目前关于家庭照料对成年子女劳动参与的影响的研究还相对较少，对家庭老年照料及照料程度如何影响子女劳动供给还没有完全达成一致意见。因此，本文采用"中国家庭追踪调查"（CFPS）2016 年微观截面数据实证考察了家庭老年照料对于成年子女非农劳动参与的实际影响，认识到了照料领域的性别差异，并从收入分层的视角拓展了研究家庭照料对成年子女非农劳动参与影响的内在作用机制，以期为公共养老与就业政策的制定提供一些参考和借鉴。

本文剩余部分的结构安排如下：第 2 部分为研究家庭照料与劳动参与的文献综述，第 3 部分为研究模型设计，第 4 部分为回归结果及分析，第 5 部分是扩展讨论与检验，最后一部分是对全文的概括总结。

2 文献综述

20 世纪 80 年代，Soldo 与 Brody 等开创性的研究引起了学者们对家庭老年照料与子女劳动参与关系进行系统性研究的热情。

通常情况下，女性相较于男性更容易成为家庭照料的主要提供者（Ettner，1995），因此早期研究多集中于女性。首先，一些文献分析了是否从事照料活动对其劳动参与的影响。Stone（1982）利用美国国家非正式照护者调查数据研究发现，家庭照料对女性的劳动参与具有显著负向影响，与父母同住的女性劳动参与率大约会下降 20%。另外，Ettner（1995）利用美国收入与项目参与调查数据研究得出，与无自理能力的父母同住会显著减少女性劳动时间，而且将使得女性直接退出劳动市场。Wolf 和 Soldo（1994）、Heitmueller（2007）等利用英国数据研究也得到了相似的结论。但是，Latif（2006）和 Lilly 等（2010）基于加拿大的微观数据的分析则认为，家庭非正式照料虽然会减少女性的劳动时间，但是对女性劳动参与率却并没有显著影响。其次，还有一些文献进一步地研究了家庭照料强度与女性劳动参与的关系，并一致认为高强度的照料活动对照料者劳动供给行为的影响较大（Crespo，2007；Casado Martin，2011）。例如 Carmichael 和 Charles（2003）利用英国家庭调查数据发现每周提供至少 10 小时（照料"门槛"）以上的照料就会显著降低家庭照料者的劳动参与率。但是，现有文献对照料强度门槛尚未达成一致意见。Lilly（2010）利用加拿大普查社会数据的研究认为照料强度接近每周 15 小时，而 Colombo（2011）在对 OECD（经济合作与发展组织）国家老年家庭的分析中发现照料强度门槛接近 20 小时。由此可见，关于老年家庭照料与女性劳动参与关系的许多问题尚未达成共识，这可能与国别差异即一国制度、文化等的异质性有关。

随着女性地位的提升，以女性照料为主的家庭照料模式被弱化，男性在一定程度上参与老年父母的照料，大量文献开始将研究范围拓展至男性群体，并对比考察家庭照料对子女劳动参与影响的性别差异（Carmichael 和 Charles，2003；Nguyen 和 Connelly，2014）。首先，一些文献分析了家庭老年照料对男女两性劳动参与的影响。例如，Carmichael 和 Charles（2003a）利用英国家庭调查数据进行实证研究发现，高强度的老年照料活动会同时降低成年男性与女性的劳动参与率。Bolin 等（2008）利用欧洲健康、老龄和退休调查数据发现老年父母照料会显著降低男性与女性的劳动供给水平，其工作时间和劳动报酬也会显著减少。Ciani（2012）利用欧洲数据、Nguyen 和 Connelly（2014）利用澳大利亚数据也得出了相似结论。其次，一些文献进一步研究了家庭照料对劳动参与影响的性别差异。Carmichael 和 Charles（2003b）利用英国社会调查数据进行实证研究发现，提供家庭照料对女性劳动参与的负向影响更大。Wiemers（2013）、Jacobs（2014）等的研究得出了相似的结论。但是，Leigh（2010）利用澳大利亚家庭、收入与劳动动态调查数据的研究发现，相较于女性照料者，从事家庭老年照料对男性的劳动参与率的负向影响更大。而 Nguyen 和 Connelly（2014）同样利用澳大利亚数据得出这种影响在男性与女性之间没有明显差别。另外，Connelly（2014）提出家庭照料对劳动参与的负向影响主要集中于主要照料提供者，而次要照料者的劳动参与几乎不受影响。总之，目前关于研究家庭照料与子女劳动参与关系的文献集中于劳动力参与行为分析和劳动参与后的劳动时间选择分析（马双等，2017），并将家庭老人照料及照料强度作为重点关注变量，在新近国际研究中，有研究者开始关注家庭照料者与提前退休决策的关系，其中 Van Houtven 等（2013）和 Jacobs 等（2014）的研究发现家庭老年照料会显著提高家庭照料提供者提前退休的概率。

目前，关于研究家庭老年照料与成年子女劳动参与关系的文献主要来自美国、英国、加拿大、澳大利亚等国家，中国在这一领域的研究刚刚起步，关于家庭照料者劳动参与的文献相对较少，且大多从宏观经济转轨（陆铭和葛苏勤，2000）、生育保险制度（陈琳，2011）等角度探讨中国子女劳动参与率的变化。在研究家庭老年照料与成年子女劳动参与的关系时，首先，一些文献重点研究了家庭照料对女性劳动参与的影响。刘岚等（2010）采用"中国营养与健康调查"面板数据研究得出照料父母对已婚妇女的劳动时间没有影响，而照料公婆却有非常显著的负向影响。马焱等（2014）利用第三期中国妇女社会地位调查数据的研究发现老年照料对城镇已婚中青年女性的劳动供给具有显著的负向影响。黄枫（2012）、范红丽（2016）等的研究发现了相似的结果，但影响程度略有差异。另外，黄枫（2012）对照料强度的"门槛效应"进行了测度，研究表明高强度的照料活动显著降低了女性的劳动参与率。在新近的少数研究中，一些文献把视角转向性别的差异化分析，研究照料责任对男性与女性非农劳动参与的影响程度。例如，刘岚等（2016）认为受传统道德的约束以及就业市场的歧视，女性在面对家庭照料时，会显著减少劳动时间，且主要表现为直接退出劳动力市场。另外，一些文献还就家庭照料与劳动参与的关系分城乡样本做进一步研究。例如，刘岚等（2016）利用"中国家庭追踪调查"数据研究发现提供家庭照料显著降低了城镇中年男性与女性的劳动参与率，工作时间明显缩短。董晓媛等（2010）采用"中国健康和营养调查"数据研究得出，照料父母对农村已婚女性的非农劳动参与具有显著的影响。进一步地，一些文献将城镇与农村样本进行比较分析，比如范红丽等（2016）研究认为家庭老年照料显著降低了农村子女的劳动参与率，而对城镇子女的劳动参与没有显著影响，这可能与农村家庭的照料机会成本更小、子女在就业市场上竞争力更小有关。

关于家庭老年照料对子女劳动参与影响的研究观点各异，但基本上达成了一个共识，即相较于非照料者，承担家庭责任的照料者一般有较低的劳动参与率。虽然这类文献已经逐步认识到家庭照料责任对照料者劳动参与影响的重要性，但是关于家庭老年照料与子女劳动参与之间的明确关系及作用机制仍需进行进一步的系统性研究。且既有文献将考察的重点置于家庭老年照料对女性劳动参与的影响，少有拓展至全样本及对劳动力市场的其他产出变量进行检验，也忽视了中国长期城乡二元体制下子女劳动参与的差异。另外，由于不同收入阶层群体的资源禀赋、思维方式及行为决策的普遍差异性（姚俭建等，2008；史蒂夫·席博德，2011），研究不同收入阶层家庭子女在面临照料时的劳动决策也具有一定意义。因此，本文从以下两个方面推进家庭老年照料与子女劳动供给关系的研究。第一，在样本总体研究的基础上，进一步按户籍和性别划分子样本，深入探讨家庭照料责任对不同类型个体的劳动参与的影响及其机制；第二，从收入分层的视角剖析处于不同收入阶层的家庭老年照料者的劳动行为差异化决策。

3 研究模型设计

3.1 数据来源与样本选取

本文采用 2016 年"中国家庭追踪调查"微观调查数据进行实证分析。

CFPS 是由北京大学中国社会科学调查中心实施的具有全国代表性的大型微观入户调查，该调查旨在通过追踪收集社区、家庭、个体三个层面的数据，折射中国社会、经济、人口、福利等的变迁，从而为学术科研和政策制定提供支撑。CFPS 的调查样本覆盖了全国 25 个省，目标样本规模为 16 000 户，其分层多阶段抽样设计使样本代表了大约 95% 的中国人口（Xie，2012）。调查内容涉及家庭和个人层面的教育、健康、工作及家庭关系等信息，基本上满足了本文研究家庭老年照料与子女劳动供给关系的需求。在 2016 年的样本中，回答成人问卷的男性和女性人数共计 20 126 人，其中男性为 10 229 人，女性为 9 897 人。鉴于刘岚（2010）等的文献认为 40 岁及以上的成年子女相较于更为年轻的年龄组更有可能为父母提供家庭照料，以及世界卫生组织将 60 周岁及以上的人群定义为老年人群，因此本文将 40～59 岁年龄段的男性和女性人口作为家庭基准成员，且研究特别限定受访者健在的父母的年龄在 70 岁及以上。同时，考虑到自我雇佣的农业劳动在时间上具有弹性和自主性，从事家庭照料对其农业劳动参与几乎没有影响（黄枫，2012），因此本文样本中不包括从事农业方面的工作（包括种地、管理果树、采集农林产品、养鱼、打鱼、养畜生以及去市场销售农产品等）的个体。剔除缺失值后的样本数共计 4 808 人，男性为 2 234 人，女性为 2 574 人。

3.2　计量模型与估计方法

本文构建了如下形式的计量模型来检验家庭老年照料对子女非农劳动参与决策的影响：

$$Labor\_supply_i = \beta_0 + \beta_1 caring_i + X\gamma + \xi_i \tag{1}$$

其中，被解释变量 Labor_supply 代表子女的劳动供给决策；关注变量 caring 代表子女的家庭老年照料；X 是其他可能影响子女劳动供给的因素，包括子女的性别、年龄、健康状况等个人特征变量，家中年幼孩子的情况、家庭规模等家庭因素以及省级虚拟变量；ξ 为随机扰动项；β_1 为关注系数，衡量子女从事家庭老人照料对自身非农劳动供给决策的实际影响。

在考察家庭老年照料对子女非农劳动参与的影响时，我们除了想知道家庭照料对子女劳动时间的影响，还想知道家庭照料是否会使得一些个体退出劳动市场，因为在劳动供给理论中，代理人通过劳动与闲暇（照料老人、休闲娱乐等）决策使其效用最大化，当最大化问题存在内点解时，劳动供给理论研究代理人如何选择劳动时间，当只有角点解时，就变成了劳动参与问题（马双等，2017）。因此本文选取了照料者的"劳动时间"和"是否参与劳动"两个指标分别作为被解释变量。由于"是否参与劳动"是一个 0-1 变量，将其作为被解释变量时，本文采用 Probit 模型进行估计。另外，子女的劳动供给决策与家庭照料决策既存在相互影响（Heitmueller，2007），也会受到个人偏好等某些因素的共同影响，若直接对公式（1）进行回归则可能会因内生性问题而引起参数估计的偏误。因此，本文主要采用工具变量法进行回归。具体而言，当"劳动时间"作为被解释变量时采用两阶段最小二乘法（2SLS）进行回归，当"是否参与劳动"作为被解释变量时采用 IV–Probit 进行回归。

3.3　变量定义与描述性统计

被解释变量为"劳动时间"和"是否参与劳动"。其中，"是否参与劳动"根据受访者对"过去一周您是否至少工作了 1 个小时（不包括在家做家务和义务的志愿劳动）？""您能够在确定的时间或者 6 个月以内，回到原来的工作岗位吗？""您是否从事个体经营劳动，但是目前处于生意淡季，等过一段时间还会继续经营？"这三个问题的回答来确定，若以上三个问题有一个问题回答为是，则定义为参与劳动，取值为 1，否则为 0。子女的工作时间则是根据"在这个月中，这份工作一般每周工作多少个小时？"来定义的连续变量。

对于关注变量"家庭老年照料"，我们也选取了两个指标：一是"是否从事家庭老年照料"，根据受访者对"过去 6 个月中，您是否为父/母料理家务或照顾他/她的饮食起居？"的回答进行赋值，若回答"是"，则赋值为 1，否则为 0；二是子女"照料程度"，根据受访者对"过去 6 个月中，您有多经常为父/母料理家务或照顾他/她的饮食起居"来设置程度变量 1~5，数值越大代表每周照料时间越长。

最后，针对家庭老年照料可能存在的内生性问题，本文参考 Bolin（2008）、Heitmueller（2007）和卢洪友（2017）等的文献的做法，选取"家庭老人健在数量"和"村委会或居委会 60 岁及以上人口比重"这两个变量作为家庭老年照料的工具变量。一方面，在目前，中国人口老龄化以及慢性发病率上升的问题日益突出，家庭子女承担着沉重的赡养责任，家庭需要赡养的老人数与子女家庭照料决策密切相关，且其只是通过影响子女照料活动间接影响其劳动参与；另一方面，老人所占比重也与子女家庭照料相关，一般而言老人比重越高，家庭越有可能需要承担照料老人的责任，且其与家庭劳动参与决策不相关。

表 1 给出了全样本、从事家庭照料活动及无照料活动样本的男、女分样本描述性统计。40~59 岁的男性个体的平均劳动参与率约为 83%，普遍高于女性，且平均工作时间较长。承担照料责任的女性的劳动参与率相较于非照料者减少了约 15 个百分点，可见家庭照料责任对女性的劳动参与率具有明显的负向影响。相较于女性，男性的劳动供给情况受是否照料老年父母的影响不大。承担照料责任的子女，家庭老人健在数量明显高于无照料活动者。另外，相较于男性，女性的受教育程度较低，健康状况也较差，女性较低的人力资本存量和社会资本存量使其在劳动力市场上竞争力不足，也是其劳动参

与率较低的原因。

表 1　变量名称与男、女分样本描述

主要变量		全样本		提供照料样本		未提供照料样本	
		男	女	男	女	男	女
是否参与劳动	工作 = 1	0.83	0.70	0.81	0.57	0.85	0.72
劳动时间	小时	48.6	32.1	45.1	19.7	49.9	38.2
从事家庭照料	是 = 1	0.20	0.43	1.00	1.00	0.00	0.00
照料程度	程度变量	1.37	2.92	2.64	3.13	1.00	1.00
户籍	城镇 = 1	0.39	0.38	0.37	0.35	0.38	0.37
性别	男性 = 1	1.00	0.00	1.00	0.00	1.00	0.00
年龄	离散变量	47.33	48.07	49.34	48.26	47.87	45.13
婚姻状况	已婚 = 1	0.96	0.95	0.97	0.95	0.95	0.93
健康状况	程度变量	2.90	2.72	2.91	2.85	2.92	2.64
小学及以下	是 = 1	0.84	0.68	0.92	0.78	0.86	0.66
初中	是 = 1	0.63	0.46	0.71	0.55	0.61	0.45
高中/中专	是 = 1	0.23	0.15	0.35	0.24	0.31	0.20
大学及以上	是 = 1	0.07	0.06	0.08	0.07	0.09	0.06
家庭规模	人	5.22	5.31	5.27	5.03	5.17	5.38
家庭年收入	元	67 103.28	66 374.49	59 123.34	59 002.73	68 254.12	67 426.21
家庭老人健在数量	离散变量	1.16	1.27	1.52	1.64	0.96	1.02

159

　　据中国老年社会追踪调查数据显示，截至 2014 年年底，城镇养老院的覆盖率约为 21%，农村仅为 10%，而日间老年照料中心的拥有比例城市约为27%，农村仅为 4.89%，相差 4.52 倍，老年人在社会养老资源上存在巨大的城乡差异（吴燕华等，2017）。从表 2 的数据中可以看出，城镇和农村地区子女从事家庭老年照料活动降低了劳动参与率，但相较于城镇人口，农村人口从事家庭老人照料活动的劳动参与率的下降程度更大，工作时间也有明显缩短，这可能与城乡居民的资源禀赋、人力资本水平的差异有关。

表 2　全样本与城乡分样本描述

主要变量		全样本		提供照料样本		未提供照料样本	
		城镇	农村	城镇	农村	城镇	农村
是否参与劳动	工作 = 1	0.82	0.71	0.81	0.63	0.85	0.75
劳动时间	连续变量	41.2	39..9	33.9	15.2	51.0	48.6
从事家庭照料	是 = 1	0.19	0.33	1.00	1.00	0.00	0.00
照料程度	程度变量	1.24	1.96	2.37	2.98	1.00	1.00

4 回归结果及分析

4.1 基准回归

作为参照对比，本文首先采用普通最小二乘法和 Probit 模型对公式（1）进行回归，结果如表 3 所示。从事家庭照料平均使得子女的劳动时间减少了 12.97 小时，劳动参与率下降了 6.29%；照料程度每提升一个等级，子女的劳动时间平均减少 8.96 小时，劳动参与率下降 2.95%，且均在 1% 的统计水平上显著。

表 3　家庭老人照料与子女非农劳动参与决策

被解释变量	OLS		Probit	
	劳动时间		是否参与劳动	
从事家庭照料（是=1）	-12.97*** (-6.63)	—	-0.062 9*** (-3.41)	—
照料程度	—	-8.96*** (-11.76)	—	-0.029 5*** (-3.56)
子女性别	6.48*** (4.46)	4.44*** (3.18)	0.191*** (15.36)	0.192*** (15.44)
年龄	1.68*** (2.30)	1.37*** (2.02)	0.039 3*** (6.24)	0.038 9*** (6.18)
年龄的平方	-0.238 7*** (-3.11)	-0.019 68*** (-2.77)	-0.000 483*** (-7.63)	-0.000 482*** (-7.62)
婚姻状况	0.597 8 (0.2)	3.107 8 (1.04)	0.029 1 (1.17)	0.027 6 (1.12)
健康水平	0.332 3*** (3.21)	0.240 6*** (3.25)	0.029 9*** (6.13)	0.030 0*** (6.16)
小学及以下	-0.541 3 (-0.23)	-1.110 3 (-0.52)	-0.017 3 (-1.00)	-0.018 0 (-1.04)
初中	0.721 9 (0.38)	1.356 9 (0.75)	-0.003 54 (-0.23)	-0.003 22 (-0.21)
高中	1.151 4 (0.49)	1.048 4 (0.44)	0.023 9 (1.29)	0.023 1 (1.25)
大学及以上	5.941 2* (1.90)	3.768 8** (2.70)	0.193*** (5.67)	0.191*** (5.59)
户籍	4.35** (2.88)	4.21*** (5.26)	0.019** (2.62)	0.020*** (3.48)
家庭年收入（对数）	0.534* (1.73)	0.316 (0.34)	0.213** (2.74)	0.201* (1.98)
家庭规模	0.369 (0.83)	0.507 9 (1.24)	0.002 91 (0.80)	0.003 48 (0.96)
家庭资产（对数）	0.256 (0.66)	0.168 8 (0.44)	0.002 56 (0.83)	0.002 58 (0.84)
工作性质	-3.291 (-1.44)	-3.792* (-1.79)		

表3(续)

被解释变量	OLS		Probit	
	劳动时间		是否参与劳动	
省份虚拟变量	Yes	Yes	Yes	Yes
R^2	0.117	0.201	0.16	0.17
样本数	1 034	1 034	4 760	4 760

注：Probit 模型报告的是边际效应；括号内为经过"异方差稳健性标准差"校正过后的 t 统计量，***、**、* 分别代表在 1%、5%、10%的显著性水平上统计显著。

4.2 工具变量法回归

考虑到内生性问题，上述结果可能具有一定的偏误，接下来，本文主要采用工具变量法进行回归。

需要指出的是，使用工具变量法的前提是工具变量的有效性和模型确实存在内生性。首先，就工具变量的有效性而言，前文已经从逻辑层面说明工具变量是有效的，本文通过统计检验也进一步证实了工具变量的有效性。如表4所示，弱工具变量检验的 F 值均大于经验临界值 10，因此不存在弱工具变量问题；且过度识别检验的 P 值较大，无法拒绝工具变量外生性的假设。其次，就模型的内生性而言，对比表 3 和表 4 的估计结果可知，两者的估计结果存在较大差异，这表明模型确实存在内生性问题，而且 Hausman 检验结果也证实了这一点。因此，本文采用工具变量法进行回归是合理的。

从表 4 中可知，相较于未照料者，从事家庭老人照料活动以及照料程度的加深均会对子女的劳动参与率具有显著的负向影响，其中从事家庭照料使子女的劳动参与率下降了约 16.6%，照料程度每提高一个水平，子女的劳动参与率就下降 5.2%左右。对于继续从事劳动的子女，照料老人使其平均每周的工作时间减少了约 16 小时，照料程度每提高一个水平，周平均工作时间就减少大约 10 小时。这一结果佐证了国内外文献中家庭老年照料与劳动参与率负向相关的研究结论（赵晓军，2009；刘柏慧，2014；Carmichael 和 Charles，2003；Nguyen 和 Connelly，2014）。同时，表 4 中家庭照料对劳动参与的影响系数大于表 3 中的系数，这与 Bolin（2008）和范红丽（2015）的研究结论是一致的，表明忽略模型的内生性问题会明显低估家庭老年照料对子女的劳动参与决策的负向影响。

表4　家庭老年照料与子女非农劳动供给的内生性检验

被解释变量	2SLS		IV-Probit	
	劳动时间	劳动时间	是否参与劳动	是否参与劳动
从事家庭照料（是 = 1）	−16.07*** (−4.32)	—	−0.166** (−2.83)	—
照料程度	—	−10.12** (−2.84)	—	−0.052** (−2.76)
个人特征	√	√	√	√
家庭特征	√	√	√	√
省份虚拟变量	√	√	√	√
R^2	0.24	0.22	0.13	0.12
工具变量 F 值	42.34***	46.95***	34.25***	33.67***
过度识别 P 值	0.412	0.384	—	—
Hausman−test	p=0.08	p=0.10	—	—
样本数	1 034	1 034	4 346	4 346

注：IV-Probit 模型报告的是边际效应；括号内为经过"异方差稳健性标准差"校正过后的 t 统计量，***、**、* 分别代表在 1%、5%、10%的水平上显著。

　　本文的参数估计结果表明，从事家庭老年照料活动显著降低了子女的劳动参与时间，且随着家庭老年照料程度的加深，子女会由缩短工作时间变为直接退出劳动力市场，对此我们认为是符合逻辑的。

　　首先，从传统文化因素来看，多代直系家庭成员间的紧密联系是中国儒家文化的重要特征（卢洪友等，2017），与西方家庭不同，中国子女具有与父母同住的习惯（陈璐等，2016），传统孝道下的成年子女通常会倾向于担负起照料老年人的责任，家庭老年照料的需求必然会挤占子女的工作时间，从而对劳动供给产生负向的影响。其次，从家庭人口结构因素来看，少子化和家庭规模小型化是当前家庭人口结构的一个重要特征，这意味着子女难以在兄弟姐妹间分担照料负担，从而也就无所谓在"多照料、少劳动"和"多劳动、少照料"之间进行权衡取舍，存在照料需求时必须减少子女的劳动供给，甚至随着照料程度的加深子女需直接退出劳动力市场。最后，从社会养老服务来看，子女选择参与劳动则需要从养老市场上购买社会养老照料服务，亲自照料则需要放弃工作收入。当子女面临承担照料老人的责任时，会权衡市场购买与亲自照料之间的成本差异，从而做出是否继续参与劳动的决策。尽管目前市场上出现了如敬老院、养老公寓等家庭照料的替代品，但是其价格较高，且养老保障体系尚不健全，难以满足大部分老年人的照料需求，因此当子女面临照料老人的责任时，通常会减少自己的劳动供给而选择亲自照料。

控制变量的系数估计值也具有合理的经济含义。子女的受教育年限越长、健康水平越高，其人力资本水平越高，越具有明显的就业优势，劳动参与率就越高；年龄平方项前的系数为负，即随着子女年龄的增长，积累了较多的工作经验且正处于事业上升期，劳动参与率高且平均劳动时间较长，而随着年纪的衰老二者均有所下降；另外，子女婚姻状况、家庭资产等对其劳动参与决策无显著影响。

5　扩展讨论与检验

虽然中国家庭的子女对于老年照料都倾向于选择亲自照料，但是不同个体间在多大程度上选择亲自照料则是有差异的，因而老年照料对于不同个体的劳动供给决策的影响也是不一样的。具体来讲，当存在老年照料需求时，个体劳动供给决策的差异主要是由其在老年照料的支付压力和机会成本（放弃工资收入）等方面的差异导致的。从老年照料支付压力的角度来看，对于那些经济状况较差的家庭，可能需要更多地参与劳动市场以获取更多的劳动收入，从而对劳动供给产生正向的影响。从老年照料机会成本的角度来看，收入水平越低的子女，参加老年照料的机会成本越低，老年照料对于劳动参与的抑制作用就可能越显著；而收入水平越高的子女，参加老年照料的机会成本越高，老年照料对于劳动参与的抑制作用就越不显著，甚至会促使子女更多地参与劳动，通过购买养老服务来替代亲自照料。因此，本文将进一步从户籍、性别视角和收入分层视角探究照料老年父母对于不同人群劳动参与的影响差异。鉴于被解释变量"劳动时间"的有效样本数较少，下文中我们将被解释变量"是否参与劳动"作为考察的重点，进行分样本讨论与检验。

5.1　基于户籍、性别的视角

首先，即便是老年照料使得子女的劳动总供给量减少，但是夫妻双方劳动供给的变化并不是完全同步的。根据家庭分工理论，对于家务劳动（包括家庭照料）和社会劳动的选择决策等，夫妻双方通常会以整个家庭的生产最有效率为出发点做出最优决策（Becker，1973）。由于身体条件的差异或者是就业歧视等，在劳动力市场上男性工资通常高于女性工资，因而男性参与照料的机会成本高于女性；同时，中国的传统文化推崇"男主外、女主内"的家庭分工模式，使得女性更容易成为主要的照料提供者（Carmichael 和 Charles，2003）。因此，本文认为老年照料对于女性劳动参与的抑制作用会显著大于对于男性劳动参与的抑制作用。

其次，由于城乡居民在文化、经济和就业等方面存在差异，老年照料对其劳动参与的影响可能是不同的。从机会成本来看，城市居民的工资收入通常高于农村居民的工资收入，老年照料的机会成本较高。从社会养老来看，农村社会养老的公共资源匮乏且农村家庭经济状况较差，农村居民更容易以

163

家庭照料替代正规照料活动，而城镇居民却更可能直接从市场上购买正规照料服务。因此，本文认为老年照料对于农村居民劳动参与的抑制作用会显著大于对于城市居民劳动参与的抑制作用。

最后，相对于城市居民，农村居民主要从事体力型的工作，男女工资差异较大，即男性从事家庭照料的机会成本与女性从事家庭照料的机会成本差距更大；同时，相对于农村地区，城市家庭内部男女地位更加平等，在家庭分工中的男女差异都相对较小。因此，本文认为老年照料对于农村居民劳动参与的抑制作用的性别差异会大于对于城市居民劳动参与的抑制作用的性别差异。

基于上述分析，表6汇报了从事家庭老年照料对子女劳动参与影响的户籍、性别差异。根据表6可知，家庭照料均降低了成年子女的劳动参与率，这也佐证了刘岚等（2010）的研究结论。具体而言，从事家庭老年照料分别使得城市和农村女性的劳动参与率显著降低了16.2%和24.1%，而分别使得城市和农村男性的劳动参与率显著降低了2.9%和5.8%，且对于城市男性的影响不显著。这说明：①从事家庭老年照料对女性劳动供给的负向影响要远大于男性；②从事家庭老年照料对农村家庭劳动供给的负向影响要远大于城市；③从事家庭老年照料对农村家庭劳动供给的负向影响的性别差异（18.3个百分点）要远大于城市的性别差异（13.4个百分点）。这意味着承担家庭老人照料责任对农村女性的劳动参与率负向影响最大，这一结果与前述理论预期是完全一致的，同时这也符合中国的现状。世界银行发布的《中国农村老年人口及其养老保障：挑战与前景》报告指出，中国农村与城镇地区老年人口抚养比差距预计从2008年的4.5%扩大到2030年的13%。过高的老年人抚养比、家庭养老模式和城乡差异格局会使农村女性承担更重的家庭老人照料责任。因此，改善老年照料现状、减轻女性照料负担，对于激励农村女性非农劳动参与、释放就业潜力具有重要意义。

表5　家庭照料与劳动参与率（户籍、性别视角）

被解释变量：是否参与劳动	城镇		农村	
	男性	女性	男性	女性
从事家庭照料（是=1）	-0.028 5 (-0.89)	-0.162*** (-4.18)	-0.057 7* (-1.80)	-0.241*** (-6.15)
年龄	0.061 2** (2.40)	0.056 9*** (2.91)	0.012 80 (1.37)	0.047 4** (2.49)
年龄的平方	-0.000 805*** (-3.27)	-0.000 790*** (-3.96)	-0.000 161* (-1.76)	-0.000 693*** (-3.59)
健康水平	0.038 3** (2.43)	0.038 2** (2.38)	0.018 9*** (3.14)	0.046 9*** (3.07)

表5（续）

被解释变量： 是否参与劳动	城镇		农村	
	男性	女性	男性	女性
小学及以下	0.034 0 （0.39）	−0.172** （−2.61）	0.011 3 （0.50）	−0.130 （−1.98）
初中	−0.082 8 （−1.53）	0.086 6 （1.60）	0.004 0 （0.23）	0.042 9 （0.82）
高中	−0.015 6 （−0.37）	0.013 6 （0.29）	−0.015 6 （−0.62）	0.012 8 （0.30）
大学及以上	0.155** （2.79）	0.105* （1.84）	0.041 2 （0.56）	0.144** （2.60）
家庭规模	0.020 0* （1.69）	0.016 9 （1.37）	0.006 29 （1.34）	0.008 2 （0.88）
家庭资产（对数）	0.006 00 （0.58）	0.012 2 （1.24）	0.007 4** （2.16）	0.010 1 （1.08）
家庭年收入（对数）	0.254* （1.89）	0.249* （1.76）	0.256** （2.63）	0.251* （1.74）
省份虚拟变量	Yes	Yes	Yes	Yes
R^2	0.32	0.31	0.34	0.35
样本数	1 040	1 002	1 194	1 236

注：IV-Probit 模型报告的是边际效应；括号内为经过"异方差稳健性标准差"校正过后的 t 统计量，***、**、*分别代表在 1%、5%、10% 的水平上显著。

5.2 基于收入分层的视角

对于不同收入水平的家庭而言，老年照料对子女劳动供给决策的影响主要有三个方面的差异：第一，老年照料的机会成本。一般而言收入越高的人群的劳动边际回报率越高，放弃工作的机会成本越大，因此越倾向于用转移支付或购买照料服务来替代家庭照料。第二，对正规照料服务的购买能力。通常收入越高的人群用转移支付替代家庭照料的能力越强。第三，对于老年照料的支付压力。老年照料是需要费用的，有老年人的家庭通常在面临着医疗保健等综合性支出压力，低收入家庭通常面临这种经济压力时，为了支付老年照料的相关费用，可能需要子女更多地参与劳动。因此，本文认为，在面对家庭照料时，收入越高的人群越可能选择购买市场上的正规照料服务替代家庭照料，老年照料对家庭劳动供给的负向影响越不显著；而对于收入较低的人群，老年照料对家庭的劳动供给决策既存在负向影响，也存在正向影响，总影响尚不确定。

为了检验上述分析结论，本文分别估计了家庭老年照料对于高收入和低收入人群①子女的劳动参与决策的影响，参数估计结果如表 7 所示。对处于高收入人群的家庭，从事家庭照料活动使子女的劳动参与率降低了 1.68%，且在 10%的水平上不显著，这表明对于高收入群体而言，对老年人照料的需求并不会对子女的劳动供给决策产生明显影响。但是对于低收入人群家庭，从事家庭照料使子女的劳动参与率约降低了 23.3%，在 1%的统计意义上显著，这表明经济不太富裕的家庭的子女劳动供给决策受家庭老年照料影响较大。虽然，对于低收入家庭，照料老人的费用支出在一定程度上会激励子女在劳动市场上提供更多的劳动，但是从回归结果可知，这一正向促进效应较小，放弃工作的机会成本及转移支付替代能力两大负向效应发挥着主导作用。

表 6 家庭老年照料与子女劳动参与率（收入分层视角）

被解释变量：是否参与劳动	低收入人群	高收入人群
从事家庭照料（是=1）	−0.233 *** (−7.91)	−0.016 8 (−1.38)
性别	0.260 5 *** (11.32)	0.210 3 *** (10.04)
年龄	0.019 7 (1.5)	0.046 9 *** (3.77)
年龄的平方	−0.000 258 (−1.76)	−0.000 606 *** (−4.85)
户籍	0.021 *** (8.28)	0.019 *** (5.22)
健康水平	0.042 6 *** (4.29)	0.040 4 *** (4.14)
小学及以下	0.050 9 (1.41)	−0.012 7 (−0.32)
初中	−0.012 6 (−0.36)	−0.035 6 (−1.09)
高中	0.036 4 (0.84)	−0.024 1 (−0.78)
大学及以上	0.041 4 * (1.50)	0.178 *** (3.84)
家庭规模	−0.006 83 (−1.08)	0.011 4 (1.59)
家庭资产（对数）	0.009 62 (1.52)	−0.020 8 * (−2.52)
省份虚拟变量	Yes	Yes

---

① 参考 CFPS2016 家庭问卷中"过去 12 个月，包括经营性收入、工资性收入、财产性收入、政府的补助补贴或他人的经济支持等，您家各项收入加在一起的总收入有多少元？"衡量家庭年总收入。本文将家庭年总收入位居其所在省份所有家庭收入前 20%的人群定义为高收入人群，将家庭年总收入处于其所在省份所有家庭收入后 30%的人群定义为低收入人群。

表6(续)

被解释变量：是否参与劳动	低收入人群	高收入人群
R^2	0.13	0.11
样本数	1 035	1 259

注：IV-Probit 模型报告的是边际效应；括号内为经过"异方差稳健性标准差"校正过后的 t 统计量，***、**、* 分别代表在 1%、5%、10% 的水平上显著。

6 结论

目前中国正面临人口老龄化的严峻挑战，与发达国家相比，中国子女承担了更多的家庭照料责任，而家庭老年照料往往与子女在劳动力市场上的就业状况紧密相关，家庭老年照料者面临着照料与工作的双重压力，难于取舍。本文基于"中国家庭追踪调查"2016 年微观截面数据，考察了家庭老年照料对成年子女非农劳动参与决策的影响。研究结果表明，从事家庭老年照料活动使子女的平均劳动参与率显著下降了约 16.6%，平均每周劳动时间减少了 16 小时，照料程度每提升一个等级，子女的劳动时间就平均减少 10 小时，劳动参与率就下降约 5.2%，这表明中国家庭老年照料对成年子女劳动供给的抑制效应占主导地位。在此基础上，本文从户籍、性别视角进一步探究，发现居住在农村的女性的劳动参与率受家庭老年照料的负向抑制效应影响最大（约 24.1%）。从收入分层视角我们可以发现，高收入人群的成年子女劳动供给决策受家庭老年照料影响不显著，而低收入人群的成年子女照料父母时劳动参与率却显著降低。

本文研究结果具有一定的政策意义。老年照料既是家庭成员的义务，也是政府和社会的责任；劳动参与既是每个人的权利，也是政府和社会的迫切需求（马焱 等，2014），对于二者的关系应统筹协调。为了缓解家庭老年照料对成年子女劳动参与带来的抑制效应，政府应制定合理的公共政策来平衡工作与老年照料的关系，健全社会养老保障体系，配套正规的老年福利中心；制定鼓励家庭照料的政策，提倡灵活就业，完善中国职工带薪年休假制度；积极推进家庭养老、社会养老与自我养老的统一结合，加大财政支出。考虑到居住在农村的女性的劳动参与受家庭老年照料的负向影响更大，政府应适当投入资源来提高农村女性参与劳动市场的能力，鼓励男性子女投入更多的时间来照料父母，从而促进男女两性全面协调发展；进一步地，对于低收入家庭的老年照料诉求应着重关注，向困难群体倾斜，促进低收入家庭获得便捷的老年照料设施和服务。

参考文献

陈琳，2011. 生育保险、女性就业与儿童照料——基于中国微观数据的分析 [J]. 经济学家，7 (7)：54-60.

陈璐，范红丽，赵娜，等，2016. 家庭老年照料对女性劳动就业的影响研究 [J]. 经济研究，（3）：176-189.

范红丽，陈璐，2015. 替代效应还是收入效应——家庭老年照料对女性劳动参与率的影响 [J]. 人口与经济，（1）：91-98.

黄枫，2012. 人口老龄化视角下家庭照料与城镇女性就业关系研究 [J]. 财经研究，（9）：16-26.

蒋承，赵晓军，2009. 中国老年照料的机会成本研究 [J]. 管理世界，（10）：80-87.

李春玲，李实，2008. 市场竞争还是性别歧视——收入性别差异扩大趋势及其原因解释 [J]. 社会学研究，（2）：94-117.

陆利丽，2014. 中国城镇已婚女性劳动力供给及其收入分配效应研究 [D]. 杭州：浙江大学.

刘岚，董晓媛，陈功，等，2010. 照料父母对我国农村已婚妇女劳动时间分配的影响 [J]. 世界经济文汇，（5）：1-15.

刘岚，齐良书，董晓媛，2016. 中国城镇中年男性和女性的家庭照料提供与劳动供给 [J]. 世界经济文汇，（1）：21-35.

吕利丹，2016. 新世纪以来家庭照料对女性劳动参与影响的研究综述 [J]. 妇女研究论丛，（6）：109-117.

卢洪友，余锦亮，杜亦譞，2017. 老年父母照料家庭与成年子女劳动供给——基于 CFPS 微观数据的分析 [J]. 财经研究，43（12）：4-16.

马双，李雪莲，蔡栋梁，2017. 最低工资与已婚女性劳动参与 [J]. 经济研究，52（6）：153-168.

马焱，李龙，2014. 照料老年父母对城镇已婚中青年女性就业的影响 [J]. 人口与经济，（2）：39-47.

彭青青，李宏彬，施新政，等，2017. 中国市场化过程中城镇女性劳动参与率变化趋势 [J]. 金融研究，（6）：33-49.

吴燕华，刘波，李金昌，2017. 家庭老年照料对女性就业影响的异质性 [J]. 人口与经济（5）：12-22.

姚俭建，高红艳，2008. 关系性思维模式与社会分层研究——关于布迪厄阶级理论的方法论解读 [J]. 上海交通大学学报（哲学社会科学版），16（4）：56-61.

BECKER G S, 1991. A treatise on the family, enlarged edition [J]. Journal of Economics.

BRODY E M, SCHOONOVER C B, 1986. Patterns of parent-care when adult daughters work and when they do not. [J]. Gerontologist, 26（4）：372-381.

CARMICHAEL F, CHARLES S, 1998. The labour market costs of community care ［J］. Journal of Health Economics, 17 (6): 747-765.

CARMICHAEL F, CHARLES S, 2003. The opportunity costs of informal care: does gender matter? ［J］. Journal of Health Economics, 22 (5): 781-803.

CRESPO L, 2007. Caring for parents and employment status of european mid-life women ［J］. Working Papers.

ETTNER S L, 1995. The impact of "parent care" on female labor supply decisions ［J］. Demography, 32 (1): 63-80.

ETTNER S L, 1996. The opportunity costs of elder care ［J］. Journal of Human Resources, 31 (1): 189-205

HEITMUELLER A, 2007. The chicken or the egg? : endogeneity in labour market participation of informal carers in england ［J］. Journal of Health Economics, 26 (3): 536-559.

LATIF E, 2006. Labour supply effects of informal caregiving in canada ［J］. Canadian Public Policy, 32 (4): 413-429.

LEIGH A, 2010. Informal care and labor market participation ［J］. Labour Economics, 17 (1): 140-149.

LILLY M B, Laporte A, Coyte P C, 2010. Do they care too much to work? The influence of caregiving intensity on the labour force participation of unpaid caregivers in Canada ［J］. Journal of Health Economics, 29 (6): 895-903.

NGUYEN H T, CONNELLY L B, 2014. The effect of unpaid caregiving intensity on labour force participation: results from a multinomial endogenous treatment model ［J］. Social Science & Medicine, 100 (1): 115-22.

STONE R I, SHORT P F, 1990. The competing demands of employment and informal caregiving to disabled elders ［J］. Medical Care, 28 (6): 513-526.

WOLF D A, SOLDO B J, 1994. Married women´s allocation of time to employment and care of elderly parents ［J］. Journal of Human Resources, 29 (4): 1259-1276.

169

承销商声誉、发行规模与 IPO 抑价关系的研究

吴霞

【摘要】本文以 2014—2018 年 A 股上市的 844 家 IPO 公司为样本，建立了两个多元线性回归模型，分别探索了承销商声誉、发行规模及其交互项与 IPO 抑价的关系。并在此基础上，建立了 Logit 模型，研究了 IPO 抑价率对承销商声誉的反作用。研究结果表明：承销商声誉、发行规模与 IPO 抑价率之间均呈现显著的负相关关系。在模型中增加交互项后，进一步研究发现：承销商声誉与发行规模在对 IPO 抑价率的影响上有显著的相互促进作用。在 IPO 抑价率对承销商声誉的反作用方面，研究结果表明：IPO 抑价率提高会显著降低承销商排名前十的概率。

【关键词】承销商声誉；发行规模；IPO 抑价

1 引言

IPO 抑价（IPO underpricing）是指新股发行价格偏低，上市首日二级市场交易价格远高于发行价，从而导致发行日出现较高的超额回报率。Loughran（1994）对全球 25 个国家进行了跨国研究，其研究表明阿根廷、美国等国家都存在 IPO 抑价现象。作为最早发现 IPO 抑价现象的两位学者，Reilly 与 Hatfield（1969）以 1963 年至 1965 年的 IPO 公司为样本，发现该时期新股回报率远高于同期市场基准收益率。在海外资本市场 IPO 抑价现象比比皆是，而中国资本市场的 IPO 抑价更是层出不穷，甚至有过之而无不及。陈工孟、高宁（2000）以中国 A 股和 B 股市场为研究对象，研究结果表明中国 A 股市场的 IPO 平均抑价率高达 335%。

IPO 可以使企业以较低的成本筹集到较大数额的资金，是企业营运和投资的重要资金来源。过高的 IPO 抑价率会影响资本市场的运行效率，因此这一现象引起了国内外学术界的持续讨论与广泛关注。要想降低 IPO 抑价率，提高企业融资效率，必须先了解其影响因素及作用机制。纵观国内外文献，对 IPO 抑价影响因素的研究数不胜数，学者们从行为金融（宋顺林、唐斯圆，

2016)、税收、信息不对称理论（魏志华等，2018）等方面分析了 IPO 抑价的原因。诸多学者都在研究 IPO 抑价影响因素的文献中提到了发行规模对 IPO 抑价的影响，但大多将其作为控制变量。近年来，分析承销商声誉与 IPO 抑价关系的文献数量大增，但研究结论却大不相同（徐春波和王静涛，2007；代圣贤，2018）。而很少有文献研究发行规模、承销商声誉与 IPO 抑价的关系，也几乎没有文献从模型内生性的角度，研究 IPO 抑价率反过来是否会对承销商声誉产生影响。这就为本文的研究提供了契机。

针对该问题，本文建立了两个不同的多元线性回归模型。模型 1 用于研究中国资本市场的承销商声誉、发行规模与 IPO 抑价的关系。在此基础上对模型进行调整，增加了承销商声誉与发行规模的交互项，由模型 2 进一步探究承销商声誉对发行规模与 IPO 抑价的关系是否有相互促进作用。进一步建立 Logit 模型，将发行规模作为控制变量，研究 IPO 抑价率对承销商声誉是否有反作用。研究结果表明：承销商声誉、发行规模与 IPO 抑价率均呈现显著的负相关关系。在模型中增加交互项后，进一步研究发现：①承销商声誉与发行规模在对 IPO 抑价的影响上有显著的相互促进作用；②IPO 抑价率对承销商声誉无显著影响。

相比于现有文献，本文的贡献主要在于：第一，同时考虑发行规模与承销商声誉对于 IPO 抑价的影响，并研究 IPO 抑价率对承销商声誉的反作用，补充了这方面研究的参考资料；第二，研究得出了中国市场的承销商声誉与发行规模对 IPO 抑价的作用机制，有助于拟上市企业更好地在 IPO 过程中结合中国资本市场的特性，选择承销商，决定发行规模，降低 IPO 抑价率与股权融资成本，提高融资效率；第三，研究承销商声誉与发行规模的交互项对 IPO 抑价率的影响，使承销商更加顾及承销声誉，从而有助于从中介角度降低 IPO 过程中的信息不对称程度，提高新股定价效率。

本文后面的结构安排如下：第 2 部分为文献综述与研究假设，主要介绍国内外相关理论、实证研究结果、本文的创新之处以及本文的研究假设；第 3 部分详细介绍了本文的研究设计；第 4 部分为实证结果与分析；第 5 部分为稳健性分析；第 6 部分为结论与启示。

2　文献综述与研究假设

2.1　承销商声誉与 IPO 抑价的关系

实证研究表明，无论是在成熟的资本市场还是在新兴国家的资本市场中都普遍存在 IPO 抑价，这个问题一直以来受到了国内外学者的广泛关注，针对这个问题，国内外学者对 IPO 抑价的影响因素进行了诸多实证研究。在现行询价制度下，承销商在 IPO 发行中担任着十分重要的角色，作为衡量承销商的工作能力和专业性的重要指标，承销商声誉被研究者选择为重要的解释变量，探究其对 IPO 抑价的影响。

国内的部分实证研究表明，在中国市场，承销商声誉对于 IPO 抑价没有显著影响。从发行制度的角度，蒋顺才等（2006）按照不同的 IPO 发行制度进行分组，发现我国承销商声誉与 IPO 抑价率虽然存在负相关关系，但是不显著。另外，徐春波（2007）、何剑（2008）和邱冬阳（2010）的论文将承销商声誉作为解释变量也都没有通过显著性检验。从市场细分的角度，刘阳等（2012）对中国市场主板和中小板、创业板的实证研究都没有得出承销商声誉能够显著降低 IPO 抑价的结论。这说明由于我国市场的不成熟，发行制度和信息披露等方面的不完善，承销商发挥的作用十分有限，承销商声誉机制尚未形成，还不能向市场传递有效信息，对 IPO 抑价的影响并不显著。

但从经济理论上分析，好的承销商拥有更为完善的尽职调查制度和更高的管理水平，作为证券发行市场上重要的金融中介，承销商具有信息生产和质量认证的作用（Booth J R，1986），对于降低发行公司和投资者之间的信息不对称有显著作用，换言之，承销商声誉对 IPO 抑价有显著作用。张强（2011）通过对 2009 年中国创业板市场开板至 2010 年以来的 IPO 样本数据进行研究，得出中介机构声誉与 IPO 间接成本负相关，声誉越高，IPO 抑价率越小。王海龙（2016）也认为声誉机制会影响 IPO 的市场表现，声誉高的承销商 IPO 定价更合理，声誉与 IPO 抑价率负相关。Chen 和 Mohan（2002）通过将 733 家上市公司按照承销商声誉排名分为三个类别进行研究，得出结论：对中等声誉的承销商而言，承销商声誉对抑价的影响是显著的；对声誉偏低和声誉偏高的承销商而言，抑价反过来对他们的声誉的影响是显著的。基于此状，本文提出了以下假设：

假设 1：承销商声誉与 IPO 抑价率呈显著的负相关关系。

2.2　发行规模与 IPO 抑价的关系

本节考虑另一个因素 IPO 发行规模与抑价的关系。理论上，发行规模越大，公司规模也相对越大，公司信息披露的时间越长，不确定性和信息不对称性越弱，IPO 抑价水平越低，定价效率越高。于晓红等（2013）认为公司 IPO 的价格不可能脱离公司的价值而存在，他们以创业板市场 2009 年 10 月 30 日至 2011 年 12 月 31 日发行上市的 199 家上市公司作为样本，对实际募集资金度量公司的规模进行了相应研究，发现实际募集资金总额与 IPO 抑价呈显著的负相关。陈鹏程与周孝华（2015）以 2005—2012 年中国 A 股市场 1 170 家 IPO 公司为研究样本，得出的结论同样是实际募集资金总额与 IPO 抑价呈显著的负相关。Chen 等（2018）通过对 4 441 宗美国 IPO 的样本进行分析发现，发行规模较大的 IPO 公司估值较低，首次公开发行和二次发行的规模都与 IPO 公司估值呈负相关。

但是国内的大多数研究没有将发行规模作为重要的解释变量来研究，这些研究 IPO 抑价影响因素的文献只是直接将发行规模作为控制变量。通过阅读文献可以看出这方面的研究还有进一步完善的空间。基于以上分析，我们提出了如下假设：

假设 2：发行规模与 IPO 抑价率呈显著的负相关关系。

2.3 承销商声誉与发行规模在对 IPO 抑价率的影响上的相互作用

在目前的研究中，几乎没有关于承销商声誉与发行规模在对 IPO 抑价率的影响上是否有相互作用的研究。然而，根据该领域现有的相关理论，对于发行规模更大的 IPO，投资者往往会要求更多的信息披露，因此需要声誉更佳的承销商。基于这个理论，在对发行规模、承销商声誉与 IPO 抑价之间的关系进行研究时，本文推断，承销商声誉与发行规模在对 IPO 抑价率的影响上有相互促进作用。基于此状，我们提出了以下假设：

假设 3：承销商声誉与发行规模在对 IPO 抑价率的影响上有显著的相互促进作用。

2.4 IPO 抑价率对承销商声誉的反作用

Chen 和 Mohan（2002）通过将 733 家上市公司按照承销商声誉排名分为三个类别进行研究，得出结论：对中等声誉的承销商而言，承销商声誉对抑价的影响是显著的；对声誉偏低和声誉偏高的承销商而言，抑价反过来对他们的声誉的影响是显著的。IPO 抑价意味着承销商对新股的定价有一定偏误，理性投资者应该能对此进行分析与理解。所以本文认为 IPO 抑价率的提高会显著降低承销商排名前十的概率。因此，本文提出了以下研究假设：

假设 4：IPO 抑价率与承销商排名前十的概率有显著的负相关关系。

3 研究设计

3.1 样本选择和数据来源

2013 年我国暂停 IPO 一年，进行新股发行制度市场化改革，设置了新增首日涨幅不超过 44% 的限制，而上市首日之后的涨幅限制为 10%。本文选择了 2004 年 1 月至 2018 年 11 月在中国沪深两市上市的 IPO 公司作为样本进行研究，原因在于该时期是中国进行新股发行制度市场化改革后 IPO 政策相对稳定的一个阶段。本文剔除了以下样本：第一，上市前三年财务数据或新股发行数据不全的 IPO 公司；第二，金融行业 IPO 公司，因为金融业作为非实体经济，商业运营模式与其他行业不同，资产多以公允价值衡量而不是历史成本，使得金融业的财务报表不具有分析的可比性（赵岩、孙文琛，2016）。此外，为了控制极端值的影响，本文对连续变量 1% 以下以及 99% 以上分位数进行了缩尾处理。一共剔除了 252 家 IPO 公司，以剩下的 844 家 IPO 公司作为样本。本文所用上市公司财务数据来源于 CSMAR 数据库，上市日发行价、开板日收盘价及承销商排名数据来自 Wind 金融终端及证监会公布数据，市场指数收益率来自通达信数据库。

3.2 变量设定

针对以上假设和研究主题，本文选取以下变量进行实证检验。

3.2.1 被解释变量

IPO 抑价率。为了剔除市场指数对新股发行定价的影响，参考已有文献中普遍采用的定义（何平，2014；邱东阳，2010），本文采用以下公式来计算 IPO 抑价水平（UP）：

$$UP_i = \frac{P_{i1} - P_{i0}}{P_{i0}} - \frac{M_{i1} - M_{i0}}{M_{i0}} \tag{1}$$

其中，UP_i 表示第 i 只股票的抑价率，P_{i1} 表示第 i 只股票在开板日的收盘价，P_{i0} 表示第 i 只股票的发行价，M_{i1} 表示开板日的市场收盘指数，M_{i0} 表示发行日的市场开盘指数。由于本文样本来自中国沪深两市，考虑到市场指数的代表性，本文选用沪深 300 指数作为市场指数。考虑到所选样本公司上市时我国有上市首日 44% 及之后 10% 的涨跌幅限制，因此采用开板日收盘价来计算抑价率。

3.2.2 解释变量

3.2.2.1 承销商声誉（UWR）

通过阅读文献发现有多种度量承销商声誉的方法。Carter 和 Manaster（1990）提出参考承销商排名次序来对承销商声誉进行分级。林雨晨与林洪（2014）考虑承销商的承销业绩来衡量承销商声誉，即承销家数和承销费用，设置一个虚拟变量：年度前十名与非前十名。综合考虑已有文献提供的方法，本文采用以下方法来度量承销商声誉：依据 IPO 前一年承销业务所占市场份额的大小对其进行排名，设置一个虚拟变量，规定排名前十的记为 1，排名非前十的记为 0。

3.2.2.2 发行规模（SIZE）

于晓红与张雪（2013）认为，实际募集资金总额越大，公司规模越大，信息披露时间越长越充分，不确定性和信息不对称性越弱，对 IPO 抑价影响越大。为缩小测定变量值的尺度，去除量纲的影响，本文使用首日募集金额的对数来代表发行规模。

3.2.3 控制变量

一些公司特征和市场特征会对 IPO 抑价率产生影响，因此在实证中我们需要对这些变量进行控制。参考已有文献，本文主要考虑首日发行市盈率（PE）、网上发行中签率（LR）、净资产收益率（ROE）、股权集中度即前 10 大股东持股比例（TOP 10）、上市时经营年限（AGE）及首日换手率（TR）作为控制变量。根据惯例，本文对上市公司经营年限 + 1 之后再取对数（见表 1）。

表 1 变量名称、符号及定义

变量类型	变量名称	符号	变量定义	预期
被解释变量	IPO 抑价率	UP	上市开板日超额收益率	
解释变量	承销商声誉	UWR	虚拟变量：排名前十为高声誉，记为 1，否则为 0	负相关
	发行规模	SIZE	首日募集资金取对数	负相关
控制变量	首日发行市盈率	PE	股票发行价格与股票的每股收益的比例	负相关
	网上发行中签率	LR	股票网上发行股数/网上有效申购股数	负相关
	净资产收益率	ROE	上市日上一年度期末净利润/期末净资产	负相关
	股权集中度	TOP 10	上市日上一年度期末十大股东持股总比例	负相关
	上市时经营年限	AGE	公司成立至上市时的经营年限	负相关
	首日换手率	TR	上市首日股票转手买卖的频率	负相关

3.3 实证模型

针对假设 1 和假设 2，我们构建如下多元线性回归模型 1：

$$UP_i = \beta_1 + \beta_2 UWR_i + \beta_3 ln(Size_i) + \beta_4 PE_i + \beta_5 LR_i$$
$$+ \beta_6 ROE_i + \beta_7 TOP10_i + \beta_8 ln(Age_i + 1)$$
$$+ \beta_9 TR_i + \varepsilon_i \tag{2}$$

此模型主要用于研究承销商声誉、发行规模和相应的控制变量对 IPO 抑价率的影响。若回归结果表明承销商声誉系数 β_2 显著为负，则假设 1 得到实证支持；若发行规模系数 β_3 显著为负，则假设 2 得到支持。

针对假设 3，我们构建如下多元线性回归模型 2：

$$UP_i = \beta_1 + \beta_2 UWR_i + \beta_3 ln(Size_i) + \beta_4 UWR_i * ln(Size)_i +$$
$$\beta_5 PE_i + \beta_6 LR_i + \beta_7 ROE_i + \beta_8 TOP10_i +$$
$$\beta_9 ln(Age_i + 1) + \beta_{10} TR_i + \varepsilon_i \tag{3}$$

此模型主要用于研究承销商声誉与发行规模在对 IPO 抑价率的影响上是否有相互促进作用。若回归结果表明交叉项系数 β_4 显著为负，则假设 3 得到实证支持。

针对假设 4，本文构建如下模型 3：

$$UWR_i = \beta_1 + \beta_2 AR_i + \beta_3 ln(Size_i) + \varepsilon_i \tag{4}$$

此模型主要用于研究 IPO 抑价率对承销商声誉是否有反作用。若回归结果表明 IPO 抑价率系数 β_2 显著为负，则假设 4 得到实证支持。

4 实证结果与分析

4.1 描述性统计与相关性分析

4.1.1 描述性统计

表 2 是主要变量的描述性统计结果。需要说明的是，本文所有的解释变量与控制变量均做滞后一期处理。原因在于：第一，从公司层面来看，企业是否可以上市以及上市首日的表现与上期的财务数据相关；第二，从统计上来看，滞后一期，在一定程度上可以减小甚至消除变量间潜在的内生性问题。因此本文认为以上设定基本合理。

表 2　所有变量的描述性统计结果

变量名称	N	均值	中位数	最大值	最小值	标准差
UP	844	1.779 4	2.860 4	4.280 6	0.434 5	2.720 5
UWR	844	0.458 5	0.000 0	1.000 0	0.000 0	0.498 6
LNSIZE	844	10.609 0	10.488 3	14.813 2	8.965 7	0.673 0
PE	844	29.511 0	30.250 0	67.940 0	9.220 0	4.425 7
LR	844	0.234 0	0.040 0	2.590 0	0.010 0	0.413 6
ROE	843	14.958 7	13.210 0	71.360 0	−5.870 0	10.053 8
TOP10	844	72.911 1	74.545 0	100.000 0	20.610 0	7.815 5
LNAGE	844	2.694 4	2.708 1	4.043 1	1.098 6	0.341 3
TR	844	0.003 0	0.000 0	0.200 0	0.000 0	0.016 9

注：本文结果基于异方差稳健方差分析。

表 2 显示，2014—2018 年中国 A 股市场 IPO 抑价率（UP）的均值为 177.94%，最大值高达 428.06%，最小值也达 43.45%，这表明我国的资本市场存在严重的 IPO 抑价现象。与其他国家的资本市场相比，我国 IPO 抑价率远高于澳大利亚证券发行市场的首日平均抑价率 29.0%（Dimovski et al., 2011），也远高于美国和英国 2000—2006 年 IPO 抑价的均值 24.60% 与 17.70%（Boulton et al., 2011）。与成熟市场相比，我国资本市场 IPO 抑价率过高，是典型的新兴市场。从标准差来看，不同公司 IPO 抑价程度相差很大，该差异与公司本身差异有关，尤其体现在公司财务指标与发行规模的差异上。

表 3 描述的是分年度的 A 股 IPO 上市公司主要变量情况（被解释变量和解释变量）的对比统计结果。近年来，新股发行逐步进入常态化发行，从表中数量和规模的均值上来看，2017 年 IPO 数量和规模双双创下新高，这也与 IPO 堰塞湖压力逐步得到缓解的现实相符。另外，IPO 抑价程度近年来时有波动，但总体上还是保持在较高水平，与其他发达国家市场的抑价率对比可知，

距离我国市场发展为成熟市场还有很长的路要走。

表 3　分年度主变量描述性统计

上市年份	—	UP	UWR	LNSIZE
2014	均值	1. 193 4	0. 504 8	10. 571 6
	N	105	105	105
	标准差	1. 501 6	0. 502 4	0. 732 6
2015	均值	2. 361 0	0. 423 5	10. 545 2
	N	170	170	170
	标准差	3. 761 1	0. 495 6	0. 692 6
2016	均值	2. 535 7	0. 358 0	10. 544 1
	N	176	176	176
	标准差	2. 869 1	0. 480 8	0. 685 6
2017	均值	1. 452 8	0. 509 0	10. 613 3
	N	334	334	334
	标准差	1. 691 5	0. 500 7	0. 615 1
2018	均值	1. 353 9	0. 491 5	11. 199 6
	N	59	59	59
	标准差	1. 581 5	0. 504 2	0. 857 5

注：本文数据基于异方差稳健方差分析.

表 4 描述的是分年度的 A 股 IPO 上市公司控制变量情况的对比统计结果。值得注意的是：首先，网上发行中签率近年来呈下降趋势，这与我国近年来市场变化情况有关。我国直接融资市场属于卖方市场，新股发行市场的热度呈上升趋势，新上市股票受到投资者的追捧。其次，成立时间+1 年后的对数的均值从 2014 年的 14. 733 降到近年来的 2 左右，表明越来越多年轻企业进入直接融资市场获取资金。最后，PE 和 ROE 两项财务指标从总体上看是增加的，表明上市公司质量在提升，这与审查部门越来越严格的审查标准有关。

表 4　分年度 A 股 IPO 上市公司控制变量对比统计结果

上市年份	—	PE	LR	ROE	TOP10	LNAGE	TR
2014	均值	29. 930 9	1. 002 5	15. 803 1	73. 518 8	14. 733 3	0. 024 2
	N	105	105	105	105	105	105
	标准差	7. 970 0	0. 641 3	10. 022 6	7. 957 6	5. 116 5	0. 042 3
2015	均值	29. 236 6	0. 432 8	15. 556 9	72. 323 1	2. 690 2	0. 000 0
	N	170	170	170	170	170	170
	标准差	4. 141 1	0. 030 2	8. 325 8	8. 163 0	0. 331 4	0. 000 0

表4（续）

上市年份	—	PE	LR	ROE	TOP10	LNAGE	TR
2016	均值	29.040 0	0.037 6	12.393 5	72.443 5	2.691 2	0.000 0
	N	176	176	176	176	176	176
	标准差	4.141 1	0.030 2	8.325 8	8.163 0	0.331 4	0.000 0
2017	均值	29.972 8	0.028 5	15.039 0	73.143 6	2.710 1	0.000 0
	N	334	334	333	334	334	334
	标准差	3.160 3	0.019 7	9.952 3	7.152 4	0.324 0	0.000 0
2018	均值	28.345 9	0.048 48	18.931 2	73.602 5	2.713 2	0.000 0
	N	59	59	59	59	59	59
	标准差	4.151 1	0.046 0	13.449 0	10.273 8	0.408 9	0.000 0

注：本文数据基于异方差稳健方差分析.

4.1.2 相关性分析

表5给出了所有解释变量和控制变量与被解释变量的相关系数，下方的数值为对应的 P 值。

表5 相关系数表

变量名称	UP	UWR	Ln（SIZE）	PE	LR	ROE	TOP10	AGE	TR
UP	1.00								
UWR	-0.05**	1.00							
	0.04								
Ln（SIZE）	-0.14**	0.06**	1.00						
	0.00	0.00							
PE	-0.19**	0.00	-0.04	1.00					
	0.00	0.82	0.85						
LR	-0.20**	0.12	0.04	0.17**	1.00				
	0.00	0.72	0.48	0.00					
ROE	-0.20**	0.11**	0.07**	0.04	0.14**	1.00			
	0.00	0.00	0.00	0.20	0.00				
TOP10	-0.09**	0.09**	0.11**	0.01	0.03	0.11**	1.00		
	0.01	0.00	0.00	0.76	0.42	0.00			
LN（AGE+1）	-0.03	0.02	-0.10**	-0.02	-0.06*	-0.03	0.03	1.00	
	0.51	0.26	0.05	0.79	0.07	0.31	0.35		
TR	-0.18**	0.05	-0.04**	0.17**	0.59**	0.14**	-0.03	-0.03	1.00
	0.00	0.81	0.01	0.00	0.00	0.00	0.45	0.57	

注：**、* 分别表示在5%和10%的水平上显著；相关系数下的数值为 P 值；数据基于异方差稳健方差分析。

首先，研究解释变量：

（1）IPO 抑价率（UP）与承销商声誉（UWR）在 5% 的水平上存在显著的负相关关系，与假设 1 一致。

（2）IPO 抑价率（UP）与发行规模（SIZE）在 5% 的水平上有显著的负相关关系，与假设 2 一致。

其次，研究控制变量：

（1）公司的市盈率（PE）与抑价率（UP）在 5% 的水平上显著负相关。在其他条件不变的情况下，市盈率越高代表发行价越高，因此抑价程度越低，符合正常逻辑。

（2）中签率（LR）与 IPO 抑价率（UP）在 5% 的水平上显著负相关。中签率代表了 IPO 股票的受欢迎程度，中签率低则表示当前市场对该新股的竞争激烈，即市场对该新股的需求较大，市场倾向于为该新股付出高价，因此抑价程度就较高。

（3）净资产收益率（ROE）与 IPO 抑价率（UP）在 5% 的水平上显著负相关。净资产收益率越高的公司被认为给股东带来的回报越大，因此市场会对其定高价，从而 IPO 抑价率会降低。

（4）前 10 大股东持股比例（TOP10）与 IPO 抑价率（UP）在 5% 的水平上显著负相关。公司控股比例越高，意味着代理成本越低，被认为拥有更高的内在价值，会提高投资者对新股价值的预期，降低抑价水平。

（5）公司成立时间（AGE）与 IPO 抑价率（UP）在 1% 的水平上显著负相关，说明公司成立越久，抑价率越低。原因在于公司成立越久，信息披露的时间越长，信息不对称性和不确定性越低，IPO 定价效率越高，从而抑价率越低。

（6）换手率（TR）与 IPO 抑价率（UP）在 5% 的水平上显著负相关。原因在于 IPO 首日涨幅 44% 的规定限制了换手所得到的回报，所以投资者对于自己看好的股票，首日的表现应为持有而不是换手，从而导致换手率降低，IPO 抑价率提高。

从相关系数表中可以看出，所有变量之间的相关系数均低于判断多重共线性是否存在的经验值 0.8。即使存在多重共线性，从后文的回归结果来看，多重共线性也并未造成严重影响。

4.2 多元回归分析结果

表 6 为多元回归分析结果。

表 6 多元回归分析结果

变量	模型 1		模型 2	
	系数	t 值	系数	t 值
C	25.351 7 ***	14.884 8	27.529 2 ***	11.263 7

表6(续)

变量	模型1		模型2	
	系数	t值	系数	t值
UWR	− 0.093 5 **	−2.386 5	− 0.182 6 **	−2.079 2
LNSIZE	− 1.548 2 ***	−12.008 5	− 1.750 7 ***	−8.423 4
PE	− 0.099 4 ***	−5.232 9	− 0.099 6 ***	−5.247 5
LR	− 0.485 9 *	−1.945 4	− 0.482 3 *	−1.931 4
ROE	− 0.027 4 ***	−3.203 4	− 0.027 7 ***	−3.238 6
TOP10	−0.008 8	−0.819 2	−0.009 3	−0.868 0
LNAGE	− 0.471 8 *	−1.947 9	− 0.474 2 *	−1.958 5
TR	− 20.563 2 ***	−3.332 7	− 20.382 2 ***	−3.303 5
UNR * LNSIZE	−−	−−	−6.23E−06 **	2.304 1

注：***、** 和 * 分别表示在1%、5%和10%的水平上显著相关。为避免异方差的影响，数据经过异方差稳健方差分析。

由模型1的回归结果可知：

（1）在解释变量中，承销商声誉（UWR）与IPO抑价率（UP）的负相关关系在5%的水平上显著。发行规模（SIZE）与IPO抑价率（UP）在1%的水平上显著负相关。因此假设1与假设2成立。

（2）在控制变量中，上市首日市盈率（PE）、净资产收益率（ROE）、首日换手率（TR）与IPO抑价率（UP）在1%的水平上显著负相关；网上中签率（LR）、上市时经营年限（AGE）和前十大股东持股比例（TOP10）与IPO抑价率（UP）不存在显著的相关关系。

（3）就模型整体而言，可决系数为0.238 764，修正的可决系数为0.231 462，F值为32.698 32，对被解释变量的总体解释效果较好。

由模型2的回归结果可知：

（1）解释变量中的发行规模（SIZE）及控制变量的显著性结果与模型1相同。

（2）新加入的交互项（UNR * LNSIZE）与IPO抑价率（UP）在5%的水平上显著负相关，因此假设3成立，即承销商声誉与发行规模在对IPO抑价率的影响上有显著的相互促进作用。

表7为Logit模型的回归结果。

表7　Logit 模型回归结果

变量	系数	z 值
C	− 1.258 764 **	−2.262 309
UP	− 0.009 745 **	2.554 691
ln（SIZE）	4.03E−06 ***	3.886 320

注：*、** 和 *** 分别表示 10%、5% 和 1% 的显著性水平。

在 Probit 模型中，发行规模（SIZE）在 1% 的显著性水平上与承销商声誉正相关，说明在其他条件不变的情况下，承销商的承销规模越大，下一年进入年度承销商排名前十的概率越大，该结果与定性分析相符。IPO 抑价率与下一年承销商排名前十的概率呈显著的负相关关系，说明 IPO 抑价率（UP）越高，承销商下一年排名前十的概率越小，假设 4 得到支持。

5　稳健性分析

为了使研究结果更有说服力，本文改变承销商声誉和发行规模的指标，重新进行多元回归分析，以作为本文的稳健性分析。

在承销商声誉方面：参考林雨晨与林洪（2014）的研究，在稳健性分析中，本文选择前一年承销商的承销家数来衡量承销商声誉，承销家数排名前十的记为 1，排名非前十的记为 0。

在发行规模方面：本文选用发行总股数作为衡量指标，以代替原模型中的首发筹资金额进行稳健性分析。

表 8 给出了模型 1 与模型 2 的稳健性分析结果。

表8　稳健性分析回归结果

变量	模型 1		模型 2	
	系数	t 值	系数	t 值
C	25.248 1 ***	14.848 2	28.293 6 ***	15.164 2
UWR	− 0.105 2 **	−2.400 8	− 0.216 3 **	−2.009 6
LNSIZE	− 1.535 7 ***	−11.970 9	− 1.839 3 ***	−12.257 8
PE	− 0.099 7 ***	−5.246 0	− 0.097 4 ***	−5.165 7
LR	− 0.494 6 **	−1.979 0	− 0.582 3 **	−2.338 5
ROE	− 0.027 2 ***	−3.176 1	− 0.024 4 ***	−2.868 1
TOP10	−0.008 2	−0.769 2	−0.007 9	−0.744 5
LN（AGE+1）	− 0.478 0 **	−1.973 4	− 0.464 6 *	−1.933 5

变量	模型 1		模型 2	
	系数	t 值	系数	t 值
TR	− 20.453 3 ***	− 3.313 9	− 19.490 9 ***	− 3.180 9
UWR ∗ LNSIZE	—	—	− 6.21E − 06 **	− 2.140 6
$\bar{R}^2$	0.232 2	—	0.232 7	—

注：*、** 和 *** 分别表示 10%、5% 和 1% 的显著性水平；为避免异方差的影响，数据经过异方差稳健方差分析。

由回归数据可知，模型 1 调整后的 R^2 为 0.232 2，模型 2 调整后的 R^2 为 0.232 7，与之前的模型回归得到的结果差别不大，说明模型整体的稳健性良好。在模型 1 与模型 2 中承销商声誉与 IPO 抑价率均呈显著的负相关关系；在模型 1 与模型 2 中发行规模与 IPO 抑价率均呈显著的负相关关系；其他控制变量的结果与原回归结果一致，证明了模型的稳健性。

6　结论与启示

6.1　主要结论

IPO 抑价是存在于各个市场的常见现象，现在学术界对于 IPO 抑价产生的原因、影响因素等已有诸多研究，特别是关于承销商声誉对于 IPO 抑价的影响更是研究的热点，但是关于发行规模对 IPO 抑价的影响以及声誉和规模对 IPO 抑价的共同影响的研究较少。基于这些研究成果，本文选取 2014—2018 年在沪深 A 股上市的公司作为样本，选取首日发行市盈率、网上发行中签率、净资产收益率、股权集中度、上市时经营年限和首日换手率作为控制变量，探究了承销商声誉、发行规模与 IPO 抑价之间的关系。对此，本文提出了相关假设，通过实证分析对假设进行分析验证并得到了如下结论：

（1）承销商声誉与 IPO 抑价率呈现显著的负相关关系。在询价制下，好的承销商能够更好地发挥信息生产和质量认证的作用，定价更为准确，并且能够降低上市公司与投资者之间的信息不对称程度，对于降低 IPO 抑价有一定作用。

（2）发行规模与 IPO 抑价率呈现显著的负相关关系。对于发行规模更大的 IPO，投资者往往会要求更多的信息披露，同时大型 IPO 更有可能吸引到机构投资者等专业能力更高的投资者进入，他们拥有信息收集上的优势。基于以上两点，发行规模越大时，新股信息会被投资者掌握得更加充分，定价效率会更高，IPO 抑价水平更低。

（3）在增加交互项之后，承销商声誉与发行规模对 IPO 抑价率的影响有显著的相互促进作用。承销商声誉是衡量券商能力的一个重要指标，相较于发行规模较小的 IPO，当发行规模越大时，上市公司对承销商的要求也就越高，会更倾向于选择声誉更好的承销商。因此可以说发行规模对于承销商声誉与 IPO 抑价之间的关系有促进作用，即发行规模越大时，高声誉对 IPO 抑价的抑制作用更强。同理，高声誉的承销商相较于低声誉的承销商，在面对发行规模更大的 IPO 时，由于自身能力更强，定价准确性会更高。换言之，承销商声誉越高时，发行规模与 IPO 抑价之间的负相关关系更为显著。

（4）建立 Logit 模型后发现，新股 IPO 定价的准确程度会反过来影响投资者对承销商的认可程度。具体来讲，投资者会根据定价准确程度对承销商的能力有所评价，定价相对准确的承销商会获得投资者更多的信任，反之，当出现定价失误时，会让投资者对承销商的能力产生怀疑。

6.2　启示

本文研究了券商声誉、发行规模对 IPO 抑价的影响，并进行了拓展研究。我国资本市场的进一步开放和机制的完善对拟上市企业及承销商都提出了更高的要求，要求其在 IPO 过程中能够更好地结合中国市场的特点对新股进行准确定价。基于本文的研究结论，可以得到以下启示：

（1）券商要注重提高自身的声誉，声誉是其核心竞争力的外化。承销商除了通过扩大自身规模等方式提高声誉以外，还应该提高自身的定价能力，应该将更多的注意力放在对公司价值进行准确和客观的估计而不仅仅是"包装美化"上。

（2）考虑到未来发展趋于完善的资本市场和愈加市场化的发行制度，我国的拟上市公司在选择承销商时，券商声誉应当成为重要的选择标准之一，并应结合自身的发展规模选择最为合适的合作对象。这将有助于降低 IPO 抑价，降低融资中的间接成本。

（3）监管机构应当完善信息披露制度，鼓励证券业协会建立完善的内部自律监管制度。监管机构不仅应基于券商财务指标对其进行排名，还应综合考虑券商自身的管理水平和信息获取能力，建立中国的"墓碑排名"，使得声誉机制能够在未来 IPO 中发挥作用。

参考文献

陈工孟，高宁，2000. 中国股票一级市场发行抑价的程度与原因 [J]. 金融研究，（8）：23-27.

宋顺林，唐斯圆，2016. 投资者情绪、承销商行为与 IPO 定价——基于网下机构询价数据的实证分析 [J]. 会计研究，（2）：66-72.

魏志华，曾爱民，吴育辉，等，2018. IPO 补税影响 IPO 抑价吗——基于信息不对称理论视角 [J]. 金融研究，（1）：191-206.

徐春波，王静涛，2007. 投行声誉和 IPO 抑价：中国股票发行市场的实证分析［J］. 云南财经大学学报，23（4）：53-57.

代圣贤，2008. 投资者情绪、承销商声誉与 IPO 抑价关系研究［D］. 济南：山东大学.

蒋顺才，胡国柳，胡琦，2006. 主承销商声誉与 IPO 抑价率——基于中国 A 股市场的证据［J］. 海南大学学报（人文社会科学版），（2）：115-120.

何剑，2008. 承销商作用与中国股市 IPO 抑价［J］. 广东财经大学学报，（5）：68-72.

邱冬阳，2010. 承销商声誉与 IPO 抑价：来自深圳中小板市场的实证研究［J］. 现代管理科学，（5）：36-39.

刘阳，谭艺群，李震伟，2012. 中介声誉与 IPO 抑价——基于询价制度下的研究［J］. 财会通讯，（8）：107-110.

张强，2011. IPO 发行成本与中介机构声誉——来自中国创业板市场的证据［J］. 证券市场导报，（12）：4-10.

王海龙，2016. 基于声誉机制的承销团 IPO 定价研究［J］. 财会通讯，（3）：91-93.

于晓红，张雪，李燕燕，2013. 公司内在价值、投资者情绪与 IPO 抑价——基于创业板市场的经验证据［J］. 当代经济研究，（1）：86-90.

陈鹏程，周孝华，2015. 市场条件、承销商声誉与 IPO 定价［J］. 技术经济，（8）：107-115.

赵岩，孙文琛，2016. 券商声誉、机构投资者持股与 IPO 抑价［J］. 经济管理，（12）：123-142.

何平，李瑞鹏，吴边，2014. 机构投资者询价制下主承销商声誉能帮助公司降低 IPO 抑价吗？［J］. 投资研究，33（3）：35-53.

林雨晨，林洪，2014. 承销商声誉的破发补偿效应——基于中国创业板 IPO 抑价率的实证研究［J］. 北京工商大学学报（社会科学版），29（1）：76-82.

陈静楠，张敏微，付龑钰，2016. 投资者情绪对创业板民营企业 IPO 抑价的影响［J］. 中国注册会计师，（9），68-72.

郭泓，赵震宇，2006. 承销商声誉对 IPO 公司定价、初始和长期回报影响实证研究［J］. 管理世界，（3）：122-128.

黄俊，陈信元，2013. 媒体报道与 IPO 抑价——来自创业板的经验证据［J］. 管理科学学报，（2）：83-94.

李国勇，2011. 中国上市公司 IPO 抑价影响因素的实证研究［J］. 统计与决策，（23）：142-146.

王洪帅，刘阳，2016. IPO 抑价影响的因素分析——基于中国中小企业股票研究［J］. 中国商论，（10）：89-91.

姚颐，赵梅，2016. 中国式风险披露、披露水平与市场反应 [J]. 经济研究 (7).

邹高峰，2012. 中国 IPO 抑价的构成及影响因素研究 [J]. 管理科学学报，(4)：12-22.

邹高峰，张维，徐晓婉，2012. 中国 IPO 抑价的构成及影响因素研究 [J]. 管理科学学报，(4)：12-22.

[26] 张学勇，廖理，罗远航，2014. 券商背景风险投资与公司 IPO 抑价——基于信息不对称的视角 [J]. 中国工业经济，(11)：90-101.

BOOTH J R, SMITH R L, 1986. Capital raising, underwriting and the certification hypothesis [J]. Journal of Financial Economics, 15 (1-2)：261-281.

BOULTON T J, SMART S B, ZUTTER C J, 2011. Earnings quality and international IPO underpricing [J]. The Accounting Review, 86 (2)：483-505.

CARL R, CHEN, NANCY J, 2002. Underwriter spread, underwriter reputation, and IPO underpricing：a simultaneous equation analysis [J]. Journal of Business Finance & Accounting, (4-5)：306-686.

CARTER R. MANASTER S, 1990. Initial Public Offerings and Underwriter Reputation [J]. The Journal of Finance, 45 (4)：1 045-1 067.

CHEN C H, JIN C T, LI T Z, et al., 2018. IPO valuation and offering size [J]. Risk Management, 20 (2)：95-120.

DIMOVSKI W, PHILAVANH S, BROOKS R, 2011. Underwriter reputation and underpricing：evidence from the australian IPO market [J]. Review of Quantative Finance and Accounting, 37 (4)：409-426.

LOUGHRAN T J RITTER K, RUDQVIST, 1994. Initial public offerings：international insights [J]. Pacific-Basin Financial Journal, 2 (2-3)：165-199.

FK REILLY, K HATFIELD, 1969. Investor experience with new stock issues [J]. Financial Analysts Journal, 25 (5)：73-80.

沪深港股市间的溢出效应与动态相关性研究

——兼议 2008 年金融危机期间的金融传染

赵乐新

【摘要】加强内地与香港资本市场的互联互通是当前我国扩大金融开放的重要一环。本文以沪深港股市间的溢出效应与动态相关性为主要研究对象，构建了 VAR-DCC-MVGARCH-BEKK 模型对沪深港股市间的均值溢出、波动溢出效应以及动态相关性进行全面把握。并以 2008 年全球金融危机为背景，分时间、区间讨论了金融危机爆发期与其他经济时期内沪深港股市间互动关系的特性，对金融传染效应进行了实证检验。研究发现：沪深港股市间联动效应显著，在金融危机期间联动效应尤为明显，存在金融传染效应。其中，从沪市到深市、从沪市到港市为主要信息传导路径。沪深股市互动关系更为密切，与香港股市存在一定的分割性，但是香港市场与内地市场的联系日益密切。

【关键词】沪深港股市；溢出效应；动态相关系数；VAR-DCC-MVGARCH-BEKK

1 引言与文献综述

2018 年 4 月，中国人民银行行长易纲在出席博鳌亚洲论坛"货币正常化"分论坛时，宣布了我国将要落实的六项金融开放措施，其中包括自 2018 年 5 月 1 日起，内地和香港股市互通每日额度扩大 4 倍，沪股通从每日 130 亿调整到 520 亿，港股通从 105 亿调整到 420 亿[①]。这无疑将极大地促进内地与香港的资本交流，同时也会给投资者提供更多的投资选择，为投资者跨市场分散投资、规避风险提供了可能。但根据投资组合理论，投资者能否真正实

---

① 东方财富网. 易纲宣布 6 项金融开放措施：沪股通、港股通每日额度扩大 4 倍 [EB/OL]. [2018-04-11]. http://finance. eastmoney. com/news/710262, 20180411855481892. html, 2018/4/11-2018/6/3.

现风险的分散，还取决于各资产间的相关性。因此，对我国沪深港股市间联动关系的探究极具实际意义。一方面，基于市场间相关性的研究，投资者既可从其他市场的行情走势中把握自身所处市场的变化趋势，也可通过构建跨市场的投资组合以实现风险分散。另一方面，扩大金融开放，实现内地与香港股市的互联互通是我国金融领域改革的重要组成部分，对当前沪深港股市间联动关系的把握，可为政府下一步的决策提供有利参考。

事实上，关于股市间联动关系的探讨一直是学界研究的重要内容。金融市场间的联动关系表现为"关联效应"和"传染效应"（马丹等，2016）。其中，收益率、流动性等市场变量在不同市场间表现出的关联关系、领先滞后关系称为溢出效应（王茵田、文志瑛，2010）。溢出效应分为均值溢出和波动溢出两类，前者是指不同市场收益水平之间的相互影响，后者则是指市场行情波动间的交互作用（岳朝龙、丁元子，2009）。而市场间的传染效应存在于特殊市场环境中，金融传染效应存在于金融危机爆发期间，但金融危机的爆发并不一定伴随着金融传染效应（Pesaran 和 Pick，2007）。Forbes 和 Rigobon（2002）、Beirne 和 Gieck（2014）等学者进一步指出金融传染效应危机爆发时市场间相关性的显著增强。这种定义可以为金融传染效应的分析提供一个简明而直接的分析框架（杨飞，2014）。因此，本文剩余部分所提到的金融传染效应均采用这种定义方法。

具体到沪深港股市间联动关系的研究，已有不少学者提出了自己的观点。香港股市始于 1891 年，是世界上最成熟的资本市场之一，而内地股市直到 20 世纪 90 年代才开始起步，再加上我国国情的特殊性，在内地股市成立后的一段时间内，沪深港股市存在一定的分割性。直到 2001 年中国加入 WTO、2002 年 QFII 政策出台之后，内地与香港的资本市场之间的联系才日益密切。在这样的背景下，学界对沪深港股市间联动性的研究也独具历史意味，前期研究主要是在"二元"视角下对内地沪深股市的联动性展开研究，在内地与香港股市逐步加强互联互通后，研究更多集中于对"三元"视角下沪深港股市间联动关系的探讨。

在"二元"视角下，陈守东、陈雷等（2003）以上证综指与深证成指为代理变量，以 Granger 因果检验、GARCH-M 模型对沪深股市间的溢出效应进行实证分析，指出沪深股市收益率具有明显相关性，并表现出非对称性波动。宿成建等（2004）运用小波分析法进行相关研究，也得出了类似结论。曹广喜、姚奕（2008）通过构建 VAR-BEKK（DCC）-MVGARCH 模型探讨了沪深股市间的溢出效应，证实了两市信息的双向传导关系。

在"三元"视角下，已有的对沪深港股市联动性探讨的文献在研究方法上趋同。对均值溢出效应的研究集中于对 Granger 因果检验、协整检验等方法的运用，同时结合 VAR 模型加以分析。对波动溢出效应的研究则多采用

GARCH 模型及其衍生模型，如鲁旭、赵迎迎（2012）构建了 GJR-GARCH 模型来捕捉沪深港股市波动的不对称特征。张仕洋（2015）、胡梅（2016）均运用 DCC-MVGARCH 模型对沪深港股市的长、短期联动性进行分析，得出了沪深港股市间不存在长期联动关系，但短期联动不断加强的结论。另外，在研究样本区间的选择上，有学者从整体出发以一段较长的时间为研究区间，亦有学者结合政府颁布重大政策或者发生重要事件的时间节点，分区间对沪深港股市的溢出效应展开了研究。

通过对已有的沪深港股市联动效应相关文献的回顾，发现该领域的研究成果显著，但也存在一些尚待深入探讨的方面。第一，由于历史原因，沪深港股市间的互联互通在近年来才取得了较大进展，这方面的研究也才逐步得到重视，因此对沪深港三大股市相关关系的探讨还有待深入。第二，已有文献在对市场间溢出效应探讨时更多地仅从均值溢出或者波动溢出的某一方面着手，从整体上把握均值溢出、波动溢出两个方面的文章较少。第三，已有文献对所研究的时间区间进行选择时虽有考虑到重要政策、事件的影响，但目前鲜有文章对金融危机时期与一般经济时期①的沪深港股市联动性的特征进行对比分析。基于此，本文将以沪深港股市为研究对象，构建 VAR-DCC-MVGARCH-BEKK 模型，整体把握三个市场间的均值、波动溢出效应。另外，本文还以 2008 年全球金融危机为背景，将样本区间划分为"金融危机前""金融危机存续期""危机结束后"三个子样本区间，对比金融危机爆发期间与一般经济时期的沪深港股市联动关系的特征，检验金融危机爆发期间的金融传染效应，从而为投资者的投资制定，金融监管部门的政策决策、金融风险防范提供参考。

本文剩余部分的行文安排为：第 2 部分为研究方法设计；第 3 部分为数据说明；第 4 部分为实证检验及结果分析；第 5 部分为结论及研究展望。

2　研究方法设计

为整体把握沪深港股市间的均值、波动溢出效益及动态关联性，本文将构建 VAR-DCC-MVGARCH-BEKK 模型，以 VAR 模型作为均值方程过滤变量自身及其他变量滞后期的影响，基于 VAR 模型，还可运用脉冲效应函数进一步分析市场间的相互关系。另外本文还构建了 DCC-MVGARCH 模型，来更好地捕捉市场间相关关系的动态变化，以对比金融危机爆发期间与一般经济期间的市场间相关性的特征，检验金融危机爆发期间的金融传染现象。最后引入 BEKK 模型来实证检验股市间的波动溢出效应。

VAR 模型的全称为向量自回归模型，是一个常见的计量经济学模型，由

---

① "一般经济时期"文中指除了 2008 年金融危机"危机持续期"以外的样本区间。

Sims（1980）提出，是 AR（p）模型的扩展，可以描述多个变量间相互影响、共同演变的过程。同时，根据 VAR 模型的估计结果，可以进一步通过脉冲响应函数等开展更深层次的探究，一个滞后 p 阶的 VAR 模型 VAR（P）可以表示为

$$Y_t = C + A_1 Y_{t-1} + A_2 Y_{t-2} + \cdots + A_p Y_{t-p} + BX_t + \varepsilon_t \tag{1}$$

其中，C 为 $k \times 1$ 维向量，为截距向量；Y_t 为 $k \times 1$ 维向量，代表在时刻 t 时 k 个变量的取值；X_t 为 $d \times 1$ 维向量，代表 d 维外生变量；而 A_i（$i = 1 \dots p$）及 B 分别为 $k \times k$ 及 $k \times d$ 维的待估系数矩阵；ε_t 为 $k \times 1$ 维向量，代表误差项，其满足如下两个假设

$$\begin{cases} E(\varepsilon_t) = 0 \\ E(\varepsilon_t \varepsilon_{t-i}^{'}) = 0 (i > 0) \end{cases} \tag{2}$$

使用最小二乘法（OLS）即可对上述 VAR（p）模型的系数进行估计，且该系数估计是一致与无偏的。

在完成 VAR 模型的估计后，可以使用脉冲响应函数开展进一步研究。具体而言，可将向量自回归模型写成向量移动平均形式（VMA），如公式（3）所示：

$$Y_t = C + \sum_{i=0}^{\infty} \varphi(i) \varepsilon_{t-i} \tag{3}$$

其中，$\varphi(i)$ 为 $k \times k$ 维矩阵，刻画了各变量序列 $\{y_1\}$，$\{y_2\} \cdots \{y_k\}$ 对各种冲击的响应行为。具体而言，$\varphi_{j,w}(i)$（$j = 1 \dots k$，$w = 1 \dots k$）表示 $\varepsilon_{t-i,j}$ 对 i 期后的 $y_{t,w}$ 产生的影响。$\varphi_{j,w}(i)$（$j = 1 \dots k$，$w = 1 \dots k$）也被称为脉冲响应函数，通过脉冲函数值的变动情况，便能很容易地捕捉针对一个变量序列的脉冲对于所有变量序列的长短期影响。

DCC-MVGARCH 模型的全称为动态条件相关多变量条件异方差模型，由 Engle（2002）提出。该模型认为变量间的相关系数是时变的，通过建立多变量条件异方差模型可以对该动态相关系数进行相关计算。DCC-MVGARCH 模型有如下表述

$$\begin{cases} Y_t = M_t + \varepsilon_t \\ \varepsilon_t \mid \Omega_{t-1} \sim N(0, H_t) \\ H_t = D_t R_t D_t \end{cases} \tag{4}$$

其中，M_t 为 $k \times 1$ 维向量，Y_t 为条件均值方程。本文所用均值方程即为上文所述的 VAR 模型，ε_t 为误差项；Ω_{t-1} 为 $t-1$ 时刻的信息集；H_t 为 $k \times k$ 维矩阵，是误差项的协方差矩阵；D_t 为 $k \times k$ 对角阵，其对角元由各变量拟合误差项序列 $\varepsilon_{t,i}$（$i = 1, \cdots, k$）采用单变量 GARCH 模型计算出的条件方差 $h_{t,i}$ 组成。其中，单变量 GARCH 模型的形式为

$$h_{t,i} = \omega_i + \sum_{p=1}^{P_i} \alpha_{ip} \varepsilon_{t-p,i}^2 + \sum_{q}^{Q_i} \beta_{iq} h_{t-q,i} \tag{5}$$

即有 $D_t = diag(\sqrt{h_{t,1}}, \cdots, \sqrt{h_{t,k}})$；$R_t$ 为 $k \times k$ 矩阵，是时变相关系数矩阵，其有如下表达式

$$\begin{cases} R_t = diag(Q_t) - 1/2 \cdot Q \cdot diag(Q_t) - 1/2 \\ Q_t = (1 - \sum_{m=1}^{M} \alpha_m - \sum_{n=1}^{N} \beta_n) \bar{Q} + \sum_{m=1}^{M} \alpha_m (e_{t-m} e_t') + \sum_{n=1}^{N} \beta_n Q_{t-n} \\ e_t = D_t^{-1} \varepsilon_t \end{cases} \tag{6}$$

其中，Q_t 为多元条件异方差，$\bar{Q}$ 为标准化残差的无条件方差。α_m、β_n 即为 DCC 模型的系数，m、n 分别为滞后阶数，α_m 为滞后 m 期残差乘积对动态相关系数的影响，β_n 为滞后 n 期的条件异方差系数。为满足 H_t 正定性的条件，要求 $\alpha_m \geq 0, \beta_n \geq 0, \sum_{m=1}^{M} \alpha_m + \sum_{n=1}^{M} \beta_n < 0$。

由于 DCC-MVGARCH 模型仅能刻画不同市场间波动性的动态变化，不能具体分析市场间的波动溢出效应，因此本文引入 Engle 和 Kroner（1995）提出的 BEKK 模型，来进一步刻画市场间的波动溢出效应。BEKK 模型可表述为

$$H_t = C C' + A(\varepsilon_{t-1} \varepsilon_{t-1}') A' + B H_{t-1} B' \tag{7}$$

其中，C 为下三角矩阵，A、B 为方阵。由于 BEKK 模型需要的估计参数过多，一般仅用 BEKK（1，1）进行相关研究。另外，由于 BEKK 模型的估计困难，本文对三个市场进行两两分组研究，即分别建立二元 BEKK（1，1）模型。现就二元 BEKK（1，1）模型进行解析。

$$H_t = \begin{vmatrix} h_{11,t} & h_{12,t} \\ h_{21,t} & h_{22,t} \end{vmatrix}, C = \begin{vmatrix} c_{11} & 0 \\ c_{21} & c_{22} \end{vmatrix}, A = \begin{vmatrix} a_{11,t} & a_{12,t} \\ a_{21,t} & a_{22,t} \end{vmatrix}, B = \begin{vmatrix} b_{11,t} & b_{12,t} \\ b_{21,t} & b_{22,t} \end{vmatrix}$$

将矩阵展开可得

$$h_{11,t} = c_{11}^2 + (a_{11}^2 \varepsilon_{1,t-1}^2 + 2 a_{11} a_{12} \varepsilon_{1,t-1} \varepsilon_{2,t-1} + a_{12}^2 \varepsilon_{2,t-1}^2)$$
$$+ (b_{11}^2 h_{11,t-1} + 2 b_{11} b_{12} h_{12,t-1} + b_{12}^2 h_{22,t-1}) \tag{8}$$

$$h_{22,t} = c_{22}^2 + (a_{22}^2 \varepsilon_{2,t-1}^2 + 2 a_{22} a_{23} \varepsilon_{1,t-1} \varepsilon_{2,t-1} + a_{21}^2 \varepsilon_{1,t-1}^2)$$
$$+ (b_{22}^2 h_{22,t-1} + 2 b_{22} b_{23} h_{12,t-1} + b_{12}^2 h_{22,t-1}) \tag{9}$$

$$h_{12,t} = h_{21,t} = c_{11} c_{12} +$$
$$[a_{11} a_{21} \varepsilon_{1,t-1}^2 + (a_{12} a_{21} + a_{11} a_{22}) \varepsilon_{1,t-1} \varepsilon_{2,t-1} + a_{12} a_{22} \varepsilon_{2,t-1}^2]$$
$$+ [b_{11} b_{21} h_{11,t-1} + (b_{12} b_{21} + b_{11} b_{22}) h_{12,t-1} + b_{12} b_{22} h_{22,t-1}^2] \tag{10}$$

其中，$h_{11,t}$、$h_{22,t}$ 分别表示两个市场收益率的条件方差，$h_{12,t}$、$h_{21,t}$ 则表示两个市场间的协方差。矩阵 A、B 的主对角线元素分别表示某一市场收益率的 ARCH 效应、GARCH 效应，次对角线元素则表示不同市场间的 ARCH 型、GARCH 型波动溢出。即矩阵 A、B 的主对角线元素分别可用于说明某一市场

内的波动聚集性、市场内的波动持续性，次对角线元素则分别可以表示市场间的冲击传导性、波动传导性（蔡彤娟、林润红，2018）。

3 数据介绍

3.1 指标选择与数据说明

为研究沪深港股市间的联动效应，本文分别以上证综合指数 SHCI（Shanghai Securities Composite Index）、深证成指 SZCI（SZSE Composite Index）、香港恒生指数 HSI（Hang Seng Index）代表沪市、深市、香港市场，并以股票指数的日收盘价格作为量化指标。另外，为了检验 2008 年金融危机期间沪深港股市间的金融传染效应，样本区间应包括金融危机存续的期间。一般以 2007 年 2 月 13 日美国 New Century Finance 公司发出 2006 年第四季度盈利预警作为美国次贷危机的开端，因此，本文将 2008 年金融危机的起始时间定为 2007 年 2 月 13 日。但对于危机的结束时间，未有统一定论。本文参照宝音朝古拉、苏木亚等（2013）的做法，将 2007 年 2 月 13 日至 2009 年 10 月 19 日划定为"金融危机存续期"。同时，为对比金融危机期间与一般经济期间的股市间相关关系的特征，本文还划定 2004 年 1 月 1 日至 2007 年 2 月 12 日为"金融危机前"时期。将 2009 年 10 月 20 日至 2015 年 6 月 11 日划定为"危机结束后"时期，以控制我国 2015 年"股灾"对股市的冲击。另外，由于香港的节假日安排与内地有所差别，香港股市与沪深股市的开市、闭市日期不完全对应，对此参照 Hamao 和 Masulis 等（1990）的做法，将不同市场的开、闭市日期对应起来，只保留相同日期的数据。

由此，可以得到三个子样本区间，"金融危机前"子区间、"金融危机存续期"子区间以及"危机结束后"子区间，每个子区间依次对应 729、629、1 332 个交易日数据。

借鉴谷耀等（2006）的做法，定义股票市场的日收益为

$$rtn_{it} = \left[\ln(P_{i,t}) - \ln(P_{i,t-1}) \right] \times 100$$

其中，rtn_{it} 表示市场 i 在第 t 日的收益率，$P_{i,t}$ 为第 i 个市场在第 t 日相应指数的收盘价，$P_{i,t-1}$ 为市场 i 在第 t-1 日相应指数的收盘价。

SHCI、SZCI 的数据来源于 CSMAR 数据库，HSI 的数据来源于 RESSET 数据库。

3.2 描述统计

图 1 从整体上描述了 2004 年 1 月 1 日至 2015 年 6 月 11 日（全样本区间），上证指数、深证成指、恒生指数的收益率水平及变化趋势。对比这三个市场的收益率走势图，不难发现，全样本区间内三个市场的收益率的波动特征十分相似，均出现了明显的波动聚集。但在不同样本区间内，收益率序列的变化则出现了明显分化。在"金融危机存续期"（2007 年 2 月 13 日至 2009

年10月19日）子区间内，三个市场收益率的波动幅度更大，波动聚集效应更为显著，而在其他两个区间内波动幅度较小，说明金融危机的爆发给股票市场带来了较大的冲击，市场波动加剧，市场风险扩大。

另外，在"金融危机存续期"恒生指数的波动高峰出现的时间要晚于沪深指数，同时不论是在金融危机期间还是在一般经济时期，上证综指与深证成指的波动幅度明显大于恒生指数，说明相较于发展较成熟的香港股票市场而言，沪深股市作为新兴的资本市场，更容易受到场外因素的影响，也更容易出现较大的市场波动，投资者可能面临更大的市场风险。

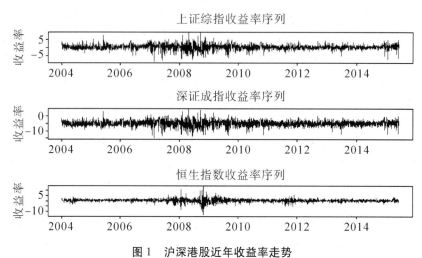

图1　沪深港股近年收益率走势

表1展示了沪深港股市收益率在不同子样本区间内的统计特征。可以发现如下特征：第一，从收益率的平均水平来看，相比"金融危机前"，在"金融危机存续期"各股市的收益率均出现了明显下降，恒生指数的平均收益率低于0。金融危机过后股市收益率均有所回升，但均没有恢复到危机发生前的水平，说明金融危机的发生给股市带来了重创，股市的收益率出现了下降趋势。第二，从收益率的标准差来看，在金融危机期间，各股市的收益率波动明显大于一般经济时期，这与图1的分析结果吻合。第三，J-B检验结果显示所有的收益率序列均拒绝正态分布的原假设，表明各个市场收益率序列均不服从正态分布，即均为偏态分布。又从峰度、偏度的检验结果可知，各序列均服从尖峰分布，但在左偏和右偏间来回摇摆，表明各序列满足一般金融时间序列"尖峰肥尾"的特性。第四，从对序列的平稳性检验结果可知，所有序列均是平稳的，这为后续建模分析打下了基础。

表 1   不同时期沪深港股市收益率序列的统计特征

市场	平均值	标准差	偏度	峰度	J-B 统计量	J-B 检验 P 值	ADF 值	ADF 检验 P 值
金融危机前（2004 年 1 月 1 日—2007 年 2 月 12 日）（观测值：729）								
SHCI	0.074 4	1.413 1	0.240 7	5.140 5	146.216 1	≪ 0.001	−25.853 9	≪ 0.001
SZCI	0.104 8	1.553 7	0.176 9	5.406 2	179.666 8	≪ 0.001	−25.601 5	≪ 0.001
HSI	0.054 6	0.900 6	−0.241 4	4.234 3	53.357 8	≪ 0.001	−26.652 9	≪ 0.001
金融危机存续期（2007 年 2 月 13 日—2009 年 10 月 19 日）（观测值：629）								
SHCI	0.012 9	2.457 7	−0.332 0	4.323 2	57.440 8	≪ 0.001	−25.284 5	≪ 0.001
SZCI	0.069 1	2.669 0	−0.379 7	3.835 8	33.418 8	≪ 0.001	−23.746 3	≪ 0.001
HSI	−0.008 9	2.513 1	0.157 5	7.356 6	500.035 2	≪ 0.001	−26.466 9	≪ 0.001
危机结束后（2009 年 10 月 20 日—2015 年 6 月 10 日）（观测值：1332）								
SHCI	0.034 1	1.287 1	−0.468 6	6.027 1	557.320 4	≪ 0.001	−35.954 7	≪ 0.001
SZCI	0.024 1	1.525 0	−0.262 3	4.908 6	217.453 8	≪ 0.001	−35.795 7	≪ 0.001
HSI	0.006 3	1.135 4	−0.254 2	5.049 2	247.407 6	≪ 0.001	−36.094 5	≪ 0.001

4   实证检验与结果分析

为探究沪深港股市间的联动关系，并检验金融危机期间的金融传染效应，本文分别对不同子样本区间建立三元 VAR 模型来分析股市间的均值溢出效应，以检验各股市收益率是否存在相互影响。在 VAR 模型估计的基础上，通过脉冲响应分析来分别描述上证指数、深证成指、恒生指数收益率对来自其他两个指数收益率单位变动冲击所产生的响应过程，从而得到股市间相关作用的长短期影响。进一步建立 DCC-MVGARCH 模型来分析市场间的时变相关性，最后引入 BEKK（1，1）模型，来分析各市场间的波动溢出效应。

4.1   VAR 模型的估计与脉冲响应分析

VAR 模型的建立需要确定最优滞后阶数，本文依据 SC 准则，将不同时期 VAR 模型的最优滞后阶数均确定为 1 阶。模型的参数估计结果如表 2 所示。

表 2   VAR 模型估计结果

市场	金融危机前			金融危机存续期			金融危机结束后		
	SHCI	SZCI	HIS	SHCI	SZCI	HIS	SHCI	SZCI	HIS
SHCI（−1）	0.03	−0.08	0.03	−0.108	−0.25 **	−0.16	−0.06	−0.09	−0.06
SZCI（−1）	0.07	0.11	−0.01	0.07	0.26 ***	0.03	0.07	0.09 *	−0.01
HIS（−1）	0.06	0.07	0.01	0.02	0.01	0.01	0.01	0.01	0.05 *
C	0.07	0.10 *	0.05 *	0.01	0.05	−0.01	0.03	0.02	0.01

注：***、**、* 分别表示在 1%、5%、10%的显著性水平上显著.

由表 2 可以看到，在金融危机前股市间并不存在显著的均值溢出现象，自身序列的滞后一期值也未对当期的收益率产生显著影响，即收益率序列无自相关。在金融危机结束后，各股市间亦未见显著的均值溢出效应，但在10%的显著性水平上，深证成指、恒生指数出现了一阶自相关。而在金融危机存续期，在5%的显著性水平上，上证指数收益率的滞后一期值对深证成指的当期值有显著的负向影响，但深证成指滞后一期值并未对上证指数产生显著影响，可见，信息从沪市传导到深市，而不能从深市传导到沪市，即沪深两市有显著的单向均值溢出效应。这也证实了鲁旭、赵迎迎（2012）的研究结论。鲁旭、赵迎迎（2012）认为所包含的信息量和股市规模的大小成正比，因此，沪深股市间的信息流向是从沪市到深市。

另外，不论是在金融危机期间还是在一般经济时期，沪深股市与香港股市都未见显著的均值溢出效应，这在一定程度上说明了尽管我国正积极推进沪深股市与香港股市的互联互通，但是由于我国的特殊国情，内地与香港存在制度、节假日习俗等方面的差异，沪深股市与香港股市还存在一定的分割性。

为进一步描述各股市间的相互作用关系，在 VAR 模型的基础上，对相应变量进行脉冲响应分析，分别计算来自三个市场的一个新息冲击对彼此的影响。结果如图 2 所示。

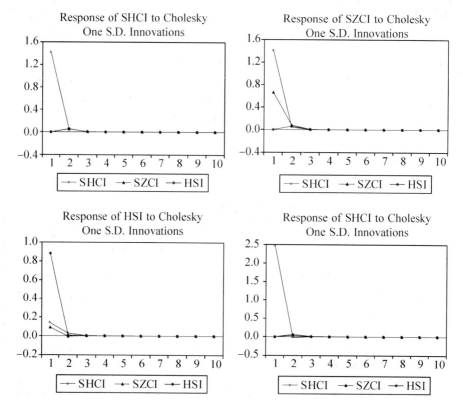

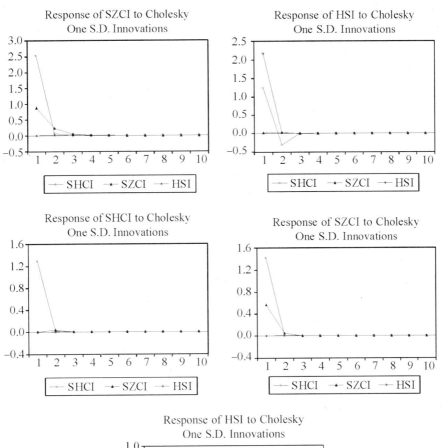

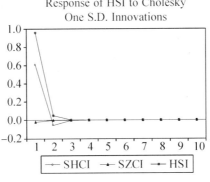

图 2　各时期脉冲响应图①

从图 2 的脉冲响应结果来看，可得到如下四点认识：

第一，沪深港股市间存在短期联动性，长期联动性并不显著。不论是在

---

　　① 前 3 个图形为"金融危机前"子区间的脉冲响应图，中间 3 个图形为"金融危机存续期间"的脉冲响应图，后 3 个图形则为"金融危机结束后"子区间的脉冲响应图。另外，由于图形的放缩问题，读者较难辨别脉冲响应图形中的图例，如果有需要读者可向作者索取彩色脉冲响应分析图，以便更清晰地了解脉冲响应过程。

金融危机期间还是在一般经济时期，对来自自身或者其他两个变量冲击的响应均在未来 2 期最多 3 期内消失。这也与张仕洋（2015）、胡梅（2016）等学者的研究结论相符，验证了沪深港股市间短期联动效应显著而不存在长期联动性的观点。

第二，沪深两市间存在单向信息传导。给沪市一个新息冲击，深市收益率迅速做出响应，在第一期达到峰值，之后快速衰减，在第二期之后消失，而给深市一个新息冲击，沪市收益率并未做出明显响应，说明当沪市受到外部条件的某一冲击后，经市场传递给深市，对深市的收益率产生了显著冲击，而当深市受到场外因素冲击时，则无法将信息传递至沪市。可见，沪深股市间存在单向信息传导机制，信息能从沪市传递至深市，而深市到沪市的信息传导路径并不存在。

第三，在沪深两市中，沪市与港市的联动关系更为密切，且沪港两市表现为单向溢出效应。在金融危机前，给沪市、深市一个新息冲击，港市的收益率均在第一期做出正响应，响应值约为 0.1。而在"金融危机存续期"与"金融危机结束后"港市收益率序列对来自深市的冲击响应几乎为 0，而对来自沪市的冲击响应在第一期为剧烈正向响应，但到了第二期则为负向响应，第三期之后基本消失。而给港市一个新息冲击，沪深两市均未见明显响应。可见，沪市与港市间存在单向的信息传导，从沪市传至港市。究其原因，可能主要与沪市和港市之间的诸多差异有关，其中沪市具有较明显的政策市特点，受到政府更为严格的管制，有可能阻碍了外来信息的进入。而香港股市作为重要的国际资本市场、全球金融中心，资本流动更加自由，环境更加开放，因而也更容易接受外来信息的冲击。

第四，在金融危机期间，沪市与港市、沪市与深市的互动关系明显增强。对比三个时期，在金融危机前，港市收益率对来自沪市的冲击响应值在 0.1 左右；而在金融危机期间，第一期的响应值在 1.3 左右，第二期则约为 -0.3；在金融危机结束后，第一期的响应值在 0.6 左右，第二期约为 -0.05。沪深两市间的响应关系在金融危机期间也明显强于其他时期。可见，在金融危机期间股市间的联动效应显著增强，满足了金融传染的定义，沪港、沪深股市在危机爆发期间存在金融传染效应。

4.2 DCC-MVGARCH 模型的建立与求解

在 VAR 模型参数估计的基础上，取出均值修正后的收益率序列，引入三元 DCC-MVGARCH 模型来检验沪深港股市间的动态相关性。由前文 DCC-MVGARCH 模型的设计部分可知，求解动态相关系数需要完成两个步骤，首先是对单变量 GARCH 模型的估计，其次是对 DCC 模型的极大似然估计。为分别对修正后的收益率序列建立单变量 GARCH 模型，需先对收益率序列进行 ARCH 效应检验。检验结果如表 3 所示。

表 3　ARCH 检验结果

变量	金融危机前			金融危机存续期			金融危机结束后		
	SHCI	SZCI	HSI	SHCI	SZCI	HSI	SHCI	SZCI	HSI
3 阶 LM 统计量	10.884 8	18.510 8	12.961 1	13.177 2	10.085 9	139.111 9	57.710 5	31.254 5	45.031 4
P 值	0.012 4	0.000 3	0.004 7	0.004 3	0.017 9	≪ 0.000 1	≪ 0.000 1	≪ 0.000 1	≪ 0.000 1

　　由表 3 可知,在取滞后阶数为 3 阶时,所有残差序列均在 5% 的显著性水平上拒绝不存在异方差的原假设,即各均值修正后的收益率序列均存在 ARCH 效应,可进一步建立 GARCH 模型。

　　对于每个序列的 GARCH 模型形式的选择,本文根据 AIC 最小准则来确定,最终选定 GARCH (1,1) 模型来估计每一个修正收益率序列。由此得到,各个序列单变量 GARCH 模型以及 DCC (1,1) 模型的估计结果如表 4 所示。

表 4　DCC-MVGARCH 模型参数估计结果

	SHCI	SZCI	HSI
金融危机前			
$\widehat{\omega}_i$	0.021 9	0.021 3	0.004 9
$\widehat{\alpha}_i$	0.079 8 ***	0.073 3 ***	0.043 4 ***
$\widehat{\beta}_i$	0.919 0 ***	0.925 1 ***	0.953 4 ***
$\widehat{\alpha}_i + \widehat{\beta}_i$	0.998 8	0.998 4	0.997 4
$\widehat{\alpha}$	0.024 0 ***		
$\widehat{\beta}$	0.969 6 ***		
金融危机存续期			
$\widehat{\omega}_i$	0.080 1	0.222 1	0.075 7
$\widehat{\alpha}_i$	0.063 1	0.061 9 **	0.140 0 ***
$\widehat{\beta}_i$	0.927 5 ***	0.906 8 ***	0.854 3 ***
$\widehat{\alpha}_i + \widehat{\beta}_i$	0.990 6	0.968 7	0.994 3
$\widehat{\alpha}$	0.030 3 ***		
$\widehat{\beta}$	0.906 1 ***		
金融危机结束后			
$\widehat{\omega}_i$	0.007 5	0.008 0	0.009 2

197

表4(续)

	SHCI	SZCI	HSI
$\widehat{\alpha_i}$	0.035 2 ***	0.030 1 ***	0.052 8 ***
$\widehat{\beta_i}$	0.962 6 ***	0.967 8 ***	0.943 2 ***
$\widehat{\alpha_i} + \widehat{\beta_i}$	0.997 8	0.997 9	0.996 0
$\widehat{\alpha}$	0.019 2 *		
$\widehat{\beta}$	0.972 6 ***		

注: ***、**、* 分别表示在 1%、5%、10% 的显著性水平上显著.

在 GARCH（1, 1）模型中，参数 $\widehat{\alpha_i}$ 既表示当期信息对下一期波动性的影响程度，也表示市场对新信息的敏感程度，$\widehat{\alpha_i}$ 值越大，说明当期信息对市场下一期的波动影响程度越大，市场对新信息越敏感。$\widehat{\alpha_i} + \widehat{\beta_i}$ 则用于衡量现有波动特征的持续时间，$\widehat{\alpha_i} + \widehat{\beta_i}$ 越接近于 1，现有波动性趋势在未来的持续时间就越长。由表 4 中各市场收益率的单变量 GARCH 模型的估计结果可知，除了在"金融危机存续期"上证指数收益率序列的 $\widehat{\alpha_i}$ 值不显著之外，其余的 $\widehat{\alpha_i}$ 值均在 1% 的显著性水平上显著，说明在当前的市场结构下，各股市当期信息对下一期的波动影响显著。另外，对比不同时期各市的 $\widehat{\alpha_i}$ 值，可以发现沪深股市表现趋同，$\widehat{\alpha_i}$ 值相当接近，而与香港股市差异显著。这说明沪深股市的联系更加紧密，而与香港股市之间出现了一定程度的分化。再看 $\widehat{\alpha_i} + \widehat{\beta_i}$ 的值，所有模型的估计结果显示 $\widehat{\alpha_i} + \widehat{\beta_i}$ 的值均超过了 0.9，并且十分接近于 1，可见沪深港股市波动的持续性较强。

DCC（1, 1）的参数估计结果显示，α、β 值在合理的显著性水平上拒绝取值为 0 的原假设，说明前一期标准化均值残差、动态条件异方差对动态相关系数的影响显著，且 $\alpha + \beta < 1$ 满足约束条件。另外，从三个时期的 DCC（1, 1）模型的估计结果来看，相比于其他时期，在"金融危机存续期"α 的估计值最大，而 β 的估计值最小，说明在危机爆发时，前一期的标准化均值残差对动态相关系数的影响程度明显增大，而前一期动态条件异方差对动态相关系数的影响程度却是减弱的。这说明金融危机的爆发对股市造成了一定的冲击，市场间的相关结构有明显变化。

根据 DCC（1, 1）模型的参数估计结果，可进一步得到沪深港股市间的动态相关系数，如图 3 所示。从三个时期沪深港股市两两之间的动态相关系数走势图可以发现在样本区间内股市间的相关性具有明显的时变特征，进一步对时变相关系数进行描述统计，如表 5 所示。

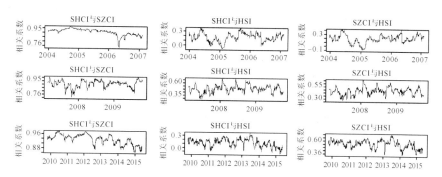

图 3　不同时期沪深港股市间的时变相关系数

表 5　不同时期沪深港股市收益率序列相关系数

	SHCI	SZCI	HSI
金融危机前			
SHCI	1.000 0	0.907 8 [0.033 1]	0.163 2 [0.090 7]
SZCI	0.905 4 (≪0.000 1)	1.000 0	0.183 8 [0.101 5]
HSI	0.157 6 (≪0.000 1)	0.184 0 (≪0.000 1)	1.000 0
金融危机存续期			
SHCI	1.000 0	0.940 9 [0.011 5]	0.500 1 [0.058 7]
SZCI	0.942 2 (≪0.000 1)	1.000 0	0.475 7 [0.606 0]
HSI	0.490 8 (≪0.000 1)	0.459 7 (≪0.000 1)	1.000 0
金融危机结束后			
SHCI	1.000 0	0.935 1 [0.019 5]	0.556 1 [0.048 8]
SZCI	0.928 8 (≪0.000 1)	1.000 0	0.499 2 [0.059 9]
HSI	0.532 3 (≪0.000 1)	0.487 9 (≪0.000 1)	1.000 0

注：在以上三个不同时期的相关系数矩阵中，下三角矩阵中的元素为 Pearson 相关系数，"（）"中为检验 P 值；上三角矩阵中则为 DCC-MVGARCH 所得到的时变相关系数的均值，"［］"中为时变相关系数的标准差。

结合图 3 时变相关系数走势图和表 5 沪深港股市间时变相关系数的描述统计结果，可以发现：

第一，各市场间均表现为显著正向相关，出现了"同涨同跌"的现象，说明沪深港股市间存在显著的联动效应。

第二，沪深股市的联系更加紧密，而与香港股市的相关性更弱。从时变相关系数的描述统计结果来看，沪深股市的时变相关系数的均值超过了 0.9，表现出高度相关，而香港股市与沪深两市的相关系数的均值在金融危机前低于 0.2，在金融危机期间和金融危机结束后，则在 0.5 左右。从 Pearson 相关系数来看，也有相同结论。这也与前文的分析结果一致，相对于香港股市，沪深股市因为在社会制度、监管方式、发展程度、投资者群体等方面具有天然的相似性，所以更有可能表现出市场趋同。

第三，相比于金融危机前，在金融危机持续期间各股市间的联动性明显增强。就沪深两市而言，在金融危机持续期间，两市的相关系数明显高于其他两个子区间，说明在金融危机爆发期间，沪深股市的相关性明显增强，存在金融传染效应。就香港股市与沪深市场的相关性而言，在金融危机持续期、金融危机结束后两个子区间内，香港股市与沪深市场的相关系数明显高于金融危机爆发前，沪深股市与香港股市之间存在金融传染现象，同时金融危机的爆发对沪深股市与香港股市的相关结果产生了一定的影响。

4.3 BEKK 模型估计与波动溢出检验

为了进一步分析沪深港股市间的波动溢出效应，本文引入了 BEKK 模型，但是由于 BEKK 模型需要估计的参数过多，存在估计困难，本文分别建立起两两股市间的 BEKK（1，1）模型，模型的估计结果如表 6 所示。

表 6　BEKK（1，1）模型估计结果

	a_{12}	a_{21}	b_{12}	b_{21}
金融危机前				
SHCI 与 SZCI	0.024 0	−0.267 2	0.095 7	−0.475 6
SHCI 与 HSI	−0.324 8 **	−0.209 4 ***	−0.500 0	−0.431 4
SZCI 与 HSI	−0.500 0 ***	−0.148 4 ***	0.500 0	0.353 5
金融危机存续期				
SHCI 与 SZCI	−0.377 7 ***	−0.077 5	0.215 5	−0.367 2 *
SHCI 与 HSI	0.140 3 *	−0.066 5	0.204 9	−0.050 6
SZCI 与 HSI	0.199 5 **	−0.074 6 *	0.227 4	−0.045 1
金融危机结束后				
SHCI 与 SZCI	0.000 3	−0.134 1	−0.050 2	0.119 1 ***
SHCI 与 HSI	0.124 9	−0.178 9	−0.105 2	0.058 3

表6(续)

	a_{12}	a_{21}	b_{12}	b_{21}
SZCI 与 HSI	−0.022 4	0.290 3***	−0.500 0	−0.451 1

注：***、**、*分别表示在 1%、5%、10%的显著性水平上显著.

在金融危机前，沪市与港市、深市与港市均存在显著的 ARCH 型波动溢出效应，即存在显著的冲击传导效应，且表现为双向传导，而 GARCH 型波动溢出效应均不显著，不存在波动传导效应。在金融危机存续期，沪市对深市的 ARCH 型波动溢出效应显著，而深市对沪市有显著的 GARCH 型波动溢出效应，说明沪深两市间存在双向波动溢出效应。而沪市存在向港市的单向 ARCH 型溢出效应，深市与港市间则表现出双向 ARCH 型溢出效应。在金融危机结束后，沪市与深市存在单向 GARCH 型溢出，深市与港市存在单向 ARCH 型溢出效应。

综合来看，沪深港股市间多表现为 ARCH 型溢出效应，说明上一期的冲击对当期条件方差的影响程度更明显。而 GARCH 型波动溢出效应较少出现显著的情况，即股市间的波动传导效应并不明显。另外，在金融危机期间，沪深两市的波动溢出效应较一般经济时期明显，在金融危机爆发前，沪深两市间未存在显著的波动溢出效应，而在金融危机持续期则表现出显著的双向波动溢出效应。可见，在金融危机期间沪深股市的溢出效应更加显著，两市间的联系也更加紧密。

5 结论与研究展望

本文以我国沪深港三大股市间的溢出效应与动态相关性为研究对象，通过构建 VAR-DCC-MVGARCH-BEKK 模型，对沪深港股市间的均值溢出、波动溢出效应以及相关性的动态变化做了全面深入的探讨，并以 2008 年全球金融危机为切入点，分区间讨论了沪深港股市在金融危机爆发期间与一般经济时期联动效应的主要特征，检验了在 2008 年金融危机期间沪深港股市间的金融传染效应。VAR 模型的估计结果显示，在一般经济时期沪深港股市间的均值溢出效应并不明显，但是在金融危机存续期，沪深股市的均值溢出效应显著，存在由沪市向深市的单向溢出效应。脉冲响应分析的结果显示，沪深港股市间存在短期联动，长期联动关系并不明显。另外，在金融危机期间，沪市与香港股市的互动关系明显增强，存在由沪市向港市的信息传导路径。DCC-MVGARCH 模型的估计结果显示，沪深港股市存在"同涨同跌"的联动效应，沪深股市间联系更加紧密，沪深股市与港市的相关关系日益显著。同时，在金融危机期间，沪深港股市间的相关系数明显增大，存在金融传染效应。运用 BEKK 模型对股市间的波动溢出效应进行检验，发现沪深港股市间多存在 ARCH 型波动溢出效应，GARCH 型波动溢出效应并不明显。在金融危机期间，沪深股市的波动溢出效应十分显著，存在双向波动溢出效应。

综合来说，可以得出以下研究结论：

第一，沪深港股市间存在"同涨同跌"现象，联动效应显著，并且在金融危机期间联动效应尤为明显，即存在金融传染效应。其中基于 VAR 模型的均值溢出检验、脉冲响应分析以及波动溢出检验的结果显示，从沪市到深市、从沪市到港市为主要的传染路径。当前经济全球化日趋深入，全球资本市场日趋整合，国内资本市场也不例外，沪深港股市间的相互联系也将日趋密切。因此，投资者在做出投资决策时应充分考虑市场相关性对投资组合风险规避能力的影响，审慎做出投资选择。监管当局也应密切关注市场的走势，善于从不同市场捕捉信息，警惕系统性风险。

第二，在沪深港三大股市间，沪深股市间的关系更加密切，而沪深股市与香港股市的相互关系较弱。不论是从均值溢出、波动溢出效应的角度分析，还是从动态相关性的角度来看，沪深股市间的相互影响均是显著的，而香港股市与沪深股市间的相互关系仍相对较弱，内地股市与香港股市表现出一定的分割性。原因可能有以下两个方面：一方面，沪深股市同处于内地，面临相同的经济环境、监管环境、投资人群，存在天然的相似性。而由于我国国情的特殊性，内地与香港在经济结构、人文环境方面存在较大差异，因而有可能导致内地股市与香港股市的分化。另一方面，沪深股市与香港股市发展的不同步性，也可能是两者互动关系较弱的原因所在。香港股市已发展成为世界上最成熟的资本市场之一，信息更加公开透明，受到的政府管制较少，而内地股市起步相对较晚，具有较强的政策市特征，较严格的政府监管可能阻碍了内地市场与香港市场的信息交流。

第三，沪深股市与香港股市的联动关系日益密切。对比三个时期内沪深港股市间动态相关系数的变化，发现香港股市与沪市、深市的相关系数有上升态势。多年来，内地与香港签订了一系列经济金融合作的备忘录，两地的经贸合作日益密切，促进了资本在两地间的自由流动。另外，沪港通、深港通的相继实施，也极大地促进了内地股市与香港股市的互联互通，加强了两地资本市场的联系。由此可见，两地资本市场间的关系也将日益密切，沪深股市与香港股市的联动效应也将越来越显著。

本文全面分析了沪深港股市间的溢出效应以及动态关联性，有望为投资者的投资决策、政府部门的政策制定提供有利参考，具有一定的现实意义。同时，本文的研究思路、研究结论也是对相关领域现有研究成果的有益补充，具有一定的学术价值。但本文研究中也还存在有待进一步改进的地方：本文在 VAR 模型、DCC-MVGARCH 模型部分均采用三元模型，而在 BEKK 模型构建部分由于估计的困难，只得构建二元模型，与前文有所割裂。因此，在后续研究中，可尝试建立三元 BEKK（1，1）模型来进行进一步分析。

参考文献

蔡彤娟，林润红，2018. 人民币与"一带一路"主要国家货币汇率动态联动研究——基于 VAR-DCC-MVGARCH-BEKK 模型的实证分析 [J]. 国际金融研究，（2）：19-29.

胡梅，2016. 我国沪深港股市相关性研究 [D]. 重庆：重庆大学.

马丹，刘丽萍，陈坤，2016. 关联效应还是传染效应 [J]. 统计研究，33（2）：99-106.

张仕洋，2015. 我国沪深港股市的联动性研究 [D]. 南京：南京师范大学.

杨飞，2014. 次贷危机和欧债危机对新兴市场的传染效应研究——基于 DCC-MVGARCH 模型的检验 [J]. 国际金融研究，（6）：40-49.

宝音朝古拉，苏木亚，赵洋，2013. 基于 VAR 模型的东亚主要国家和地区金融危机传染实证研究 [J]. 金融理论与实践，（3）：29-34.

王瑞君，2013. 沪深股市结构特征及作用关系研究——基于 EEMD 和状态空间模型 [J]. 北京理工大学学报（社会科学版），15（1）：46-53，62.

鲁旭，赵迎迎，2012. 沪深港股市动态联动性研究——基于三元 VAR-GJR-GARCH-DCC 的新证据 [J]. 经济评论，（1）：97-107.

王茵田，文志瑛，2010. 股票市场和债券市场的流动性溢出效应研究 [J]. 金融研究，（3）：155-166.

曹广喜，姚奕，2008. 沪深股市动态溢出效应与动态相关性的实证研究——基于长记忆 VAR-BEKK（DCC）-MVGARCH（1，1）模型 [J]. 系统工程，（5）：47-54.

谷耀，陆丽娜，2006. 沪、深、港股市信息溢出效应与动态相关性——基于 DCC-（BV）EGARCH-VAR 的检验 [J]. 数量经济技术经济研究，（8）：142-151.

宿成建，刘星，刘礼培，等，2004. 应用小波分析方法研究沪深股市的溢出效应 [J]. 系统工程学报，19（1）：99-103.

陈守东，陈雷，刘艳武，2003. 中国沪深股市收益率及波动性相关分析 [J]. 金融研究，（7）：80-85.

张仕洋，2015. 我国沪深港股市联动性分析 [J]. 商业经济研究，（1）：74-75.

李浩泉，2013. 沪深港股指联动性研究 [D]. 大连：东北财经大学.

岳朝龙，丁元子，2009. 沪市不同行业间信息的溢出效应研究 [J]. 安徽工业大学学报（社会科学版），26（3）：7-9，39.

汤洋，殷凤，2016. 人民币国际化进程中在岸与离岸市场汇率的动态关联
——基于 VAR-DCC-MVGARCH-BEKK 模型的实证分析 [J]. 金融经济学研
究，31（3）：16-26.

PESARAN M H, PICK A, 2007. Econometric issues in the analysis of
contagion [J]. Journal of Economic Dynamics & Control, 31 (4): 1 245-1 277.

FORBES K, RIGOBON R, 2022. No contagion, only interdependence:
measuring stock market co-movements [J]. Journal of finance, 57 (5): 2 223-
2 261.

BEIRNE J, GIECK J, 2014. Interdependence and contagion in global asset
markets [J]. Review of International Economics, 22 (4): 639-659.

HAMAO Y, MASULIS R W, NG V, 1990. Correlations in price changes and
volatility across international stock markets [J]. Review of Financial Studies, 3
(2): 281-307.

ENGLE R F, KRONER K R, 1995. Simultaneous generalized arch [J]. Econ-
ometric Theory, (11): 122-150.

精准扶贫视域下 高校贫困生精准识别研究

李浩男　包雅雯　刘正杉

【摘要】针对我国经济总量大幅提升，但局部发展不均衡的现状与国情，2013 年 11 月习近平总书记首次提出了"精准扶贫"。建立健全家庭经济困难学生资助政策体系是"精准扶贫"的重要组成部分。这其中，对高校贫困生的"精准识别"不仅能够实现"不让任何一个学生因为家庭经济困难而失学"的目标，而且可以促进贫困地区的长远发展。

本文搜集了 483 个样本数据进行研究分析，立足于高校贫困生资助存在的问题——粗放的贫困生识别方式，利用系统聚类方法和基于熵值取权法的因子得分模型，在准确量化选择的贫困指标，对其赋予合理权重后，对所选样本的贫困程度进行评分，最终实现了对学生贫困程度的等级划分。并在此基础上提出了精准扶贫视域下对高校贫困生精准识别的对策建议。

【关键词】精准识别；高校贫困生；因子分析；系统聚类

205

1　绪论

1.1　研究背景及意义

1.1.1　研究背景

自 2013 年 11 月习近平总书记在湖南湘西考察时，首次提出"精准扶贫"这一概念后，精准扶贫就登上了国内各大媒体的"热搜榜"。2015 年 11 月，中共中央召开扶贫开发工作会议，扶贫开发已经上升到党中央治国理政的战略新高度。2017 年党的十九大报告指出，要动员全党全国全社会力量，坚持精准扶贫、精准脱贫。2018 年习近平总书记指出，要万众一心夺取脱贫攻坚战的全面胜利。

为确保我国贫困人口到 2020 年如期脱贫，精准扶贫需要全党、全国、全社会的力量，需要社会各界全面参与，高校作为我国科研教学的重点基地之一也面临着其对应的扶贫工作。目前,国家在高校设立的助学金及助学项目主要有国家励志奖学金、国家助学金、国家助学贷款(包含校园地国家助学贷款和生源地信用助学贷款)、勤工助学项目、学费减免项目等。在高校的扶贫工作中,对贫困生的资助无疑是最为重要的一部分,如何合理地认定贫困生,确定贫困生等级,做到让每一笔助学金都落到实处,切实保障贫困生的学习生活,已成为高校开展扶贫工作的重要环节。

在目前已有的文献中,鲜有如何精确识别贫困生的研究,已有研究更多倾向于定性分析,而高质量定量分析的文献少之又少。何媛媛认为,由于国家和高校目前还未对贫困大学生制定明确的界定标准,各高校标准也不尽统一,让一些非贫困大学生也得到了贫困资助。丁正荣、刘文庆认为,贫困生认定具有模式单一,存在体系缺陷等问题。彭飞霞提出应以大数据为依托,建立对高校贫困生进行精准查找、精确识别、精准帮扶的机制。徐君莉认为除物质上的帮扶外,贫困生的心理疏导问题也应该是亟需解决的问题。吴朝文、代劲、孙延楠认为应基于校园大数据环境进行贫困生认定,通过数据采集和选择,消费特征分析,建立贫困生指数来认定贫困生,并以此来指导贫困生资助体系的建立。朱平亦赞同利用大数据来实现精准识别,通过数据跟踪,对贫困生进行动态化记录,进而展开帮扶。

1.1.2 研究意义

(1) 充实相关文献研究

目前,关于高校精确识别贫困生并进行相应评级以达到资助金合理分配目的的研究较少,且其中很多研究都采用定性方法,而本文通过定量分析,为精确识别贫困生提供了更为具体且可量化的方法,更新了目前贫困生资助的研究方法。

(2) 使真正贫困的群体能更好地得到资助

本文通过相关研究,力求对贫困大学生的识别过程更加精准、贫困等级评定更加合理,在此基础上给予相应的资助,使助学金不缺位,使其他关怀与帮助不迟到、不错位,让需要得到帮助的贫困大学生切实得到所需,以期更为合理、公平地分配资助经费。

(3) 助力高校贫困生认定方法合理改革

由于缺乏统一合理的认定标准,贫困生评定有较大的弹性空间。贫困生认定缺乏合理、标准的认定方法,导致个别生活条件不错的学生因"钻空子"而领到了资助经费,并不贫困的大学生通过"人情评定"获得补助的情况时有发生,进而导致高校助学金资源分配不均,甚至助长了不公平的、消极的助学金申请风气。

对贫困生的精准认定,有助于给予高校一个可量化的标准,从而更准确地进行贫困生认定工作,使各种助学金不再被粗放地发放和使用,使高校的助学项目真正吸引贫困大学生参与，发挥应有的效果。

（4）精准识别、资助贫困大学生符合精准扶贫的要求

精确识别、评定贫困生符合精准扶贫中精确识别、精确帮扶和精确管理的要求。通过量化模型对申请者进行筛选，能够使教育资金精确帮扶贫困生。通过利用差异化的因子建立清晰的评价标准来进行管理和监督，也符合精准扶贫的要求。

1.2　文献综述

曹路舟通过运用 FP-growth 算法对所有收集到的高职院校的贫困生数据进行挖掘，找出了一些数据之间的内在关联，在某种程度上反映了贫困生的认定与学生学习成绩、贷款金额、消费水平以及家庭情况等因素存在的规律，对贫困生的认定具有很大的参考价值和指导意义。

褚晓芳、毛曦等针对当前高校贫困生认定工作中的不足，提出了构建高校贫困生认定"三级评议"制度：班级定量评议、学院审查评议和学校监管评议，以规范三个层面的评议，增强高校贫困生认定工作的实效性。

王璐以贫困生资助资金为研究核心，制定了客观准确的量化评价标准，把对贫困生困难程度的量化评价分为 8 个步骤，为高校进行贫困生认定提供了初步的评定程序和方法。

王艳提出在贫困生认定工作中人为影响因素占了较大比重，且侵犯了贫困生的部分隐私，唯有改进贫困生认定方式、改变以往的不合理的资助模式、构建科学化的资助体系才是解决贫困生认定问题的关键。

秦珊通过问卷调查的方法得出目前贫困生认定存在认定标准模糊、多方主体参与、信息本身的准确性难以保证等问题。

薛天飞通过采用问卷分析法和社会调查法对高职院校的贫困生资助进行了分析和研究，认为无偿资助导致了贫困生认定信誉缺失、助学金使用效力低下等问题。

高莉莉通过问卷调查法、访谈法等总结出了高校贫困生资助管理存在的问题：资助管理过程无法可依、机制不科学、诚信危机突出。

王岚通过抽样问卷调查以及个别访谈，认为要解决贫困生认定中存在的问题应该通过利用大数据建立贫困生信息数据库、完善指标分配机制、优化资助结构和评审流程、加强对贫困生的思想引导、建立监督投诉机制。

赵臻认为贫困生资助应注意贫困生认定、贫困生心理资助、贫困生资助名额分配等问题，并从政策制定、资助金投入、政策执行、政策目标群体、政策监督机制五个方面提出了解决方法。

李尧认为在精准扶贫的大背景下应以精准的方式去解决问题，力求达到救助对象精准与发力精准。

王梦珂根据赫兹伯格的双因素理论，辅之以实地调研的方法，对高校贫

困生资助的现状、存在的问题及原因进行了深入的剖析，并在双因素理论下提出了解决问题的方法——物质资助与非物质资助的结合。

1.3　研究框架

本文基于精准扶贫的背景，选取高校贫困生识别与评级问题作为切入点，进行了相关文献分析、问卷调查。根据问卷调查与目前已有研究成果找出了现实中存在的问题，并对问题建立模型进行分析，后用实证数据验证模型，通过模型研究与文献研究得出了相关结论，并提出了相应的建议和意见（如图 1 所示）。

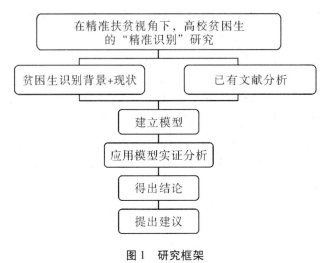

图 1　研究框架

1.4　研究的创新点

（1）研究思路的创新：目前研究高校精准扶贫的文献大多将重心放在了比较宏观的层面，如高校直接帮扶贫困地区应该采取哪些措施，高校在精准扶贫这一背景下的作为等，但深入到高校内部，将高校内部的贫困生直接作为精准扶贫的对象进行研究的文献还相当稀少。故以高校贫困生为对象来进行精准扶贫研究这一思路相对于已有的研究来说具有一定的创新性。

（2）研究方法的创新：研究精准扶贫的文献不计其数，但主要采用的是定性分析法，辅之以少量的层次分析法，侧重于提出精准扶贫背景下高校应采取及可采取的定性措施，本文打破了这一主流的研究方法，立足于模型，结合因子分析法来研究精准扶贫政策下的贫困生认定问题，故研究方法具有一定的创新性。

2　高校贫困生奖助体系与存在的问题

2.1　高校贫困生奖助体系

2.1.1　国家励志奖学金

为了帮助更多学习优异的贫困生完成学业，我国设立了国家励志奖学金。

奖励对象为普通本科高校和高等职业院校本专科在校生中品学兼优的家庭经济困难的学生，资助金额为每人每年 5 000 元，资助覆盖面达到全国高校在校生的 3%。这一政策的落实激励了广大家庭经济困难的学子奋发向上，在学业上取得更大进步。

2.1.2 国家助学金

为缓解价格上涨给大中专学校家庭经济困难学生的基本生活带来的压力，国务院决定：从 2010 年秋季学期起，中央与地方共同设立国家助学金，用于资助家庭经济困难的全日制普通本专科（含高职、第二学士学位）在校学生。资助面约占在校生总数的 20%。国家助学金体现了党和政府对普通本科高校、高等职业学校和高等专科学校家庭经济困难学生的关怀。

2.1.3 国家助学贷款

国家助学贷款是党中央、国务院利用金融手段完善我国普通高校资助政策体系，加大对普通高校贫困家庭学生的资助力度所采取的措施。符合条件的普通高等学校全日制本专科生（含高职生）、第二学士学位学生和研究生可在国家规定的额度内申请助学贷款，毕业后分期偿还，且在贷款期间免于偿付利息。

2.1.4 勤工俭学

勤工俭学是高校内部机构开展的活动，为贫困生提供在课余时间参加劳动、获得收入的途径，以缓解贫困生的经济压力。

2.2 存在的问题

2.2.1 名额分配的平均化

为了名义上的公平性，当下的高校大多平均分配贫困生名额，即根据每个学院的学生人数分配名额，并遵循一个固定比例。这种分配方式表面上看是公平的极佳体现，但实际上忽略了贫困生认定的本质，所有的贫困生不可能严格按照比例均匀地分布于各个学院当中。某些学院可能贫困生人数比较多但受名额限制，有的学院贫困生人数较少却依然占用着贫困生名额，由此造成的"贫困生不扶，扶者不贫困"是当下贫困生认定中的一个普遍现象。

2.2.2 贫困生界定及等级认定模糊

究竟其家庭存在怎样的特殊情况可以被评定为贫困生，被评定为 A 级、B级、C 级的依据又是什么？贫困生界定标准模糊、等级标准存在级别重复等问题，都对贫困生精确识别、等级认定造成了一定的困难，进而影响到资助金的有效发放以及助学项目的有效开展。

2.2.3 评审规则、流程标准不一

目前各大高校对于贫困生评定并没有统一标准，大多采用学生自助申请，辅导员审核确定的流程。其间"软性"规定较多、缺乏"硬性"规定等导致了由辅导员或班干部组成的评审团队在评审及评级过程中存在"人情评分"、

主观判断等问题，造成了不少实际上并不贫困的学生申请到资助、挥霍资助金的现象。且学校各学院对贫困生认定的方法、评定流程也不尽相同，这就使得不论是内部比较还是外部比较，都存在"不公平"的现象。"非贫困的贫困生"长期可以拿到资助金，不仅占用了贫困生的补助金，还会滋长高校贫困生虚报、谎报的不良风气。

3 模型与方法

本文拟运用因子得分-熵值取权模型来研究贫困生评级的影响因子及评级方案的选择。对评级方案的选择需要考虑：①评定指标的选取应该基于什么样的原则；②采用什么样的评定方法，才能较为科学准确地实现贫困生的评级。以下将介绍相关的模型及方法。

3.1 指标体系模型

3.1.1 指标选取原则

所有指标皆是在总结当下高校贫困生认定的相关指标并加以增添与剔除的基础上得出的，在启用贫困生认定新标准的同时兼顾了已有指标的可溯性，不至于与目前的贫困生认定标准表现出过大的出入，总体上遵循了可获得性、可操作性、效率性的原则。

令各项指标为 x，最终的贫困生认定结果为 y，则 x 与 y 应大致满足下列条件：

（1）x 和 y 之间具有一定的相关性，y 由各个 x 的相互作用产生。

（2）选取不同指标 x 得出的结果 y 应具有可比性，且有意义。

（3）对 x 和 y 的选取具有代表性，能在保证结果准确的同时不降低执行效率。

3.1.2 系统聚类模型

系统聚类法又叫分层聚类法，是聚类分析的一种方法。其基本思想是先将聚类的样本或变量各自看成一类，然后确定类与类之间的距离，并选择最接近的两类或若干个类合并成一个新类，计算新类与其他各类之间的距离，再选择最接近的两类或若干类合并成一个新类，一直重复进行两个最近类的合并，每次减少一类，直到所有的样本或变量都合并成一类为止。

系统聚类的步骤以 n 个样本的聚类分析为例：

（1）定义以变量或指标的个数为维度的空间里的距离。

（2）计算 n 个样本两两之间的距离。

（3）将每个样本归为一类，根据计算出的样本间的距离合并距离最近的两类为一个新类。

（4）再计算新类与其他各类的距离，同样再根据计算出的距离合并距离最近的两类为一个新类。

（5）循环以上过程直至类别个数为1。

（6）画出各阶段的聚类图并决定类别的个数。

3.1.3 变量聚类

（1）变量聚类的概念

变量聚类在实践中有广泛应用，一方面，通过变量聚类可以发现某些变量之间的一些共性，有利于分析问题和解决问题；另一方面，变量聚类也可作为某些数据分析的中间过程，例如，在回归分析中，若涉及的自变量很多，则可先考虑变量聚类，再在每类变量中进行主成分分析，选取各类中的某些主成分作为新的自变量，这样不但可以消除变量间的复共线性，而且可以达到降低自变量维数的目的。

（2）变量聚类模型

设对 p 个变量 x_1，x_2，$\cdots$，x_p 各观测了 n 次，得到的观测数据向量为

$$x_{(j)} = (x_{1j}，x_{2j}，\cdots，x_{nj})^T，j = 1，2，\cdots，p \tag{1}$$

变量的观测向量 $x_{(i)}$ 与 $x_{(j)}$ 间的相似性可以用相似系数度量，设

$$x_{(i)} = (x_{1i}，x_{2i}，\cdots，x_{ni})^T \tag{2}$$

$$x_{(j)} = (x_{1j}，x_{2j}，\cdots，x_{nj})^T \tag{3}$$

则 $x_{(i)}$ 与 $x_{(j)}$ 的相似系数是

$$r_{ij} = \frac{\sum_{k=1}^{n} x_{ki} x_{kj}}{\sqrt{\sum_{k=1}^{n} x_{ki}^2} \sqrt{\sum_{k=1}^{n} x_{kj}^2}} \tag{4}$$

显而易见，$|r_{ij}| \leq 1$，$r_{ij} = r_{ji}$ 且 $r_{ii} = 1$。若将 $x_{(i)}$ 和 $x_{(j)}$ 看作 n 维空间中的两个向量，则 r_{ij} 是它们的夹角余弦，变量观测向量 $x_{(1)}$，$x_{(2)}$，$\cdots$，$x_{(p)}$ 两两间的相似系数构成相似系数矩阵

$$R = \begin{pmatrix} 1 & r_{12} & \cdots & r_{1p} \\ r_{21} & 1 & \cdots & r_{2p} \\ \cdots & \cdots & & \cdots \\ r_{p1} & r_{p2} & \cdots & 1 \end{pmatrix} = (r_{ij})_{p \times p} \tag{5}$$

显然，对于标准化数据，R 即原观测数据的相关系数矩阵，这时，$|r_{ij}|$ 反映了两个变量 x_i 与 x_j 线性关系的强弱。

在应用过程中，我们经常会从不相似度量的距离矩阵出发进行聚类，因此，若利用相似系数对变量进行聚类，应先将相似矩阵 R 变换为不相似度量的距离矩阵 $D = (d_{ij})_{p \times p}$，再从 D 出发，按照谱系聚类法对变量进行聚类。

二者的变换关系通常有

$$d_{ij} = 1 - r_{ij} \text{ 或 } d_{ij} = 1 - r_{ij}^2 \tag{6}$$

3.2 评分模型构建

3.2.1 因子得分模型

（1）因子得分概念

因子得分（factor score）是一种估计值，是在因子分析中对不可观测的公因子做出的估计值。因子分析将变量分解为公因子和特殊因子的线性组合。由于 m 个公因子能反映原 p 个变量的相关关系（$m<p$），这样，就把 p 维空间的问题转化为 m（$m<p$）维空间的问题。在低维空间 R^m 中，进一步考察样本分类或把样本的公因子得分作为进一步分析的原始数据。

因为评价指标的数目较多，所以考虑对聚类之后的评价指标分别进行因子分析。重新建立新的评价因子指标作为评价结果的自变量，通过简化评价指标的数量来简化最后的评价模型，得到因子得分。

（2）因子得分步骤

第一步：统一数据方向

对初步选取的评价指标进行方向统一，对于极小型数据，按照公式（7）转换为极大型数据

$$x_i' = \frac{1}{x_i} \tag{7}$$

$$x_i' = |x_i - 1|$$

其中，x_i，x_i' 分别为原指标和经过处理之后的指标。

第二步：统一数据口径

对用于因子分析的指标变量进行标准化处理，用于因子分析的指标变量有 m 个，分别为 x_1，x_2，$\cdots$，x_m，共有评价对象 n 个，第 j 个评价对象的第 i 个指标的取值为 a_{ij}，$i = 1, 2, \cdots, m$；$j = 1, 2, \cdots, n$，把各指标值转换成标准化指标 a_{ij}，有：

$$a_{ij} = \frac{a_{ij} - \overline{\mu_j}}{s_j}, \ i = 1, 2, \cdots, m; \ j = 1, 2, \cdots, n. \tag{8}$$

在上述公式中，$\overline{\mu_j} = \frac{1}{n}\sum_{i=1}^{n} a_{ij}$，$s_j = \sqrt{\frac{1}{n-1}\sum_{i=1}^{n}(a_{ij} - \overline{\mu_j})^2}$。

第三步：计算相关系数矩阵

相关系数矩阵

$$R = (r_{ij})_{m\times m}, \ r_{ij} = \frac{\sum_{k=1}^{n} a_{ki} a_{ki}}{n-1}, \ i, j = 1, 2, \cdots, m \tag{9}$$

其中，$r_{ii} = 1$，$r_{ij} = r_{ji}$，r_{ij} 是第 i 个指标与第 j 个指标的相关系数。

第四步：计算初等载荷矩阵

计算相关系数矩阵 R 的特征值 $\lambda_1 \geqslant \lambda_2 \geqslant \cdots \geqslant \lambda_m \geqslant 0$，及对应的特征向量 u_1，u_2，$\cdots$，u_m，其中 $u_j = (u_{1j}, \cdots, u_{mj})^T$，初等载荷矩阵为

$$\Lambda = (\sqrt{\lambda_1}\,u_1, \ \sqrt{\lambda_2}\,u_2, \ \cdots, \ \sqrt{\lambda_m}\,u_m) \tag{10}$$

第五步：计算因子旋转

设公共因子为 F_1，$\cdots$，F_r，因子旋转所得结果如下所示：

$$\begin{cases} x_1 = a_{11}F_1 + \cdots + a_{1r}F_r \\ x_2 = a_{21}F_1 + \cdots + a_{2r}F_r \\ \cdots \\ x_m = a_{m1}F_1 + \cdots + a_{mr}F_r \end{cases} \tag{11}$$

第六步：计算因子得分

建立以公共因子为因变量，以原始变量为自变量的回归方程如下所示：

$$\begin{cases} F_1 = \beta_{11}x_1 + \beta_{12}x_2 + \cdots + \beta_{1m}x_m \\ \cdots \\ F_r = \beta_{r1}x_1 + \beta_{r2}x_2 + \cdots + \beta_{rm}x_m \end{cases} \tag{12}$$

此处原始变量与公共因子变量均为标准化变量，因此回归模型中不存在常数项。在最小二乘的意义下，可以得到 F 的估计值

$$F = \Lambda' R^{-1} X \tag{13}$$

其中，Λ 为因子载荷矩阵，R 为原始变量的相关系数矩阵，X 为原始变量向量。

3.2.2 熵值取权模型

（1）熵值取权法概念

熵值取权法是一种客观赋权法，根据各项指标观测值所提供的信息的多少来确定指标权重。设有 m 个待评方案，n 项评价指标，形成原始指标数据矩阵 $X = (x_{ij})_{m \times n}$，对于某项指标 x_j，若指标值 X_{ij} 的差距越大，则该指标在综合评价中所起的作用越大；若某项指标的指标值全部相等，则该指标在综合评价中不起作用。

（2）熵值取权法步骤

第一步：设原始数据矩阵 $A = (a_{ij})_{m \times n}$，设有 m 个评价对象，n 个评价指标，将矩阵归一化后得到 $B = (b_{ij})_{m \times n}$。

若指标越大越好，则

$$b_{ij} = \frac{a_{ij} - \min_j\{a_{ij}\}}{\max_j\{a_{ij}\} - \min_j\{a_{ij}\}} \tag{14}$$

若指标越小越好，则

$$b_{ij} = \frac{\max_j\{a_{ij}\} - a_{ij}}{\max_j\{a_{ij}\} - \min_j\{a_{ij}\}} \tag{15}$$

213

将 $B = (b_{ij})_{m \times n}$ 进行列向量归一化，得到 $P = (p_{ij})_{m \times n}$ 。

第二步：求第 j 个指标的熵值

$$e_j = -\frac{1}{m} \sum_{i=1}^{m} p_{ij} \ln(p_{ij}) \tag{16}$$

第三步：求第 j 个指标的差异系数

$$g_j = 1 - e_j \tag{17}$$

第四步：求第 j 个指标的权重

$$w_j = \frac{g_j}{\sum\limits_{j=1}^{n} g_j} \tag{18}$$

4 基于因子的得分模型的实证研究

4.1 样本数据的选取

不同于已有的针对精准扶贫的大多数研究，本文从高校贫困生认定的视角来研究精准扶贫，研究思路决定了研究对象的具体化，即高校学生。为获得更多的有效数据，我们在研究过程中采取了问卷调查的方式。调查问卷的发放分为线上和线下两部分，累计获得有效问卷 483 份，其中线下共发放 200 份，回收 140 份，线下回收率达 70%，线下调查样本均为 2018 学年西南财经大学贫困生；线上回收 343 份问卷。从回收问卷的总数来看，该问题极大地引发了高校学生对贫困生认定问题的共鸣，从侧面说明本研究反映了精准扶贫背景下如何精准识别高校贫困生这一问题及其现状，具有相当的研究价值与现实意义。

综合考量实际可操作性与数据可获得性，最终确定的问卷内容共涉及 16 项指标，如表 1 所示。

表 1 问卷指标项目

序号	指标项目	序号	指标项目
1	家庭成员患有重大疾病	9	月消费水平
2	家庭位于贫困区	10	少数民族
3	家庭供多名子女上学	11	建立档案卡
4	农村户口	12	家庭突发变故
5	低保户	13	家庭有稳定收入
6	单亲家庭	14	家庭无固定收入
7	家庭有残疾人口	15	家庭仅有短期收入
8	家庭存在负债	16	家庭无固定收入且人口较多

上述的所有指标皆是在总结当下高校贫困生认定的相关指标并加以增添与剔除的基础上得出的，在启用贫困生认定新标准的同时兼顾了已有指标的可溯性，不至于与目前的贫困生认定标准出入过大，总体上遵循了可获得性、可操作性、效率性的原则。

在指标内容方面，16 项指标中的每一项指标都与一个家庭的经济状况存在着密切联系；在问卷的填写方式上，无论是线上还是线下都采用匿名填写的方式，在保护填写人隐私的同时增强了问卷结果的准确性，进而保证了问卷结果量化后的数据的真实性，可用于进一步的研究。

4.2 数据指标降维处理

通过前期试调研，并分析问卷结果，本文总结出了 16 项与贫困生评定相关的指标，由于指标数量过多，不利于进一步的数据分析，故对指标进行降维处理。

4.2.1 变量的系统聚类

本文采用 SPSS21.0 对收集到的数据指标进行分析处理，由于篇幅有限，本文只展示部分数据的处理结果。部分数据的相关系数如表 2 所示。

表 2　相关系数表

	1	2	3	4	5	6	7	8	9	10	11	12	13	14	15	16
1	1.000	-0.105	-0.071	0.002	0.050	0.197	0.075	0.036	0.035	0.058	0.073	0.206	0.078	0.114	0.079	0.110
2	-0.105	1.000	0.104	0.164	0.040	-0.131	-0.069	-0.057	-0.195	0.034	0.082	-0.017	-0.144	0.209	-0.107	0.036
3	-0.071	0.104	1.000	0.109	-0.146	-0.035	-0.075	-0.004	-0.116	-0.059	-0.036	-0.064	-0.108	0.142	-0.041	0.048
4	0.002	0.164	0.109	1.000	0.161	0.012	-0.008	-0.041	-0.041	0.057	-0.003	0.095	-0.051	0.109	0.008	0.074
5	0.050	0.040	-0.146	0.161	1.000	0.209	0.249	0.190	0.283	0.383	0.221	0.227	0.435	-0.095	0.224	0.260
6	0.197	-0.131	-0.035	0.012	0.209	1.000	0.159	0.020	0.149	0.191	0.101	0.205	0.248	0.015	0.092	0.169
7	0.075	-0.069	-0.075	-0.008	0.249	0.159	1.000	0.210	0.206	0.183	0.206	0.044	0.235	-0.068	0.126	0.147
8	0.036	-0.057	-0.004	0.041	0.190	0.020	0.210	1.000	0.224	0.125	0.055	-0.032	0.157	0.010	0.138	0.116
9	0.035	-0.195	-0.116	-0.041	0.283	0.149	0.206	0.224	1.000	0.252	0.118	0.039	0.295	-0.220	0.136	0.139
10	0.058	0.034	-0.059	0.057	0.383	0.191	0.183	0.125	0.252	1.000	0.195	0.158	0.159	-0.076	0.143	0.860
11	0.073	0.082	-0.036	-0.003	0.221	0.101	0.206	0.055	0.118	0.195	1.000	0.036	0.109	0.046	0.110	0.117
12	0.206	-0.017	-0.064	0.095	0.227	0.205	0.044	-0.032	0.039	0.158	0.036	1.000	0.142	-0.001	0.060	0.133
13	0.078	-0.144	-0.108	-0.051	0.435	0.248	0.235	0.157	0.295	0.159	0.109	0.142	1.000	-0.237	0.309	0.058
14	0.114	0.209	0.142	0.109	-0.095	0.015	-0.068	0.010	-0.220	-0.076	0.046	-0.001	-0.237	1.000	-0.054	0.131
15	0.079	-0.107	-0.041	0.008	0.224	0.092	0.126	0.138	0.136	0.143	0.110	0.060	0.309	-0.054	1.000	0.081
16	0.110	0.036	0.048	0.074	0.260	0.169	0.147	0.116	0.139	0.860	0.117	0.133	0.058	0.131	0.081	1.000

图2展示了最终的指标聚类结果。

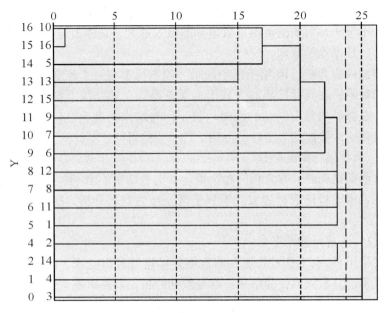

图2 变量聚类树状图

本文综合考虑数据的处理量和研究的准确性，以图2中的虚线作为分界，将指标分为4类，分类结果如表3所示。

表3 变量分类表

	少数民族
	家庭无固定收入且人口较多
	低保户
	家庭有稳定收入
	家庭仅有短期收入
第一类指标	月平均消费水平
	有残疾人口
	单亲家庭
	家庭突发变故
	家庭存在负债
	建立档案卡
	家庭成员患有重大疾病
第二类指标	家庭无固定收入
	家庭位于贫困区
特殊指标1	农村户口
特殊指标2	供多名子女上学

对于特殊指标，分析相关系数表可以发现，"农村户口"和"供多名子女上学"两项指标与其他指标的相关系数均小于 0.2，相关性较低，故这两项指标在最终结果中单独成为一类。

4.2.2 样本因子得分分析

（1）数据预处理

在上文的 16 项指标中，除了家庭有稳定收入和月平均消费水平为极小型指标外，其余指标均为极大型指标，对此我们进行数据转换，将指标同向化

$$
\begin{cases}
x_i' = \dfrac{1}{x_i}, \text{ 对于月平均消费使用该公式转换} \\
x_i' = |x_i - 1|, \text{ 对于家庭有稳定收入使用该公式转换}
\end{cases}
\tag{19}
$$

使用 SPSS21.0 对各项指标进行标准化处理。

（2）因子分析

从表 4 中可以得出，KMO 值大于 0.5 并且 Bartlett 检验的 Sig 值为 0，通过适应性检验，可以进行因子分析。

表 4　KMO 和 Bartlett 的检验

取样足够度的 Kaiser-Meyer-Olkin 度量		0.657
Bartlett 的球形度检验	近似卡方	1 244.386
	df	66
	Sig.	0.000

利用 SPSS21.0 软件进行因子分析，对于第一类指标，得到如下结果

$$
\begin{cases}
x_{10} = -0.026F_1 + 0.498F_2 - 0.044F_3 \\
x_{16} = -0.110F_1 + 0.530F_2 - 0.024F_3 \\
x_5 = 0.249F_1 + 0.050F_2 + 0.076F_3 \\
x_{13} = 0.340F_1 - 0.178F_2 + 0.129F_3 \\
x_{15} = 0.253F_1 - 0.109F_2 + 0.043F_3 \\
x_9 = -0.279F_1 + 0.006F_2 + 0.141F_3 \\
x_7 = 0.263F_1 - 0.014F_2 - 0.053F_3 \\
x_6 = 0.038F_1 - 0.029F_2 + 0.384F_3 \\
x_{12} = -0.103F_1 - 0.003F_2 + 0.504F_3 \\
x_8 = 0.282F_1 + 0.002F_2 - 0.241F_3 \\
x_{11} = 0.138F_1 + 0.051F_2 - 0.006F_3 \\
x_1 = -0.083F_1 - 0.054F_2 + 0.462F_3
\end{cases}
\tag{20}
$$

对于第二类指标，得到如下结果

$$\begin{cases} x_2 = 0.643F_4 \\ x_{14} = 0.643F_4 \end{cases} \quad (21)$$

对于不同类别的指标应用因子分析后，得到不同因子的得分，根据不同因子的方差贡献率加权得到某一类指标的得分，计算公式如下所示：

$$F = \frac{\sum_{i=1}^{k} c_i F_i}{\sum_{i=1}^{k} c_i} \quad (22)$$

其中，c_i 为第 i 个因子的方差贡献率，F_i 为第 i 个因子的得分。

（3）得分筛选

3σ 准则，又称拉依达准则，是先假设一组检测数据只含有随机误差，对其进行计算处理得到标准偏差，按一定概率确定一个区间，认为凡超过这个区间的误差，就不属于随机误差而是粗大误差。

根据指标的得分以及 3σ 原则，对奇异的打分值进行筛查，筛查条件为若存在某一指标的分值落在 3σ 之外，则判定该学生的信息为奇异值，从而采用人工评定，对于全部指标均落在 3σ 之内的使用熵值取权法进行加权评分。计算结果如图 3 所示。

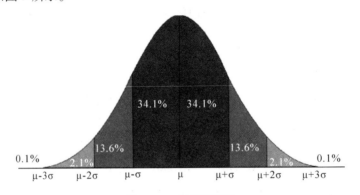

图 3　3σ 准则示意图

（4）熵值加权

对于得到的每一个样本的第一类指标、第二类指标、特殊指标 1、特殊指标 2 的得分，我们利用熵值取权法进行加权打分。

我们已经得到了标准的得分，只需对列向量进行归一化，归一化公式如公式（23）所示：

$$p_{ij} = \frac{b_{ij}^2}{\sum_{j=1}^{m} b_{ij}^2} \quad (23)$$

（5）评分并分级

根据已有评分，按照评分的高低进行排名，将家庭经济情况分为 4 级，综合评分在前 15% 的为家庭经济非常困难，资助优先级为第一级。

$$\begin{cases} [0.00，0.15] \rightarrow 家庭经济非常困难 \\ (0.15，0.35] \rightarrow 家庭经济困难 \\ (0.35，0.60] \rightarrow 家庭经济一般困难 \\ (0.60，1.00] \rightarrow 家庭经济不困难 \end{cases}$$

4.3 评定流程图

评定流程如图 4 所示。

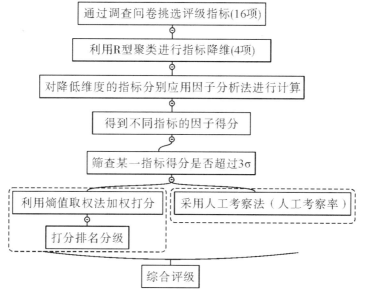

图 4　评定流程

4.4 实证分析

根据以上评定流程，本文利用 SPSS21.0 软件将数据代入系统聚类模型与因子分析模型，利用 MS Excel 进行应用熵值取权。在 483 个样本中有 4 个样本需要人工进一步判定考察，剩余的 479 个样本均可得到该模型下的得分。限于篇幅，本文只展示部分结果分别如表 5、表 6、表 7 所示。

表 5　熵值加权结果

项目	第一类指标	第二类指标	特殊指标 1	特殊指标 2
熵值	0.011 62	0.011 62	0.012 56	0.011 47
差异系数	0.988 38	0.988 38	0.987 44	0.988 53
权重	0.250 05	0.250 05	0.249 81	0.250 09

表6　需要人工考察的样本（人工考察率为0.83%）

序号	贫困生认定等级	第一类得分	第二类得分	特殊得分1	特殊得分2	得分
47	一般困难	-0.42	0.69	-0.79	4.51	0.998
190	困难	-0.71	-0.72	1.27	4.51	1.085
230	一般困难	-0.61	0.69	-0.79	4.51	0.95
448	困难	-0.62	0.69	1.27	4.51	1.462

注：分析该结果，可以发现这四个样本均为农村户口。

表7　部分样本得分展示

序号	第一类得分	第二类得分	特殊得分1	特殊得分2	得分	级别
11	0.140	-0.720	1.268	-0.697	-0.003	一般困难
13	0.394	0.690	1.268	1.038	0.847	非常困难
26	0.602	-0.720	1.268	-0.697	0.113	一般困难
28	-0.775	0.690	-0.787	1.038	0.042	一般困难
34	-0.288	-0.720	1.268	-0.697	-0.109	一般困难
42	-0.670	-0.720	-0.787	-0.697	-0.718	非贫困生
48	0.702	-0.720	1.268	-0.697	0.138	一般困难
49	-0.368	2.347	1.268	1.038	1.071	非常困难
52	-0.848	2.347	1.268	1.038	0.951	非常困难
59	0.200	-0.720	1.268	-0.697	0.012	一般困难
60	-0.872	0.690	1.268	1.038	0.531	困难
65	0.724	0.937	-0.787	-0.697	0.044	一般困难

模型分级的结果如表8所示。

表8　模型分级结果

贫困级别	人数	比例	最高分	最低分
A级	72	15.03%	1.34	0.56
B级	48	10.02%	0.56	0.31
C级	169	35.28%	0.309	-0.196
非贫困生	190	39.67%	-0.196	-0.71

5　结论与政策建议

5.1　结论

从总体上来说，各个高校都已经建立起了一套贫困生认定体系，但这种认定体系大多遵循"一行到底"的原则，没有紧跟国家精准扶贫政策"总体稳定，局部调整"指导思想的步伐，导致认定标准缺乏客观性，认定程序缺乏公正性。采用模型和量化的方法可以在一定程度上减少主观因素的影响，直接依靠客观模型和指标来为贫困生等级打分，使评定结果更具客观性，弥补当前贫困生识别与认定工作的不足。

5.2　政策建议

5.2.1　建立可量化的评审标准

要改变"松散"的审核模式，就要改变目前模棱两可、主观性强的定性化评审标准。高校应根据实际情况，通过模型和可量化的数据、认定标准建立起全面客观的评审体系，直接根据模型和评审体系得出贫困生评定等级的结果，以避免过多的主观因素影响评定结果。

5.2.2　建立动态的贫困生认定系统

高校应利用大数据，建立贫困生综合认定系统，进行家庭基本情况、收支情况录入，对贫困生实施校园"一卡通"、银行卡消费水平检测与测评，并定期及时检查，根据检查情况随时调整贫困生认定资格与贫困生等级。

5.2.3　将个人自诉、组织查证、同学互证相结合

完善贫困生审核机制，除了需个人填写申报表外，还应将辅导员审核与同学证明、同学监督结合起来。要对贫困生认定实施追责机制，例如：一旦发现虚报、谎报现象，贫困生、提供证明的同学都将受到追责，以此提高审核的准确性与公平性，避免"随意"审核、"人情"审核现象的发生。

5.2.4　完善精准资助监督机制

精准扶贫下的贫困生扶贫不只是识别后认定、认定后资助，这只是实际操作中的一部分，而监督则是整个贫困生扶贫中不可缺少的一部分。人的主动性通常会受到外在环境的约束，从被动化主动就是监督的力量。通过监督机制对贫困生行为进行后续评析，以判定该生是否拥有继续享受贫困生名额的资格。

5.2.5　实行有偿资助机制

目前对于贫困生的资助基本都是无偿的，这助长了部分贫困生随意消费的行为。为改变这种状况，建议建立部分有偿资助体系，使贫困生在享受资助的同时积极投身于各项公共事务，以调动其参与社会活动的主观能动性。

5.2.6　加强对申请者的道德引导

经济的快速发展带来了互联网的普遍应用，当代大学生的世界观和价值

观深受互联网影响。很多人申请贫困生资助并非因为家庭经济困难，而是受自我主义支配，致使很多应当受助的贫困生无法受助。因此加强对申请者的道德引导是当务之急，有利于从根本上解决"胡乱申请，扎堆申请"的问题，同时加强对受助资金的使用引导，有利于让资助资金发挥出最大效率。

参考文献

何媛媛，2016. 让"真正"贫困大学生精准扶贫的体系研究［J］. 才智，（24）：53.

丁正荣，刘文庆，2016. 新常态下高校学生"精准扶贫"问题分析与实施策略［J］. 机械职业教育，（6）：29-30，39.

彭飞霞，2016. 基于大数据的高校精准扶贫机制建设［J］. 教育与职业，（22）：15-18.

徐君莉，2017. 精准扶贫背景下高校学生精准资助育人工作探索［J］. 高校后勤研究，（10）：67-70.

吴朝文，代劲，孙延楠，2016. 大数据环境下高校贫困生精准资助模式初探［J］. 黑龙江高教研究，（12）：41-44.

朱平，2017. 大数据背景下高校精准资助模式分析［J］. 佳木斯职业学院学报，（11）：227，229.

曹路舟，2015. FP-growth 算法在高职院校贫困生认定工作中的应用研究［J］. 西安文理学院学报（自然科学版），18（1）：68-72.

褚晓芳，毛曦，陈璐，等，2014. 试论高校贫困生认定"三级评议"制度的构建［J］. 文教资料，（25）：103-104，176.

王璐，2014. 高校贫困生认定工作中的问题及经济困难程度量化初探［J］. 现代妇女（下旬），（3）：17-18.

王艳，2014. 新形势下高校贫困生认定工作探索［J］. 产业与科技论坛，13（13）：113-114.

秦珊，2016. 高校家庭经济困难生精准认定研究［D］. 武汉：华中师范大学.

薛天飞，2016. 高职院校贫困生资助工作中存在的问题与对策研究［D］. 合肥：安徽大学.

高莉莉，2016. 合肥市公办高职院校贫困生资助管理问题与对策研究［D］. 合肥：安徽大学.

王岚，2017. 精准扶贫视野下的高校贫困生精准资助研究［D］. 武汉：武汉工程大学.

赵臻，2017. 农林高校贫困生资助政策研究［D］. 南昌：江西农业大学.

李尧，2017. 长春市高校贫困生精准救助问题研究［D］. 吉林：长春工业大学.

王梦珂, 2018. 基于双因素理论的高校贫困生资助模式研究 [D]. 南宁：广西大学.

金增都, 2018. 基于 DEA-Tobit 模型的政策性融资担保机构运行效率研究 [D]. 杭州：浙江大学.

任雪松. 于秀林, 2011. 多元统计分析 [M]. 北京：中国统计出版社.

袁志发. 周静芋, 2002. 多元统计分析 [M]. 北京：科学出版社.

汪冬华, 2018. 多元统计分析与 SPSS 应用 [M]. 2 版. 上海：华东理工大学出版社.

Understanding WeChat User's Intention to Use Various Functions:

from Social Cognitive Perspective

周申豪　余晓立

Abstract：Based upon social cognitive theory, this study explores the effect of personal and environment factors on Wechat user's continuous intention to use various functions. Online survey is used to collect data from the WeChat users. The results confirm that some personal factors (relationship benefit and performance benefit) have a positive effect on intention to use, while image does not have significant effect. Besides, three social environmental factors, the popularity of WeChat, subjective norm and company guarantee, all have significant impacts. Furthermore, we found that the effects of environmental factors are stronger than that of personal factors. At last, we propose our theoretical and practical implications according to the findings of this study.

Keywords：Social cognitive theory；WeChat，Various functions；Continuous usage intention

1 INTRODUCTION

The Internet technology has witnessed unprecedented boom in recent years. According to the 40th China Internet Development Statistics Report, up to June 2017, the number of Internet users in China has reached 751 million. The proportion of mobile Internet users has achieved a further rise from a high base. Meanwhile, the social network services featured by virtual environment, personalized customization, interactive participation and other new features is expanding rapidly in China and around the world. At present, there are various kinds of Social Networking Services (SNS) in China, such as QQ, WeChat. These SNS APPs now take various kinds of functions, instead of just an instant messenger.

We found a lot of previous studies focus on the continuous usage intention of WeChat as an instant messenger. For example, Chunmei Gan's studies have shown that pleasure plays the most important role in influencing the use intention of WeChat. Che-Hui Lien et al. found that WeChat can improve the quality of service so as to improve customer satisfaction, and thus increase the user's will to use. However, these studies just treat WeChat as an instant messenger, ignoring the various other functions of Wechat, such as the Moments Secondly function, Wallet function and so on. Thus, this study will try to explore why Wechat's users are willing to utilize various new functions of this SNS APP.

The rest parts of this paper organize as follows. Firstly we introduce the theoretical background of this study. Secondly we propose our research model and hypotheses. Thirdly we introduce the methodology of this study. Forthly we describe the data analyses and the statistic results. Finally, we summarize our findings and discuss the theoretical contribution and practical implications of this paper.

2 LITERATURE REVIEW

Througha comprehensive literature review, we found that among the study of SNS' use intention, many previous studies focus on the user's benefits. The analysis of user's benefits includes interpersonal income, perceived advantage, perceived usefulness, knowledge sharing and other factors. In addition, the significant impact of the social environment on user's use intention has also been confirmed by previous studies. Table 1 summarized some of previous studies in this research domain.

In previous research, scholars only focus on the usage of these SNSs as communication tools. However, there is little literature to explore the user's intention to use various other functions of these SNSs. Thus this study tries to fill in this research gap. We attempt to investigate why the users are willing to use various other functions of WeChat, from the social cognitive perspective. Table 1 shows the summary of literature on instant messaging products.

Table 1   Summary of literature on instant messaging products

Article Title and research target	Findings
Uses and gratifications of Twitter: an examination of user motives and satisfaction of Twitter use (2009) [Twitter]	The motivation for information acquisition has a positive impact on the use intention of Twitter users.

Article Title and research target	Findings
The role of personality traits in motivating user's continuance intention towards Facebook: Gender differences (2017) [Facebook]	The user's personal characteristics, expectations and satisfaction have a combined impact on the their intention to use Facebook.
Exploring the intention to continue using social networking sites: the case of Facebook (2015) [SNS]	Perceived ease of use is a major factor influencing user's intention to use SNS. Awareness of fun is also influential.
Continuance usage intention of WeChat by users in Malaysia (2016) [WeChat]	Promoting social integration, enhancing friendship, bringing entertainment etc. can promote user's using intention.
Examining user's intention to continue using We chat based on the Expectation - Confirmation Model, Social Presence and Flow Experience (2015) [WeChat]	Externality and group behavior have a significant impact on the continuous use intention of WeChat users.
How social influence affects we-intention to use instant messaging: the moderating effect of usage experience (2011) [SNS APP]	Group norms and social identity have a significant impact on the user's intention to use SNS APPs.

3 SOCIAL COGNITIVE THEORY

Social cognitive theory originated from the field of psychology. It is proposed by American psychologist Bandura firstly, who believes that the individual factors, the environment factors and people's behavior are mutually influential and mutually determined .

Jin et al. used social cognitive theory to study the virtual community's information sharing behavior from different perspectives. Chiang et al. used social cognitive theory to study the user stickiness of video sharing sites. Mohamed et al. studied the privacy of users in social networks and the privacy measures they took. In short, social cognitive theory has been widely used by scholars to explain the using behavior of software and network, such as computer using and training, the impact of online social networks on online learning, the formation of digital division, etc.

As social cognitive theory has been widely involved in many aspects of management, this study utilizes social cognitive theory as the theoretical foundation. We consider that the individual factors, the environment factors will affect WeChat user's intention to use various new functions embedded in this APP.

4 RESEARCH MODEL AND HYPOTHESES

There are many personal factors that can affect user's intention to use SNS

APPs, such as benefits, perceived ease of use, personal preferences, and so on. We consider that among these factors, personal benefits is one of the main factors that affects people's intention to use WeChat. Furthermore, we consider there are three kinds of benefits people can obtain when utilizing WeChat, they are image benefit, relationship benefit and performance benefit.

H1: Image benefit positively affects the WeChat user's continuous usage intention.

Porter et al. argued that improvements in self-image can effectively reduce social anxiousness and provide support for social activities. Nadkarni et al. found that self-presentation is one of the main motivations for people to use Facebook. For WeChat users, they can communicate through private chat, group chat and other chat functions to express their personal views. They can also share photos and videos in the Moments to show their state of life. We consider they utilize various kinds of WeChat functions to improve their personal image and to get approval from their friends. Therefore, we predict that the image benefit will increase the WeChat user's continuous intention to use various Wechat functions.

H2: Relationship benefit positively affects the WeChat user's continuous usage intention.

We consider that the relationship benefit will also affect WeChat user's continuous use intention. Chao-Min Chiu et al. found that individuals' relationship in the virtual community would promote people's knowledge-sharing behavior. Tung-Ching Lin et al. found that to strengthen the association between individuals could improve the intention of people to share knowledge. For WeChat users, we consider that they can utilize various functions to obtain relationship benefit. Such as, they can use the chat function to communicate with others and keep in touch. They can also try "Shake", "People Nearby" and other functions to make new friends, expand the circle of friends. WeChat can meet people's needs of making new friends, maintaining the existing interpersonal relationships, and expanding the circle of interpersonal networks. We speculate that relationship benefit will have a positive impact on user's continuous intention to use various WeChat functions.

H3: Performance benefit positively affects the WeChat user's continuous usage intention.

We consider that performance benefit is another kind of benefit, which can affect WeChat user's continuous use intention of various functions. Nripendra P. Rana et al. found that the Indian people would prefer to use the online public grievance redressal system (OPGRS) if the system could improve their work efficiency and quality. While examining the acceptance of tablet PC, Jieun Yu et al. found that the performance benefits perceived during the use of the product are one of the factors that affect the user's acceptance intention . Now WeChat is not only a SNS APP, but also an assistant of all aspects on life and work. Using WeChat, people can talk about work, send and receive documents, or use online wallet and other functions. These functions will bring convenience for the user's work and life, which is conducive to improving the efficiency of work and convenience of life. We attribute these benefits as "Performance benefit" and predict performance benefit perceived by users will positively affect their continuous intention to use various WeChat functions.

H4. Popularity positively affects the WeChat user's continuous usage intention.

H5. Subjective norm positively affects the WeChat user's continuous usage intention.

In addition to individual factors, social cognitive theory believes that the environment factors will also have an impact on people's behavior. This theory considers that environment and behavior are interdependent and mutually determined.

In our research, we consider there are various kinds of environmental factors that could affect wechat user's usage intention, such as the surrounding people and the Wechat's company. Therefore, in our model, we analyze the environment factors from two aspects: interpersonal environment and business environment. Firstly, the usage of WeChat APP is affected by user's interpersonal environment. The surrounding people always affect the individual, with varying degrees of herd mentality. The usage of WeChat around the people will affect the personal usage intention. Secondly, Usage of WeChat is associated with the business environment provided by WeChat's company since it provides system guarantee and technical support for WeChat.

As for the interpersonal environment, we consider that the popularity of WeChat will be an antecedent of the user's continuous usage intention. Most consumer behavior models recognize the importance of social impact on consumers' intentions. They believe that consumers incline to use products that are widely welcomed in their friend circles. Studies have confirmed that the popularity of the product directly affects people's buying behavior of luxury goods. Following this line of research, we predict that the popularity of WeChat, deriving from the user's interpersonal environments, can affect their usage intention of various WeChat functions. Furthermore, we consider that WeChat user's may also encourage, support their friends to use this SNS APP since it can facilitate their communications, this social pressure is often named as subjective norm in previous study. Thus, we hypothesize that subjective norm will also significantly affect WeChat user's intention to use various functions.

H6. Company guarantee positively affects the WeChat user's continuous usage intention.

Previous studies have explored the mechanism of company' institutional assurance. It is the signal of product quality, and consumers tend to observe this signal to judge product quality. It also can reduce the user's perceived risk thus to encourage users to try the product. In general, institutional assurance have a regulatory role in perceived quality and perceived risk. Therefore, in this paper, we consider institutional assurance is the WeChat user's business environment factor, which may affect their intention to use various WeChat functions. When the company's institutional assurance can protect user's privacy, rights and interests, they have more reason to use WeChat continuously.

Figure 1 shows the research model of this study.

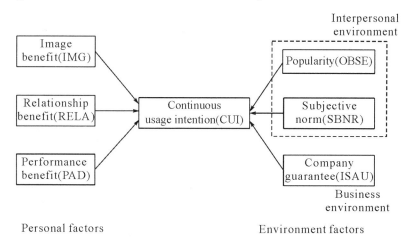

Figure 1　Research model

5　METHODOLOGY

Online survey is used to collect data from the WeChat users in China. We believe the field data from the users can improve the reality of the findings of this study. The questionnaire items for each construct in our research model are adapted from previous studies with slight amendment to fit our research context. We contact with the WeChat users and invite them to fill in the questionnaire, each user who agreed to join in would get 5 RMB reward. This data collection work lasted 3 weeks, and finally we get 532 effective samples, which are from more than 70 cities in mainland China. Table 2 shows the demographic information of the subjects.

Table 2   Demographic information

Cities (of 100)	74	74.0%
Provinces (of 34)	24	70.6%
Gender	—	—
Male	243	45.7%
Female	289	54.3%
Age range	—	—
<21	73	13.7%
21~25	259	48.7%
26~30	81	15.2%
31~35	43	8.1%
36~40	22	4.1%
>40	54	10.2%
Education	—	—
Junior high school or less	48	9.0%
High school / technical school	71	13.3%
Junior college	54	10.2%
Bachelor's Degree	244	45.9%
Master's Degree and above	115	21.6%
Net age	—	—
<2	7	1.3%
2~4	78	14.7%
5~7	155	29.1%
8~10	140	26.3%
>10	152	28.6%

6   DATA ANALYSIS AND RESULTS

Confirmatory factor analysis (CFA) is utilized to test the measurement model. Fornell and Larcker suggest that Cronbach's alpha, composite reliability, average variance extracted (AVE), and item loadings can be utilized to assess the convergent validity. As shown in table 3, we confirm that the values of Cronbach's alpha are larger than 0. 8; the composite reliability values are larger than 0. 9; the AVE values are larger than 0. 7; and the loadings of all the construct items are larger than 0. 8. These results confirm the high convergent validity of our data. We further tested the discriminant validity of the constructs in our research model. Table 4 shows that the AVE square roots of all the constructs are much higher than the cross-correlations, which approves the high discriminant validity.

Table 3　Psychometric properties of measurements

Construct	AVE	Composite Reliability	Cronbach's Alpha	Item	Item Loading
Image benefit (IMG)	0. 906	0. 966	0. 948	Item1	0. 954
				Item2	0. 952
				Item3	0. 948
Relationship benefit (RELA)	0. 846	0. 943	0. 909	Item1	0. 894
				Item2	0. 936
				Item3	0. 929
Performance benefit (PAD)	0. 732	0. 916	0. 878	Item1	0. 809
				Item2	0. 885
				Item3	0. 868
				Item4	0. 856
Popularity (OBSE)	0. 875	0. 955	0. 929	Item1	0. 901
				Item2	0. 955
				Item3	0. 950
Subjective norm (SBNR)	0. 803	0. 924	0. 877	Item1	0. 881
				Item2	0. 921
				Item3	0. 886
Company guarantee (ISAU)	0. 882	0. 968	0. 955	Item1	0. 950
				Item2	0. 947
				Item3	0. 957
				Item4	0. 903

231

Construct	AVE	Composite Reliability	Cronbach's Alpha	Item	Item Loading
Continuoususage intention (CUI)	0. 866	0. 963	0. 948	Item1	0. 941
				Item2	0. 948
				Item3	0. 911
				Item4	0. 921

Table 4 Psychometric properties of measurements

	IMG	RELA	PAD	OBSE	SBNR	ISAU	CUI
IMG	0. 952	—	—	—	—	—	—
RELA	0. 673	0. 920	—	—	—	—	—
PAD	0. 567	0. 636	0. 855	—	—	—	—
OBSE	0. 170	0. 429	0. 376	0. 936	—	—	—
SBNR	0. 559	0. 626	0. 570	0. 480	0. 896	—	—
ISAU	0. 658	0. 608	0. 568	0. 302	0. 573	0. 939	—
CUI	0. 516	0. 634	0. 573	0. 518	0. 666	0. 583	0. 930

Smart PLS 2. 0 was utilized to test the hypotheses in our research model. In general, the 6 independent variables explained 58. 4% of the variance of intention to use. These results approved the validity of our researchmodel. We found that relationship benefit and performance benefit can significantly affect user's intention to use, with $\beta = 0.175$, $P < 0.01$; $\beta = 0.108$, $P < 0.01$ respectively, this confirms our H2 and H3. However, image benefit has no significant effect on intention to use, thus H1 is not supported. Besides, we found that all environment factors can affect user's intention to use, with $\beta = 0.213$, $P < 0.01$; $\beta = 0.276$, $P < 0.01$; $\beta = 0.169$, $P < 0.01$ respectively, thus H4, H5, H6 are all supported. All the analyses results are summarized in table 5.

Table 5 Hypotheses test

Path	β	T	Hypotheses
IMG →CUI	0. 036	0. 685	H1 (not supported)
RELA →CUI	0. 175	2. 867	H2 (supported)
PAD →CUI	0. 108	2. 423	H3 (supported)

表(续)

Path	β	T	Hypotheses
OBSE →CUI	0. 213	5. 780	H4 (supported)
SBNR →CUI	0. 276	5. 283	H5 (supported)
ISAU →CUI	0. 169	3. 561	H6 (supported)
Dependent variable: CUI, R^2 = 0. 584			

7 DISCUSSION AND CONCLUSION

7. 1 Discussion

Based upon social cognitive theory, this study predicts that personal and environment factors can affect WeChat user's intention to use various functions of this APP. We found that relationship benefit and performance benefit have positive effects on intention to use, while image do not have significant effect. We consider the ineffectiveness of image benefit is due to the following reason: WeChat's initial market-position is a concise social software between acquaintances. User's WeChat friends are mostly relatives and friends around, their personal image do not need to show through this SNS APP. WeChat users have weak demand on their image show. Whereas, WeChat users need to communicate with friends from time to time, so as to maintain their interpersonal relationships. In addition, WeChat can improve user's work efficiency and facilitate their quality of daily life. So the performance benefit has a significant role in promoting user's continuous use intention.

Besides, We analyzed the social environmental factors' impact on user's willingness to use WeChat, such as the popularity of WeChat, subjective norm and company guarantee. These three environmental factors all have significant impacts. Also, We noticed that environmental factors' effects are stronger than personal factors.

7. 2 Theoretical contribution and practical implication

This research has some theoretical contributions. First, we utilize social cognitive theory to test user's intention to use various functions of a SNS APP. We find most of the personal and environmental factors in our research model have significant effects. This confirms the effectiveness of social cognitive theory in this research domain. Second, we partition the environment into interpersonal environment and business environment. This is an important theoretical innovation of this study. We confirm the significance of both kinds of environment factors through

233

statistical analyses. Third, previous studies often treat these SNS APPs as an instant messenger and ignore their various functions. This study innovatively utilize the intention to use various functions of WeChat as the dependent variable and explore its antecedent factors.

In addition to the theoretical contributions, this study also can provides WeChat-developers many practical implications. First, the results show that the environmental factors have positive effects on the user's intention to use various functions. We suggest that WeChat-developers should continue to create a favorable market environment. Through maintaining WeChat Moments and carrying out word-of-mouth marketing, WeChat can occupy an irreplaceable position in the market. In short, maintaining the positive effect of popularity and subjective norms on user's intention is necessary.

Furthermore, we confirm that institutional assurance can effectively promote the user's continuous use intention of WeChat. Current WeChat have had abundant functions, such as the WeChat Payment, WeChat Wallet etc., the protection of user's property and privacy is very important. Developers should continue to provide more protection measures, from both institution and technology aspects, such as, signing security agreement, standardizing the non – confidential – payment and monitoring user's regularly check of account's security, so that users can use WeChat in a more secure environment.

In addition, relationship benefit and performance benefit can significantly affect the user's intention. WeChat should strengthen its function of communication, it also need to incorporate more function to enhance user's work efficiency. We suggest that WeChat should strengthen the cooperation between computer version and mobile version, so that it can be more convenient for users to transfer office documents. cooperation with other software, such as shopping and game platforms, cooperation with these platforms can promote the diversification of WeChat's functions and create a full range of powerful services.

REFERENCES

China Internet Network Information Center. The 40th China statistical report on internet development [EB/OL]. http://www. cnnic. net. cn/hlwfzyj/hlwxzbg/hlwtjbg/ (2017) 08/P0 (2017) 0807351923262153. pdf.

CHUNMEI GAN, 2017. Understanding WeChat user's liking behavior: an empirical study in China [J]. Computers in Human Behavior, 68 (3): 30-39.

YOUNG – DUK SEO, YOUNG – GAB KIM, EUIJONG LEE, et al.,

2017. Personalized recommender system based on friendship strength in social network services [J]. Expert Systems with Applications, 69: 135-148.

JOHNSON P R, 2009. Uses and gratifications of Twitter: an examination of user motives and satisfaction of Twitter use [J]. Computers in Human Behavior, 43 (3): 245-258.

SAMAR MOUAKKET, 2017. The role of personality traits in motivating user's continuance intention towards Facebook: gender differences [J]. The Journal of High Technology Management Research, ISSN 1047-8310.

[6] CHIA-CHIN CHANG, SHIU-WAN HUNG, MIN-JHIH CHENG, et al., 2015. Exploring the intention to continue using social networking sites: the case of Facebook. Technological Forecasting and Social Change, 95: 48-56.

MSYUHAIDI, A BAKAR, 2016. Continuance usage intention of WeChat by users In Malaysia, Iafor International Conference on the Social Sciences-dubai.

DAI B, LIU Y, 2015. Examining user's intention to continue using Wechat based on the expectation-confirmation model, social presence and flow experience [J]. Journal of Modern Information, 23: 32-51.

SHEN A X L, CHEUNG C M K, LEE M K O, et al., 2011. How social influence affects we-intention to use instant messaging: the moderating effect of usage experience [J]. Information Systems Frontiers, 13 (2): 157-169.

BANDURA A. SOCIAL LEARNING THEORY, 1977. Englewood Cliffs, N. J. Prentic-Hall.

JIN J, LI Y, ZHONG X, et al., 2015. Why users contribute knowledge to online communities: an empirical study of an online social Q&A community [J]. Information & Management, 52 (7SI): 840-849.

CHIANG HS, HSIAO KL, 2015. YouTube stickiness: the needs, personal, and environmental perspective [J]. Internet Research, 25 (1): 85-106.

[13] MOHAMED N, AHMAD IH, 2012. Information privacy concerns, antecedents and privacy measure use in social networking sites: evidence from Malaysia [J]. Computers in Human Behavior, 28 (6): 2 366-2 375.

SANTHANAM R, SASIDHARAN S, WEBSTER J, 2008. Using self-regulatory learning to enhance e-learning-based information technology training [J]. Information Systems Research, 19 (1): 26-47.

YU A Y, TIAN S W, VOGEL D, et al., 2010. Can learning be virtually boosted? An investigation of online social networking impacts [J]. Computers & Education, 55 (4): 1 494-1 503.

WEI K K, H H, CHAN H C, et al., 2011. Conceptualizing and testing a

235

social cognitive model of the digital divide [J]. Information Systems Research, 22 (1): 170-187.

ELIORA P, DIANNE L, 2017. Social anxiety and social support in romantic relationships [J]. Behavior Therapy, 48 (3): 335-348.

NADKARNI A, HOFMANN S G, 2012. Why do people use Facebook? [J]. Personality and Individual Differences, 52 (3): 243-249.

CHAO－MIN CHIU, MENG－HSIANG HSU, ERIC T G, et al., 2006. Understanding knowledge sharing in virtual communities: an integration of social capital and social cognitive theories [J]. Decision Support Systems, 42: 1 872-1 888.

TUNG－CHING LIN, CHIEN－CHIH HUANG, 2010. Withholding effort in knowledge contribution: the role of social exchange and social cognitive on project teams [J]. Information & Management, 47 (3): 188-196.

NRIPENDRA P, YOGESH K, DWIVEDI, 2015. Citizen's adoption of an e-government system [J]. validating extended social cognitive theory (SCT) [J]. Government Information Quarterly, 32 (2): 172-181.

JIEUN YU, HWANSOO LEE, IMSOOK HA, et al., 2017. User acceptance of media tablets: an empirical examination of perceived value [J]. Telematics and Informatics, 34 (4): 206-223.

SHUKLA P, 2010. Status consumption in cross－national context: Socio－psychological, brand and situational antecedents [J]. International Marketing Review, 27 (1): 108-129.

PAURAV S, 2011. Impact of interpersonal influences, brand origin and brand image on luxury purchase intentions: measuring interfunctional interactions and a cross-national comparison [J]. Journal of World Business, 46 (2): 242-252.

NURUL A H, ABDULLAH O, SAFIZAL A, et al. 2016. The relationship of attitude, subjective norm and website usability on consumer intention to purchase online: an evidence of Malaysian youth [J]. Procedia Economics and Finance, 35: 493-502.

ARUN K K, AMIT K A, ZILLUR R, 2015. Tourist behaviour towards self-service hotel technology adoption: trust and subjective norm as key antecedents [J]. Tourism Management Perspectives, 16: 278-289.

LIYIN JIN, YUNHUI HUANG, YANQUN HE, 2016. When does a service guarantee work? The roles of the popularity of service guarantees and firm reputation [J]. Tourism Management, 57 (12): 272-285.

KELLY C A, 1988. An investigation of consumer product warranties as market signals of product reliability [J]. Journal of the Academy of Marketing Science, 16 (2): 72-78.

HOGREVE H, GREMLER D D, 2009. Twenty years of service guarantee research: a synthesis [J]. Journal of Service Research, 11 (4): 322-343.

CEDRICHSI-JUI WU, HSIAO-CHUN LIAO, KUANG-PENG HUNG, et al., 2012. Service guarantees in the hotel industry: their effects on consumer risk and service quality perceptions [J]. International Journal of Hospitality Management, 31 (3): 757-763.

FORNELL C, D F, 1981. Structural equation models with unobservable variables and measurement errors [J]. Journal of Marketing Research, 18 (1): 39 -50.

APPENDIX 1

Variable	Construct	Measure
Image benefit	IB1	The use of WeChat can promote my personal image in the circle of friends
	IB2	The use of WeChat can help me win the approval of my friends
	IB3	The use of WeChat allows me to get a higher reputation
Relationship benefit	RB1	The use of WeChat can help me to strengthen my contact with friends
	RB2	The use of WeChat can help me make a lot of friends
	RB3	The use of WeChat can expand my friend circle
Performance benefit	PB1	The use of WeChat improves my quality of life
	PB2	The use of WeChat improves my efficiency of work
	PB3	The use of WeChat provides useful help for my life and work
	PB4	The use of WeChat improves my efficiency of finishing some task
Popularity	P1	I have seen other people using WeChat
	P2	In my company (school), many people are using WeChat
	P3	People who use WeChat can be seen everywhere

Variable	Construct	Measure
Subjective norm	SN1	Those persons who can impact me think I should use WeChat
	SN2	People around me think we should use WeChat
	SN3	The environment I belonged to prompts me to use WeChat
Company guarantee	SG1	The institution and technology of WeChat's company can ensure my security
	SG2	The institution and technology of WeChat's company can ensure my personal benefit
	SG3	The institution and technology of WeChat's company can protect my rights
	SG4	The institution and technology of WeChat's company can protect my private information
Continuous usage intention	CUI1	I am willing to use various functions of WeChat continuously
	CUI2	In a long time, I will continue to use the various functions of WeChat
	CUI3	In the future, I will often use the various functions of WeChat
	CUI4	If I need, I will continue to use the various functions of WeChat

238